民事程序法论丛

Civil Procedure Series

纠纷与纠纷解决原论
——从成因到理念的深度分析

赵旭东 ／著

图书在版编目(CIP)数据

纠纷与纠纷解决原论:从成因到理念的深度分析/赵旭东著.—北京:北京大学出版社,2009.5
(民事程序法论丛)
ISBN 978-7-301-15148-8

Ⅰ.纠… Ⅱ.赵… Ⅲ.民事纠纷-调解(诉讼法)-研究-中国 Ⅳ.D925.114.4

中国版本图书馆 CIP 数据核字(2009)第 055968 号

书　　　名：纠纷与纠纷解决原论——从成因到理念的深度分析
著作责任者：赵旭东　著
责 任 编 辑：李　铎
标 准 书 号：ISBN 978-7-301-15148-8/D·2279
出 版 发 行：北京大学出版社
地　　　　址：北京市海淀区成府路 205 号　100871
网　　　　址：http://www.pup.cn
电　　　　话：邮购部 62752015　发行部 62750672　编辑部 62752027
　　　　　　　出版部 62754962
电 子 邮 箱：law@pup.pku.edu.cn
印 　刷 　者：北京宏伟双华印刷有限公司
经 　销 　者：新华书店
　　　　　　　650 毫米×980 毫米　16 开本　15 印张　230 千字
　　　　　　　2009 年 5 月第 1 版　2009 年 5 月第 1 次印刷
定　　　　价：28.00 元

未经许可，不得以任何方式复制或抄袭本书之部分或全部内容。
版权所有，侵权必究
举报电话:010-62752024　电子邮箱:fd@pup.pku.edu.cn

论丛总序

本丛书的宗旨在于：大胆假设，小心求证；专注制度，推动立法。

2008年4月1日开始实施的修正后的《中华人民共和国民事诉讼法》之所以仅仅是局部性的，而非全面性的；之所以未达预期的效果，而难免令人有失望之感，究其缘故，固然有诸多或种种，然而深层次上的原因，不能不被认为是，学术研究未能跟上立法之需求也。

反观我国的民事诉讼法学研究，起初营营碌碌于注释法学，后来迅速遭到诟病，认为这种研究长此以往，难脱原地踏步之嫌；于是乎，取而代之的乃是所谓的理论法学，以抽象思维见长的学者们，纷纷登台发表高见，短时间内，竟一扫注释法学之积弊，法学研究的面貌因之而焕然一新。然而，时间稍长，人们便发现，坐而论道原本是一件更为轻松的事，难点还在于，将放飞的思绪从辽阔的天空中收回，屏心静气地进行艰苦卓绝的制度构建。

具体的制度构建全然有别于潇洒的理论畅想，它需要有透彻的理论把握，敏锐的时代触感，宽阔的学术视野，务实的精心构筑，以及弥漫于全书中的价值说服力。这样的理论研究，显而易见，是多了一份枯燥，少了一份浪漫；然而，这样的理论研究，同样显而易见的，乃是真正的理论升华，培植了真正的学术之根。

德国学者海德格尔通过对"真理"一词的词源学考察表明，真理的古希腊语是aletheia，原意是"无蔽"。可见，真理的本质就在于无蔽，而无蔽就是敞亮，敞亮就是本真。我们这套丛书，就是试图将我们各位作者本真的制度构想——无论是全面的抑或局部的，敞亮开来，达至无蔽，然而同时还要绝对地说：我们距离真理很远。

因为我们距离真理很远,所以我们欢迎批评;因为我们贡献的是本真,所以我们能够收获真诚的争鸣——正是在争鸣中,民事诉讼法才能在妥协性的智慧中,扬帆远航。

此为序。

自 序

> 科学就是整理事实,以便从中得出普遍的规律或结论。
> ——查尔斯·罗伯特·达尔文

  细胞学说、能量守恒和转化定律、生物进化论被恩格斯称为19世纪自然科学的三大发现。据说,进化论的奠基性著作《物种起源》是达尔文倾20年心力才得以完成的,其中包括著名的5年环球航行科学考察,更何况当时还是"创造论"统治整个思想领域的时期,其中的艰辛可想而知!自然科学的研究如此,社会科学的研究又何尝不是?对社会实际的考察和了解的程度——包括历史的和现实的——从某种意义上说决定了社会科学研究的基本方向和学术深度。毛泽东说过:"没有调查就没有发言权",大概就是强调这个道理。在纠纷和纠纷解决这个领域,自己觉得还是有一点"发言权"的,不过,这个发言的好坏却要由读者评判了。

  我与纠纷的"结缘"可谓已有时日,可以说早在18年前踏入律师行业的时候,就陷入了"纠纷的漩涡"。从那时起,一种探寻纠纷解决的真谛的企图就一刻也不曾离开过我的头脑;但真正拉开架势着手实践这种企图应该是从6年前我返回学校重任教职的时候开始。事有凑巧,也就是在我返回学校的前后,一批有关纠纷与纠纷解决的著作接踵面世,于是急急买回,如饥似渴地阅读起来。此时方知,自己于"纠纷的漩涡"当中陷得更深了:这事原来还真不简单!回想起十几年来的一腔夙愿,再看看如火如荼的关于纠纷解决的讨论与实践,总觉得有些话不说不行,真正是如鲠在喉,不吐不快。于是,不顾一切地铺开纸笔,开始了漫长的爬格行动。从写下第一个字到这本书的完成,少说也有三四年的功夫吧,时间是长了些,但总算对自己有个踏实的交待。

纠纷究竟该怎么定位?纠纷解决的真意又在哪里?直到这本书完成,我也不敢说就大彻大悟了。坦率地说,我一直弄不懂自己究竟是现实主义者还是理想主义者。或许是这种矛盾的心态,使我对于纠纷和纠纷解决的认识一直存有恍惚之感。但是,直觉告诉我,为中国的现实和前途着想,法治主义的精神是无论如何也不能丢弃的,正可谓"兹事体大,不可不察也!"说来这种意念并非没有来头,20世纪80年代初,还在读本科的时候,也是关于"法治"和"人治"的讨论火候渐炽的时候,我就曾不知深浅地写过一篇论文,并且像模像样地刊登在校园里的一个刊物上,题目是"试论以法治国"。这个题目在当时可是有些"犯忌"的,连我的老师都有些担心。好在事情的发展并不像人们所担心的那样,后来的事实证明,本人还是有些"先见之明"的。中国需要法治,中国人民需要法治,"'法治'已经变成了一种公众的信仰"①,这是一个不争的事实。然而,在数年来的关于纠纷解决的讨论中,却给人一种离法治渐去渐远之感。纠纷的解决从"非诉讼"到"多元化",从具体方式的灵活多样,到基本理念的传统回归,司法的权威不见了,"族规家法"重新焕发了生机……这究竟是怎么一回事呢?捧读着学者们的洋洋大著,再看看身边的社会现状,一个巨大的疑团始终令人难以释怀:这究竟是学者们的一种"学术情怀"的表达,抑或是社会发展规律的显现?

古希腊哲学家苏格拉底说过,"认识你自己";老子也说过,"知人者智,自知者明"。认识自己历来是人类内在修养的最高目标,人为了认识自己也想出了各种各样的方法和途径,其中的一个方法就是写书了。书是给人看的,也是对自己的一个写照,古人说"文如其人",说的就是这个道理。我不敢说这本书具有"开卷有益"之效,但它最起码是我的某些内心理念的真实表达,是对我长期的实践感悟和理性思考的凝结和提炼的结果。

王亚新教授在为《法律程序运作的实证分析》这本书写的"序"中提到,在纠纷及纠纷解决领域,美国的 Meadow 教授对根植于欧美社会的理论究竟能否有效适用于"跨文化"的不同语境表现出一种强烈的怀疑,她

---

① 苏力:《送法下乡——中国基层司法制度研究》,中国政法大学出版社 2000 年版,"导论"第 1 页。

的结论是:"在研究纠纷及纠纷解决的领域,当前需要的是对具体情景更加敏感(more sentiment to contexts)的理论。"①同时,王教授还提到了一个"共通的问题":"如何透过具体而数量始终有限的研究样本,在更一般的层次上去达到对我国转型期法现象某种内在逻辑或深层结构的真切理解或把握呢?"②根据我的理解,两位教授所关注的问题,更多的是"理论问题",而并非是对具体的运作场景的精确描述,这里面应该包括相关概念的提炼和理论体系的构筑。

摆在读者眼前这个东西,虽然不敢说有什么完整的体系,但我的确是按照这个想法去做的;从对纠纷现象的一般认识开始,逐步探讨了纠纷解决的基本理论、各种纠纷解决机制的特点、纠纷解决系统的结构,最后强调了纠纷解决的一般理念。或许由于我的浅薄,总是感到相关理论——特别是我所极想阐发的观点的理论依据的缺乏,不得已之下,便尝试着去创造一些概念或者命题。例如,对纠纷原因的分析,总感觉某些理论过于"高深",并没有真正揭示造成纠纷的现实原因,于是通过"纠纷原因的个别分析",试图说明纠纷的复杂性就在于它是由不同的具体原因所造成的,从而将纠纷的概念变成一个具有个别性特征的概念,这也是为了迎合"不同的纠纷应当通过不同的方式去解决"这样一个通行的命题。无疑,"个别性"这个提法,也是受了"多元化"这一提法的启发,但是,窃以为二者的内涵和外延还是有着微妙的差别;又如,"司法中心主义"虽然最初是和"立法中心主义"相对应的一个概念,但是,从司法功能的现实表现上考察,其在纠纷的解决上仍然具有无可替代的地位与价值,"纠纷解决的司法中心结构"或许才是纠纷解决的综合性机制的本来面目。毋庸讳言,我对于司法确实"情有独钟",但是对于现实中的司法者(法官)却有一种说不清、道不明的情愫,虽然绝大多数的法官确实值得敬重,但是,个别"害群之马"的负面影响实在是太大了。尽管如此,对于我国司法的前景我还是信心十足的,"道路是曲折的,前途是光明的",个别的现象不能代表真理,更不能因此而轻易改变我们的信念。在书的末尾,专门就法治和权威与纠纷解决的关系作了一番议论。在原来的想象中,这一部分应该是极易"凑数"的,可是,待动起笔来才知道它原来是最难理清的一部

---

① 王亚新等:《法律程序运作的实证分析》,法律出版社2005年版,"序"第4页。
② 同上注书,第3页。

分,真正体会了"数易其稿"的尴尬和艰辛。

看着自己一手制作的这本"书",只有少许轻松,却并没有多少成功的感觉,反而常常被一种不安和沉重的情绪所笼罩。我很在意自己的某些做法是不是有些"不合时宜",有些观点是不是有"哗众取宠"之嫌。在写作的过程中,我有时就像祥林嫂一样,逢人便将自己的"遭遇"讲给他们听,直到我发现他们对我的看法表现出浓厚的兴趣甚至大加称赞时,才获得了一些安慰。说实话,对目前的这本"书",我并不是十分的满意,我感觉它并没有使我解脱,反而是给我戴上了更为沉重的枷锁,促使我更加努力地去学习、探索。

前面交待过,我曾在律师界打拼达12年之久,虽于此前曾在大学执教,但毕竟动静之间需要一个磨合,在这期间,不少的师长、朋友、同事给予了我无私的帮助和鼓励。感谢我的母校西北政法大学校长贾宇先生,他不仅欣然接纳我这个"浪子"重返校园,而且还为我考虑了专业方向,正是在他的建议下我才走上了民事诉讼法学这个专业道路并且能够专注于这本书的写作;感谢中国人民大学汤维建教授,在中国人民大学做访问学者时,他态度鲜明地给予我巨大的支持和鼓励,并且给予我实质性的指导,他的人格魅力和学者风范对我的影响是至深至切的;感谢西北政法大学高在敏教授,他对我的选题给予了充分肯定,他的深刻见解常常使我获得意外的灵感;感谢西北政法大学李少伟教授、刘进田教授,他们甚至长时间地陪着我琢磨某个具体的问题。还要感谢中国人民大学的刘加良博士,他不仅对本书的初稿通篇进行了梳理、校订,而且亲自操持了本书的出版事宜。另外,我的研究生崔玲玲、许希坤、王华婷,放弃了假期时间帮助我收集、整理了大量的资料;本书中引用的著作以及那些没有在本书中出现的相关著作给予我深刻的启发和理论上的支持,由衷地感谢这些作者!

无论如何,自己总有些力不从心之感,虽倍加小心,书中亦恐难免谬误,诚望读者不吝指正。

赵旭东

2008 年 10 月 20 日

于西北政法大学

目 录

第一章 纠纷 ……………………………………………………（1）
 一、纠纷与冲突的关系辩证 ……………………………（1）
 二、纠纷原因的个别分析 ………………………………（16）
 三、纠纷的主要特征 ……………………………………（28）
 四、纠纷的类型 …………………………………………（39）
 五、纠纷的作用 …………………………………………（47）

第二章 纠纷的解决 ……………………………………………（53）
 一、纠纷解决的概念和意义 ……………………………（53）
 二、纠纷解决机制 ………………………………………（61）
 三、纠纷解决的方式 ……………………………………（75）
 四、纠纷解决的标准 ……………………………………（83）

第三章 纠纷的诉讼解决 ………………………………………（90）
 一、纠纷解决与诉讼目的 ………………………………（90）
 二、判决的形成及其功能 ………………………………（97）
 三、诉讼程序的价值 ……………………………………（103）
 四、诉讼中的调解 ………………………………………（108）

第四章 纠纷的调解、仲裁与和解 ……………………………（117）
 一、调解的传统性与现代重构 …………………………（117）
 二、仲裁的定位与优势选择 ……………………………（134）

三、和解的机理与效力确认……………………………………（144）

第五章 纠纷解决的司法中心结构 ……………………………（155）
    一、基本理论框架………………………………………………（155）
    二、司法的功能与价值…………………………………………（166）
    三、司法中心结构的运行方式…………………………………（175）

第六章 法治、权威与纠纷解决 ………………………………（197）
    一、法治与纠纷解决……………………………………………（197）
    二、权威与纠纷解决……………………………………………（208）

附录 纠纷与纠纷解决的幕后推力
    ——几个案例的反思……………………………………（216）

第一章 纠纷

一、纠纷与冲突的关系辩证

纠纷是一种司空见惯的社会现象,然而,这种现象究竟属于什么性质的现象?它的内涵应当如何把握?回答这样的问题却并非易事。生活经验告诉我们,纠纷属于一种消极现象,属于"恶"的事物,因此人们对纠纷一般会采取回避和否定的态度,或者采取积极的措施预防纠纷,或者在发生纠纷以后通过各种必要的手段去解决纠纷。然而,也有人对纠纷作出了正面的评价,甚至认为纠纷是促进人类社会进步的因素。孰是孰非,论者自有其理。但是,理论的证明离不开客观的实践,尤其是纠纷这种现象,它与人类社会的生产与生活实践是如此的贴近,以至于任何一种关于纠纷的理论都不得不受到实践的检验。这就像休谟所提出的石头发热未必是太阳照射的结果一样,"理性"往往会欺骗我们的判断。[①]关于纠纷的认识,我们不仅需要高度概括的结论性判断,更需要严谨细致的求证过程,这样,才能使这种认识不仅具有理论上的合理性,而且更具备从事纠纷解决的实践活动的现实价值。

(一)纠纷与冲突

自从有了人类社会以来,准确地说,自从人类有了主体意识以来,纠纷也就随之产生了。因为,主体意识是产生利益关系的前提和条件,而利

---

① 参见杨祖陶、邓晓芒:《康德〈纯粹理性批判〉指要》,人民出版社2001年版,第191—192页。

益关系则是主体意识的必然结果。根据人类学的研究,早在原始社会就已经存在纠纷了,而且,纠纷的表现形式和纠纷的解决方式都已经呈现出相当典型的样式。美国人类学家 E. 埃德蒙斯·霍贝尔在考察了原始社会对部族争端的调停方法之后指出:"假如我们把两个有争端的家族视为当今的两个国家,我们就会注意到作为司法中间人的作用是和当今国际事务中的调停者的作用是相同的。"①人类进入文明社会,特别是进入现代文明社会之后,纠纷的表现形式虽然并非原始社会的纠纷所能比拟,但是,从纠纷的根本内容和基本特征上看却仍然是原始社会纠纷的延续,甚至在纠纷的解决方面,在现代发达的法律制度之下,仍然不能轻视早在原始社会就已经被频繁使用的方式。从这个意义上说,纠纷的确是社会的一种常态,是人类文明的一种共生现象。然而,就是这样一种和人类生活乃至人类文明发达的历史息息相关的社会现象,却常常被人类所忽视,乃至于在整个社会科学领域都很难找到关于社会纠纷研究的专门著述。尽管如此,另一种情形却充分说明了纠纷问题在整个社会科学当中的重要地位,那就是,几乎在所有涉及社会科学的学科当中,例如,哲学、政治学、经济学、法学、伦理学、心理学、社会学、人类学、历史学、文化艺术学等学科,都不能不涉及纠纷的内容。这样一来,纠纷就具有了多种多样的表现形式,有政治的形式、经济的形式、法律的形式、艺术的形式等。如此繁杂的种类不同的形式,从不同的侧面反映了纠纷的复杂性和多样性,同时也反映了人类对于纠纷在认识上的随机性和偶然性。也就是说,迄今为止,人类还没有从理性上,进而言之还没有从理论层面对纠纷进行系统的研究,而这种研究的必要性和紧迫性却在我们的意念中一再被显现出来。②

然而,"纠纷的含义究竟是什么?是冲突还是争议?"③自从这个问题被提出以来,学界关于纠纷的含义和性质的讨论就没有止息,但是,截至目前仍然没有一个一致的说法。事实上,关于纠纷的含义和性质问题,在理论界有过长期的探讨。在法学界,或许是受到法律解释学的习惯性思维的制约,法学家们更多关注的是从法律功能的角度去看待纠纷,从而将

---

① 〔美〕E.埃德蒙斯·霍贝尔:《原始人的法》,严存生等译,法律出版社 2006 年版,第 117 页。
② 范愉教授曾提到"纠纷解决学"这个概念,并且对纠纷解决学的特点进行了详细论述。参见范愉:《纠纷解决的理论与实践》,清华大学出版社 2007 年版,第 14 页。
③ 刘荣军:《程序保障的理论视角》,法律出版社 1999 年版,第 20 页。

纠纷看作是一种违反法律规范的行为,因此,仅仅将纠纷笼统地概括为法律调整的一种社会现象。① 而在社会学家看来,纠纷与社会冲突之间并没有十分严格的界限,或者说,社会学是把纠纷当作社会冲突加以研究的。但是,"众所周知,在理论领域中,社会冲突并非是法学,而是社会学理论的直接研究对象"②,社会学并不认为任何冲突都必然受到法律的评价,"事实上,在任何社会中,能够受到法律评价的社会冲突仅是其中的一部分,纯粹从量上观察甚至可能不是主要部分"③,因此,在社会学那里并没有也不可能对纠纷作出一个恰当的定义。令人难以释怀的是,尽管纠纷这一社会现象的确应当属于法学的研究范畴,但是,法学领域至今还没有在这一范畴取得方法论上的突破,而是继续沿用了社会学的基本套路。因此就不难理解,为什么法学界对于纠纷现象的研究最终都不得不落入社会冲突学的窠臼。事实上,纠纷现象有着自己的独特内涵和性质,以社会冲突论的概念和方法去研究纠纷问题并不能准确解释纠纷这一特殊现象的内在规律。

纠纷,英文的同义词是 dispute,从英文的词根来看,pute 的含义是单纯,加上 dis-这样一个反意的词根,就变成不单纯了,从英文这一单词的文意和语境来看,对应于汉语的单词就是纠纷。从汉字的形声结构分析,纠纷也是很形象的一个词组。根据《说文解字》的解释,"纠"和"纷"这两个字都有"丝"旁,都和丝线有关。纠,绳三合也。纷,马尾韬也。纠纷合成一个词组,就是纠缠、缠绕的意思。纠纷又作纠葛,葛是一种植物,其纤维可以用来织布,也有纠缠、缠绕之意。如此看来,纠纷这个词本身就说明了这种现象的复杂性和难解性。无怪乎自古以来的审判官都把纠纷看作"琐细"之事,难以解决的事情,事实上也是如此,所谓"清官难断家务事"就是一个生动的写照。众所周知,中国古代的审判官同时也是行政官,真正是为政一方,大权独揽,对于民众拥有生杀予夺的权力,但是,在所谓的"细故"即民间纠纷上面,也是避之唯恐不及的。④

---

① 江伟主编:《民事诉讼法》,中国人民大学出版社 1999 年版,第 4 页。
② 顾培东:《社会冲突与诉讼机制》,法律出版社 2004 年版,第 1 页。
③ 同上注书,第 18 页。
④ 中国古代封建社会以"无讼"作为法制建设的价值取向。为避免讼累所造成的社会不安定因素,鼓励息讼、无讼,以图圄清减为治世,以狱讼繁兴为衰世。统治者宁愿将"细事"之类的争讼化解在公堂之外。参见张晋藩:《中国法律的传统与近代转型》,法律出版社 1997 年版,第 297 页。

然而，从纠纷的表现形态来看，不唯是亲情维系的"家务事"或者民间"细故"，纠纷所包含的范围还要广泛得多。按照现代法律部门的划分方法，除了由公诉机关单方提起控告并由刑事法律规范调整的刑事案件之外，其他所有的案件，包括民事案件、行政案件和自诉范围的刑事案件，几乎都可以归入纠纷的范畴。例如，由于买卖、借贷、合作、服务等合同关系发生紊乱而引起的民事纠纷案件，由于政府机关具体行政行为失当如强制拆迁而引起的行政纠纷案件，由于产品质量问题而引起的消费者权益案件，由于环境受到污染而引起的损害赔偿案件，甚至是由于拖欠农民工工资、虐待体罚工人而引起的带有群体性、突发性和政治色彩的案件，等等。或许是因为纠纷的表现如此繁杂、多样，纠纷所涉及的社会领域如此广泛，导致研究者对于纠纷的归纳和概括往往莫衷一是。以下是有关纠纷这一概念的几种说法：

（1）民事纠纷，又称民事冲突、民事争议，是指平等主体之间发生的，以民事权利义务为内容的社会纠纷。①

（2）纠纷是指社会主体间的一种利益对抗状态。②

（3）所谓纠纷，就是公开地坚持对某一价值物的互相冲突的主张或要求的状态。③

（4）在社会学意义上，纠纷（dispute）或争议，是特定的主体基于利益冲突而产生的一种双边的对抗行为。④

……

从以上的表述来看，"纠纷"与"冲突"的联系显然很密切，而造成纠纷的原因主要是利益冲突。这种似乎是约定俗成的表述在一般情况下是不会引起误解的，但是，细究起来，并不是不可商榷的。

从汉语的含义来看，纠纷与冲突似乎没有太大的区别，在大多数情况下可以互相替代使用，和它们意思相近的词组还有"矛盾"、"争执"、"争议"等。如果仅仅是对纠纷作一般的了解，而不是企图深入到纠纷的内部去仔细考察纠纷的本质和发展规律以及它和其他社会现象的分野，那么，

---

① 江伟主编：《民事诉讼法》，高等教育出版社2004年版，第1页。
② 何兵：《现代社会的纠纷解决》，法律出版社2003年版，第1页。
③ 季卫东：《法律程序的意义——对中国法制建设的另一种思考》，中国法制出版社2004年版，第5页。
④ 范愉：《非诉讼程序（ADR）教程》，中国人民大学出版社2002年版，第2页。

对这些意思相近的词汇详加辨析似乎是没有必要的。但是，一味地回避对纠纷本身的深入研究显然不利于准确地把握这种社会现象的内涵，由此造成的结果就是纠纷这一概念的含混性：要么仅仅停留在纠纷的显性特征上，特别是习惯性地把纠纷的范围仅仅限于民事关系的范围；要么就是无限制地扩大纠纷的适用范围，特别是当纠纷和冲突这两个概念处于同一的词性地位的时候。例如，把纠纷的副作用夸大到极点，冠以"反社会性"的性质。①有的学者甚至认为："我们今天看到的法律、伦理道德、宗教等等各种文化现象，实际上都是人们为了'对付'纠纷而诞生的思想成果。"②显而易见，在这些言论中，对于纠纷和冲突是没有严格区分的，从字面上看，作者使用了"纠纷"一词，但其语义却是"冲突"的意思，反之亦然。这种对纠纷和冲突、矛盾、争执、争议不作严格区分，经常交换使用的情形，我们姑且称之为"广义纠纷说"。

和上述的"广义纠纷说"不同的是，在西语中纠纷(dispute)和冲突(conflict)不仅是两个不同的单词，而且在用法上也并不是可以随意替换的。dispute 在行为的激烈程度上显然要远远低于 conflict，如果到了 conflict 的程度，那么其严重性怎么说也不过分，但是，作为 dispute，无限地夸大其危险程度，恐怕并不符合其应有的概念定位和实践功能。

对于纠纷和冲突的关系及其区别，日本学者有过深入的研究。日本学者千叶正士将纠纷的基本类型划分为对争(contention)、争论(dispute)、竞争(competition)、混争(disturbance)与纠纷五种基本类型，认为 conflict 涵盖了其他四种类型的对立形态，将其定义为"一定范围的社会主体相互之间丧失均衡的状态"。而日本社会学家川岛武宜却将 dispute 译为纠纷，而把 conflict 作为纠纷的更高层次的概念来对待。③当代美国的纠纷解决理论则把纠纷(dispute)视为冲突(conflict)的一种类型或一个层次，认为它是一种包含着明确的、可通过法庭裁判的争议的冲突。④由此看来，纠纷和冲突显然不是一个层次上的概念，从社会冲突的概念和方法去研究纠纷的性质，恐怕难以得出科学的结论。一个值得注意的事实是，"纠纷"这个词在所有的正式立法文件中被频繁使用，但是，"冲突"这

---

① 参见顾培东：《社会冲突与诉讼机制》，法律出版社 2004 年版，第 3 页。
② 李刚主编：《人民调解概论》，中国检察出版社 2004 年版，第 11 页。
③ 参见刘荣军：《程序保障的理论视角》，法律出版社 1999 年版，第 21—22 页。
④ 范愉主编：《ADR 原理与实务》，厦门大学出版社 2002 年版，第 43 页。

个词在立法文件中却几乎是不被使用的。而在有关法律领域的学术研究和司法实践中,纠纷历来就是一个比较规范的概念,只有在解释或者说明纠纷的含义之时才会用到冲突这个词。这种情形("武装冲突"或非纠纷意义上的冲突除外)至少说明,纠纷这个概念对于法律制度来说具有特殊的意义,而冲突及其他相关的概念如矛盾、斗争、对抗、争执、争议等概念只有在特定的场合才具有法律的意义。关于这一点,大部分研究者似乎并不是很在意的,但也有的学者以不同的方式表达了这一概念在学术意义上的严谨性。例如,齐树洁教授就十分严格地区分了纠纷和冲突的关系:"《牛津法律大词典》将'冲突'定义为'一种对抗或敌对的状态、争斗或抗争、对立原则的冲撞'。相应地,美国当代纠纷解决理论把纠纷视为冲突的一种类型或一个层次,认为它是一种包含着明确的、可通过法庭裁判的争议的冲突。"[①]日本学者棚濑孝雄也作出了类似的表述:"纠纷是由于当事人因为某种原因对现在的状态怀有不满并要求进行变更而产生的。"[②]在这里,纠纷这一概念被赋予了一种特有的和法律制度特别是法律程序密切联系的意义,从这个意义上我们不仅可以把纠纷和其他的相似概念加以区分,而且为我们进一步深入地研究和认识纠纷开辟了新的思维方式。具体地说,和纠纷最为接近的几个概念的含义大体如下:

矛盾——主要用于哲学上的概念,指客观事物和人类思维内部各个对立面之间互相依赖又互相排斥的关系。矛盾具有普遍性,没有矛盾就没有世界;矛盾也被经常引申为各种互相对立又互相依赖的社会关系,如敌我矛盾、人民内部矛盾、逻辑学上的矛盾律,等等。

冲突——主要表现为社会群体之间的对抗、对立或抗争的状态。冲突具有多种复杂的表现形式,其中,冲突的强度对于冲突的性质具有重要意义。例如,军事冲突是一种强度极高的冲突,具有爆发战争的可能性;社会冲突则以共同体利益关系的整合为动机和目标,在一定强度范围内的社会冲突可以通过法律制度得以消解,但是,随着冲突强度的加大,冲突的性质可能会发生变化,法律调整的效能将会丧失,乃至于不得不借助政治的手段。

---

① 沈恒斌主编:《多元化纠纷解决机制原理与实务》,厦门大学出版社 2005 年版,第 33 页。
② 〔日〕小岛武司、伊藤真:《诉讼外纠纷解决法》,丁婕译,向宇校,中国政法大学出版社 2005 年版,第 16 页。

抗争——亦称对抗、争论、争夺，是最为常见的一种表达不满的方式。抗争的手段可以是多样化的，而且不一定表现为主体之间的相互关系，也可能是单方的行动，例如，符合刑法范畴的犯罪行为。

争执、争议——这两个名词意思十分相似，表示主体之间围绕某一具体权益的行为对立或者意见分歧，相比较而言，争执是这种情形的一般形态，而争议则更具有理性化色彩。大部分的争执或者争议都在法律的调整范围之内，它们可以被理解为一种低强度的冲突，多数情况下与纠纷同义。

通过以上的分析，一个显而易见的原理就十分清楚了：从带有普遍意义的矛盾、冲突到围绕着某一具体权益的争执或者争议，并不是所有的这些不协调现象都和法律制度相关联，只有那些属于法律框架之内的诸种不协调现象，或者说可以通过法律程序解决的类似现象才具有法律上的意义，这种现象就是纠纷。冲突属于纠纷的上位概念，纠纷是冲突的部分表现，并非所有的纠纷都属于冲突，也不是所有的冲突都可以纳入法律的调整范围。纠纷是失衡的社会关系表面化或公开化的表现形式。在纠纷出现之前，社会关系保持着相对平衡的状态，这个平衡状态包括个体相互之间的现存关系和通过契约设定的预期关系。现存关系和预期关系只是相对平衡的，不是绝对平衡。但是，如果出现了不平衡，但并没有表面化，纠纷仍然没有发生。这种不平衡的状态还只是矛盾，而不是纠纷。只有在矛盾无法解决致使其表面化的情况下，纠纷才会发生。有学者将这种情形表述为："现实性的纠纷是冲突显化的结果"①，虽然这种表述并不能完全涵盖笔者的意思，但是，其基本思路是大致相同的。

也有学者认为，如果社会存在的不协调现象（"冲突"）仅限于当事人内部的抗争，而没有第三者介入处理时，还不能称之为纠纷，只有在第三者介入处理或者解决时，才是确切意义上的纠纷："是否有第三者介入冲突当事人之间的冲突是区分冲突与纠纷的标志"。②这种区分有一定的道理。因为，在有第三者介入的场合，纠纷的社会属性才得以彰显，如果不协调的现象仅限于当事人内部，则很难判断纠纷是否确实存在。但是，从

---

① 范愉主编：《ADR 原理与实务》，厦门大学出版社 2002 年版，第 47 页。
② 这种观点来自于美国人类学家劳拉·内德（Laura Nader）和哈利·F. 托德（Harry F. todd）。参见王亚新：《纠纷，秩序，法治——探寻研究纠纷处理与规范形成的理论框架》，载《清华法律评论》第 2 辑，清华大学出版社 1999 年版，第 11 页。

广义上说,纠纷的解决并不一定要有第三者参与,纠纷一旦显化出来,通过当事人之间的直接交涉同样可能得到解决。事实上,在现代社会,随着法律意识和法律知识的强化和普及,社会主体处理纠纷的能力也日益增强,通过直接的对话和谈判来自行解决纠纷的情况并不少见。鉴于直接交涉的方式成本更低而效率更高,有利于纠纷的及时解决,同时还可以节约社会资源,所以,对这种方式应当予以鼓励。如果过于强调第三者参与,可能反而造成错误的导向。

因此,纠纷应当是这样一种社会现象:在相对的社会主体之间发生的可以被纳入法律框架之内的那些表面化的不协调状态。争执、争议是纠纷的不同表现形式,在特定的情形下可以和纠纷这个名词互相代换,但是,它们不具有纠纷那样广泛的涵盖性,而且在强度上一般也要弱于纠纷状态。也就是说,纠纷仍然是社会冲突的表现,只是这种冲突被限制在相对的社会主体之间,并且是可以由法律规范加以调整的冲突。纠纷的进一步发展就可能演变成具有严重破坏性的冲突;所以,为了避免破坏性冲突的出现,纠纷必须及时加以解决。由此,我们也可以看出纠纷和冲突的基本关系:如果某种冲突超出了法律控制的体系,乃至于不得不借助于政治手段或者国家暴力加以解决,那么,这种冲突就不是严格意义上的纠纷。在我国历史上,曾经长期沿用"人民内部矛盾"和"敌我矛盾"这种两分法来划分社会冲突的性质。虽然这种划分带有浓厚的政治色彩,但是,在法律制度还不够健全、法律还没有成为社会治理的基本工具之前,这种划分确乎能够比较恰当地反映社会冲突在性质上的差别。人民内部矛盾和敌我矛盾的解决方法是截然不同的。前者可以通过传统性的劝和方式或者规范意义上的法律程序加以解决,而后者则主要是通过政治手段包括暴力压制的手段加以解决。改革开放以来,随着社会结构和社会运行机制的变革,"人民内部矛盾"和"敌我矛盾"的划分似乎已经有些不合时宜,但是,其中的思想方法仍然具有重要的指导意义。纠纷现象在一定程度上可以说就是人民内部矛盾,对待纠纷不能像处理敌我矛盾那样运用政治手段甚至暴力压制的手段。反之,对于纠纷以外的那些社会冲突,运用传统性的劝和方式或者规范意义上的法律程序可能难以解决问题,还必须运用政治的手段甚至于国家暴力加以解决。

综上,纠纷与冲突之间具有密切的内在联系,但是,二者毕竟不是同一属性的概念。虽然在特定的语言环境下将这两个词互相代换不会产生原则性的误解,但是,从理论上严格界定二者的关系是很有必要的。纠纷具有更多的法律语言的属性,而冲突则主要是一种涵义广泛的社会性语言或者属于政治性话语。当我们在纠纷的层次上使用冲突这一词语时,只不过是显示了冲突的部分属性。唯有认识到这一点才能够准确地把握纠纷,进而更加深刻地了解纠纷的固有特点和规律。

(二)关于纠纷原因的一般表述

1. 研究纠纷原因的必要性

世间万物都有一定的原因,对原因的了解是为了掌握事物发展的规律,以便利用这些规律更好地认识事物和驾驭事物。研究纠纷的原因,对于正确地认识纠纷、有效地解决纠纷和及时地预防纠纷无疑都具有十分重要的意义。了解纠纷的原因是认识纠纷的基本前提,如果不了解纠纷的原因,我们对纠纷现象的认识就只能是支离破碎的和表面化的,就不可能准确地把握纠纷的内在机理。换言之,如果不了解纠纷的原因,那么,我们对于纠纷的认识就只能是表面的、肤浅的,而无法上升到理性的认识高度。对于纠纷的解决而言,从理性上认识纠纷又是一个必须的前提,这就好比医生治病,如果不了解致病的原因,而是头痛医头,脚痛医脚,那么就无法对症下药,也就很难真正治愈病症。研究纠纷的原因对于纠纷的预防而言具有更为重要的意义,因为它可以为我们科学地制定各种预防措施提供可靠的理论依据,从而及时地消除纠纷隐患,或者尽可能地减少纠纷的发生。

在了解纠纷的原因和解决纠纷、预防纠纷的关系的问题上,不能不提及一种十分隐蔽的现象,那就是人们往往更看重现实的纠纷解决和纠纷预防,而对于纠纷原因的思考往往不了了之,或者将其归结于所谓的"根本原因"而不加深究。之所以说这种现象是一种十分隐蔽的现象,是因为人们对这种现象往往持有一种熟视无睹的态度。造成这种现象的背景原因是十分复杂的,往深处说甚至可以追究到中国传统思维方式的层面。①但是,一个显而易见的原因是,在许多人看来,纠纷的解决和预防具有现

---

① 张岱年先生批评"中国哲学之最主要的大弊"之一就是"尚无薄有"的倾向。即"一般都认为本根必是无形的,有形的物不足以当之,必求之于无形。于是不肯做对事物之精密的研讨,而崇尚悠远的玄想。"参见张岱年:《中国哲学大纲》,江苏教育出版社 2005 年版,第 530—531 页。

实紧迫性,是我们不得不认真面对的实际问题,而纠纷的原因则属于不那么具有紧迫性的理论问题,甚至,即使不去深入了解纠纷的原因,依靠对纠纷的感性认识和实践经验照样可以解决和预防纠纷。然而,只需稍加注意我们就不难意识到,对于纠纷原因的忽视,造成了我们对于纠纷这种常见的社会现象往往缺乏正确的认识,从而导致在解决和预防的措施和对策上的疲弱。其结果是,要么相同的或者类似的纠纷以较高的频率重复出现,要么对纠纷的解决很难达到治本的效果。另外,相对于西方国家在相关领域的理论研究,我们的迟滞和落后已经是一个不言自明的事实。

2. 关于纠纷原因的方法论

值得欣慰的是,随着理论界对纠纷问题的空前关注,对于纠纷原因的系统研究和论述已经呈现出前所未有的繁荣态势,不少学者已经不满足于纠纷现象的描述,而是注意到了纠纷原因的重要性,纠纷的原因论已经成为纠纷研究领域的一个重要课题。

关于纠纷的原因,从以往的研究来看,大致有三种不同的观点或者不同的研究角度。

第一种观点认为,纠纷的产生包括主观和客观两个方面的原因。主观原因主要是指纠纷主体通过纠纷所期望达到的意图和目的。当事人对其理由、力量的确信、所受到的损害等都属于主观原因的范畴。客观原因是指利益的冲突,这是纠纷产生的基本原因。①

第二种观点认为,纠纷产生的根本原因在于社会资源的稀缺性。这种观点源于马克斯·韦伯的理论。韦伯认为,在工业科层式社会中,最稀缺的资源——权力、财富与威望的分配极易产生变异和非连续性,出于种种原因,人们对于这些资源的控制难以达到均衡,这一不均衡就是导致纠纷的根源。……在资源稀缺这一大前提下,人的理性有限与德性不足共同构成了纠纷产生的直接原因。②

第三种观点则是从心理学和伦理学的角度寻求纠纷的原因。从心理学的角度看,对稀有资源的竞争、心理暗示的影响、报复心理、信息沟通不良都可以导致纠纷的发生;从伦理学的角度看,虽然在历史上历来存在关

---

① 范愉:《纠纷解决的理论与实践》,清华大学出版社 2007 年版,第 75 页。
② 沈恒斌主编:《多元化纠纷解决机制原理与实务》,厦门大学出版社 2005 年版,第 35—36 页。

于人性"善"、"恶"的不同观点,但是从本性上看,人都有追求利益的动机,甚至可以说,追求利益是一切纠纷的根本原因。①

以上这些观点有一个共同之处,就是企图揭示纠纷的最根本的原因,从这一点上说,这些观点可以说各有所长,具有对纠纷的原因追根溯源的意味,而且具有深邃的思想内涵和重要的理论价值。但是,仔细想来,这些观点却怎么也摆脱不掉一种浓厚的形而上学的味道。记得有一位哲学大师曾经直言不讳地指出,哲学就是玄学,它是一种纯粹的理性,它和实践之间是应当存在距离的。在这里,我们反其意而用之:实践的领域和哲学之间是应当保持一定距离的,对于实践性的事物,就应当从实践的层面去认识它,如果将它过度地抽象至哲学范畴,忽略了哲学与具体科学之间的差异,那么,就脱离了我们研究这种现象的初衷,我们得出的结论就是脱离实际的抽象议论。纠纷这种事物属于一种社会现象,和研究其他社会现象一样,研究纠纷现象当然也必须遵循一定的哲学原理和方法。但是,更为重要的是,我们必须将哲学的原理运用到具体的实践中去。或者说应当利用哲学的武器去认识和了解纠纷现象,而不是相反,将纠纷研究作为哲学问题来对待。事实上,为具体的社会现象设定一个统一的哲学意义上的命题,不仅是十分困难的,而且几乎是不可能的。如果硬要设定这样一个命题,那么,这个命题就很难做到无懈可击。例如,如果说纠纷的原因是社会资源的缺乏,那么,如果社会资源达到了极大丰富就不会有纠纷了吗?而社会资源极大丰富的标准又是什么呢?如果说社会资源的极大丰富是不可能实现的,那么,这个关于纠纷原因的命题的意义何在?再比如,纠纷的原因是人性的不足造成的,但是,关于人性的问题,几千年来争议不断,至今也没有一个结论。以没有结论的观点作为命题的前提,这个观点还能成立吗?有学者指出:"由于情感恩怨、利益归属及价值取向等因素的存在,人类社会从其产生的那一天开始,便伴随着各种不同的纠纷和冲突。"②还有的学者从综合性的角度阐述纠纷的原因。如前文所述,范愉教授认为:"纠纷的原因,包括纠纷的主观原因和客观原因。主观原因主要是指纠纷主体通过纠纷所期望达到的意图和目的等。当事人对其理由、力量的确信、所受到的损害等都属于主观原因的范畴。纠纷的原

---

① 李刚主编:《人民调解概论》,中国检察出版社2004年版,第10—22页。
② 李祖军:《民事诉讼目的论》,法律出版社2000年版,第24页。

因还取决于社会或共同体成员的生活方式和价值观。客观原因,即利益的冲突,是纠纷产生的基本原因。利益冲突首先与社会的物质生产资料和资源的分配方式及其结果直接相关。同时,纠纷的产生、形式及解决方式都与其所在的具体社会环境、时代、地域、传统习惯、风土人情等不可分离。"①笔者赞同这种判断,即纠纷的原因是复杂的、具有个别性的,必须多方位地去认识,那种希望找到纠纷的根本原因,从而将所有的纠纷一网打尽,并从根本上寻求一种一劳永逸的解决办法的观念是不切实际的。

那么,对于纠纷的原因,究竟应当采取什么方法来进行研究呢?其实,单纯就方法论而言,许多研究者并不存在明显的错误,而且,在同样的方法指导下,得出的结论也不一定必须一致。但是,方法论并不能解决所有的问题,只有将明确的目的和科学的方法有机地结合起来,才有可能实现既定的目标。这就是说,方法或者手段都是为一定的目的服务的,是目的决定了方法,而不是方法造就了目的。有了好的方法而没有明确的目的,那么,这种方法所得出的最终结论就不一定是科学的有实用价值的结论。我们研究纠纷的原因,目的在于客观地认识纠纷这种特定的社会现象,而认识纠纷的目的在于解决纠纷和预防纠纷。这样的目的性(当然,并不排除有的学者研究纠纷是为了其他的学术目的)实际上已经向我们昭示:立足于解决纠纷和预防纠纷,才是探求纠纷原因的唯一正确的立场。换言之,如果说我们不可能从根本上杜绝纠纷,那么,对于纠纷原因的探究就应当立足于纠纷的解决和预防。离开了这样的基本立场,对于纠纷原因的任何假设都是枉费心机的。从这个意义上说,我们对纠纷原因的探究,首先要坚持的就是"理论联系实际"的原则,这个实际就是纠纷本身,纠纷的原因只有从纠纷本身去求证,才能得出客观的结论。

然而,纠纷是十分复杂的,也是十分具体的,各种纠纷的构成机理不同,其生成的原因也各不相同。从纠纷的这种特点来看,如果不是从每一种纠纷的具体构造去分析纠纷的原因,就不可能真正认识和把握纠纷的原因,也就不可能体现纠纷原因理论研究的价值。因此,在这里,我们有必要再次重温唯物主义辩证法一再强调的认识事物和研究事物的基本方法,那就是"具体问题具体分析"。如果问题本身是具体的,就必须进行具体的分析,唯有如此,才可能真正认识问题的实质和原因,并寻找出解

---

① 范愉:《纠纷解决的理论与实践》,清华大学出版社2007年版,第75页。

决问题的办法。实际上,在纠纷研究领域,已经有不少学者走出了纯粹的理论藩篱,转而按照社会学的指引对纠纷现象进行艰苦细致的调查研究和实证分析,他们的研究成果不仅让我们更加真切地了解了纠纷的内在机理和生成原因,而且更为重要的是倡导了一种科学的研究方法。这是我们今后研究纠纷问题特别需要留意的一种趋向。

根据"理论联系实际"的原则和"具体地分析具体的问题"的方法的要求,我们对于纠纷原因进行探讨的一个起码的前提就是对纠纷本身要具有足够的经验积累,也就是说,对于纠纷的表现形式要有足够的感知经验。这就像毛泽东所说的"要想知道梨子的滋味,就要亲口去尝一尝。"但是,这并不等于我们必须去亲身体会每一种纠纷,这不仅是不可能的,也是不必要的。作为社会的一个成员,即使我们不是处理纠纷的专家,实际上也有大量的机会可以接触到不同的纠纷,关键在于我们是否对纠纷给予了足够的关注。对于纠纷的感知经验的多少实际上就取决于对纠纷的关注程度如何。如果我们对纠纷给予了足够的关注,并且辅之以必要的研究手段,那么,对纠纷的了解就将不限于表面现象,而会达到一种必然的深度。

3. 关于利益和纠纷的关系

在诸种关于纠纷原因的分析中,对于利益冲突的关注是较为普遍的。一般认为,利益关系是人和人之间的根本关系,纠纷发生的根本原因在于社会主体之间的利益冲突,所以,纠纷也可以被称为"利益的纷争"。在中国或者西方的历史上,不少思想家从人性的角度去论证人与人之间的利益关系,认为人都是"趋利性"动物,一切的纷争都是因为人的"趋利避害"的本性引起的。如中国先秦法家的荀况、商鞅、韩非等人都持有此类观点;西方国家如霍布斯、卢梭、弗洛伊德等思想家们也有大致相同的观点。而这些观点集中到一点还是一个利益关系的问题。齐树洁教授在分析纠纷解决的诸要素时指出,纠纷解决机制分为以下几个基本要素:纠纷的主体、纠纷的内容、纠纷的解决者以及解决纠纷所依据的规则。其中,"纠纷内容实际上就是纠纷解决机制的客体,即纠纷的主体争执的对象——利害关系或相互冲突的利益。"①齐树洁教授根据德国社会学家马克斯·韦伯的社会分层理论,从权力、财富与威望这三种稀缺资源分配的角

---

① 沈恒斌主编:《多元化纠纷解决机制原理与实务》,厦门大学出版社2005年版,第38页。

度去论证纠纷发生的根本原因,认为"纠纷产生的根本原因在于社会资源的稀缺性"①。不可否认,利益关系或者社会资源的分配关系构成了社会关系的基本内容,并且,纠纷乃至于社会冲突的发生与利益关系存在密切的联系。但是,这里有一个重要的区别是需要澄清的:如果说利益关系是引起纠纷的根本原因,那么,是不是说所有的纠纷都是由利益关系引起的?换句话说,人与人之间的关系是不是单纯的利益关系,一切纠纷发生的原因都是由利益关系引起的?

19世纪英国著名的保守党领袖本杰明·迪斯雷利(1804—1881年)说过一句名言:"没有永恒的敌人,也没有永恒的朋友,只有永恒的利益。"这句名言被很多西方人奉为经典的人生理念。中国古语有云:"天下熙熙,皆为利来,天下攘攘,皆为利往。……亲朋道义因财失,父子情怀为利休"。②自古以来,无论是什么样的时代,也无论是什么性质的社会,利益观念始终处于支配性的地位,关于利益的态度和评价构成一个社会的意识形态的关键内容。马克思主义也认为人们奋斗所争取的一切都同他们的利益有关。历史上各个社会阶级和集团通过政治纲领表现出来的政治利益和与此相联系的意识形态斗争,都以经济利益为基础。经济利益不管能否被人们自觉地意识到,它本身都是客观存在的,它的产生和实现并不取决于主体对某一需要的意识,而是受着生产力的发展水平和相应的生产关系的制约。恩格斯说过:"每一个社会的经济关系首先是作为利益表现出来"③。

利益这个概念具有很强的包括性,概括地说,一切对人有用的或者能够满足人的需要的事物都是利益。人的需求是多方面的,但大致来说包括物质方面的和精神方面的,能够满足人的物质需求的利益就是物质利益,能够满足人的精神需求的利益叫做精神利益。利益是主体的需求,和主体之间的关系十分密切,所以,对利益关系的描述也大多是从不同的主体特征的角度加以区分的。如个人利益、团体利益、国家利益、公共利益、企业利益,等等。但是,利益的需求并不足以构成人的全部内涵,人作为社会性动物,其思想和行为的复杂性和交互性并不是利益需求这个命题

---

① 沈恒斌主编:《多元化纠纷解决机制原理与实务》,厦门大学出版社2005年版,第35页。
② 《史记·货殖列传》。
③ 《马克思恩格斯选集》第2卷,人民出版社1995年版,第537页。

能够完全概括的,如一个人的道德品行、信誉、爱心乃至于精神和理想的追求,等等。马克思在《关于费尔巴哈的提纲》中有一个著名的论断:"人的本质并不是单个人所固有的抽象物。在其现实性上,它是一切社会关系的总和。"①马克思主义哲学关于人的本质的界定,揭示了人的社会性和现实性。人是社会的动物,不能脱离各种社会关系而存在。人在社会实践中结成一定的生产关系,并在此基础上形成一定的政治、法律和思想关系,正是这些社会关系的总和构成了人的本质。所以,人和人之间的关系并不全部是利益的关系。

特别值得注意的是,社会关系并非只是静态的,而是处于频繁的变化之中。行动和交往是社会关系的必然特征,而这种特征对于纠纷现象具有十分重要的意义。先说行动。行动是实现目的的必要条件,没有行动就不可能实现任何目的。行动是人的意识的外部表现,人的意识是复杂的,所以,行动也必然具有一定的复杂性。而生活经验告诉我们,虽然在行动之前人们可以设定某些计划或者方案,但是,计划或者方案的具体实施过程却有可能遇到各种各样的意外情况,这些意外情况的出现就可能会引起纠纷的发生。再说交往。假如一个人真正做到"远离尘世",与他人"鸡犬之声相闻,老死不相往来",那么,他也可能会"远离纠纷",但只要是社会中人,他就必须与他人交往,同时他还必须遵守交往的规则。有些交往是有明显的利益因素的,例如,商品的交换、生意的合作等,但有些交往却不一定包含利益因素,例如,感情的交流、爱心的表达等。诸如单纯的舍与而没有相应的利益回报的事例并不少见,功利主义并不能解释所有的人类行为。所以,纠纷可以因为利益的冲突而发生,也可以因为价值观的差异、文化背景的不同而发生,还可以因为情感的变异、行动的失误而发生;纠纷的原因是个别性的而不是单一的,纠纷现象也由此呈现出纷繁多样的形态。

另外还有一种不得不予以澄清的利益和纠纷的关系,那就是在某些情况下利益和纠纷在时空上的错位关系。从利益是纠纷的原因这个命题来看,利益关系应该是先于纠纷而存在,只有当利益关系出现了某种不平衡时才会发生纠纷。接下来的推论是,如果利益关系保持在平衡状态,纠纷就不会发生,而纠纷的解决也就意味着利益关系的修复。应当说,这种

---

① 《马克思恩格斯选集》第1卷,人民出版社1995年版,第18页。

情形符合人们大多数的生活体验,但是,它并没有穷尽所有纠纷的原因,并且,在某种情况下,这种理论是违背生活常理的。例如,在正常的作业当中突然发生了意外事故,导致作业人员死亡或者受到伤害,在这种情况下,如果死亡人员的家属或者受害者向管理者提出索赔要求,能说是因为利益关系而引起了纠纷吗?在笔者看来,这种情形的纠纷属于因意外事件而引起的纠纷,利益的问题是在纠纷发生之后才出现的。纠纷和利益在这种情况下出现了错位。而且这时的所谓利益关系也无法用恢复或者修复这样的做法加以平衡,毕竟生命和健康是无价的,多少赔偿能够恢复或者修复这种所谓的利益关系呢?或许,对于财大气粗的管理者或者经营者而言,花上一笔钱,这宗纠纷就算解决了,但是,对于受害者而言,他(他们)心灵上所受到的伤害是永远都难以抚平的。

二、纠纷原因的个别分析

在理论界,对于纠纷原因的分析是一个不得不面对的的课题。然而,到目前为止,对于纠纷原因的分析大多秉持一种形而上的追根溯源的思维方式。这种方式从纯粹理论研究的角度看或许是有必要的,但是,从纠纷的解决和预防的现实角度来看,不免使人产生隔靴搔痒的感觉。纠纷的解决和预防属于实践性范畴,围绕这一范畴的理论研究应该能够解决实践中的问题,过于追求形而上的尖端效应未必符合这一实践范畴的理性要求。齐树洁教授对此有着敏锐的观察,她指出:"根据纠纷产生的根本原因——社会资源的稀缺性,则从根本上解决纠纷的方法就是增加社会资源的数量,使其能够满足人类的欲望,这与其说是解决纠纷,不如说是从根本上消灭纠纷。然而,这一点是很难做到的,即便通过各种途径可以增加资源的数量或者促使人们对它的使用更加高效,但是,资源的稀缺性是绝对存在的事实。"[①]实际上,有不少学者也存在类似的问题意识,尽管如此,对于纠纷原因切合实际的具体分析还不多见。笔者在这里对纠纷原因的个别分析只是一种尝试,不能奢望这里的列举能够穷尽引起各种纠纷的原因,但大部分纠纷的原因应该能够得到比较客观的反映。

---

① 沈恒斌主编:《多元化纠纷解决机制原理与实务》,厦门大学出版 2005 年版,第 37 页。

（一）价值观念与纠纷

价值观念是人类行为的基本原因，是社会成员用来评价是非善恶的基本准则。宏观意义上的价值观念可以反映不同的历史阶段中，不同的民族国家之间的生活样式、思维方式和行为模式之间的差异。但是，在一个统一的社会，不同的集团、不同的人群、甚至不同的地域都可能存在各自不同的价值观念。尽管人们并不是十分在意，但源于价值观念的差异和冲突仍然时不时地在我们的周围显现出来，特别是在社会转型的特殊时期，不同的价值观念之间的摩擦、冲突以及互相融合更是在所难免。这其中的摩擦与冲突在一定的情况下就可能引发纠纷，从而成为发生纠纷的原因。例如，在我们的现实生活中，人们的生活习惯就极有可能是某种价值观的反映。有的人喜欢饮酒，认为不喝个痛快就不够意思，有的人本来不善饮酒，但是为了迎合对方的"酒文化"，不得不放弃自己的原则，结果伤了脾胃，甚至危及性命。在现实生活中，因为酗酒而导致纠纷，或者引起家庭危机的案例时有耳闻。再如，有的人崇尚所谓的现代生活方式，从穿着打扮到日常行为都很有前卫风格，有的人对此却不屑一顾，结果因为生活观念不同而呲睚相对的也不在少数。当然，个人生活方式的不同一般不会引发纠纷，但它是一种潜在的引发纠纷的因素。随着市场经济的发展，城乡差别已经在逐渐缩小，但是，由于历史的原因，城乡之间的文化隔膜依然存在。例如，农村的婚嫁习俗和城里人的婚姻观念就存在较大差异，如果一个人在农村有婚约，而到了城市却要悔约，那么就很容易引发纠纷。类似这些冲突或纠纷实际上就是价值观念差异的表现。价值观念的差异或冲突往往不是引发纠纷的直接原因，而是一种较为隐蔽的因素，纠纷的双方对于这种纠纷的原因往往是不自觉的，从而一般都会将引起纠纷的责任归咎于对方，而甚少意识到双方的生活观、价值观的差异。对于此类纠纷，在解决和预防的方法上，关键是增强双方的互相理解，启发双方进行换位思考，互相尊重对方的价值观念和生活理念，以期实现多样性、多元化的价值观念的和谐相处。

（二）制度缺陷与纠纷

制度是一个国家或一种社会的一系列规范、规则或标准序列的总称。从大处说有政治制度、法律制度、经济制度、税收制度，等等；往小里说有工作制度、学习制度、财务制度、企业管理制度,等等。在现代社会,尤其是法制社会里,制度的触角无所不及,可以说制度就是社会的别称,没有制度就没有社会,人类的生产和生活就无法进行。但是,这里有两个问题必须注意,一个是制度的局限性,即制度并不是万能的,除了制度之外,风俗、习惯、传统、道德、伦理等对于社会秩序的形成和维护也是十分重要的因素。另一个是制度的滞后性,即制度总是在既有经验的基础上形成的,相对于不断发展变化的社会实践而言,制度总是具有保守的一面,有时甚至显得僵化和不尽合理。如果某项制度过于陈旧或者不合情理,我们当然可以依据一定的程序改变这一制度,从而实现制度的变革和创新;但是,问题在于,当某项制度明显落后于社会实践之时,它还可能成为引发社会冲突的原因。例如,我国的高考制度所存在的弊端已经成为社会议论的热点问题。我国高校入学实行的是高考选拔制度,其目的在于提供一种"分数面前人人平等"这么一种程序正义的可能性。然而,实践过程中这种"程序正义"并没有得到真正的贯彻,相反却表现出招生指标分配的地域歧视和录取结果的地域差异及城乡差异。国家教育管理部门根据不同地域范围对招生人数作不同限定,高校录取考生名额也多分布在发达地区,再加上很多名牌高校还对本地实行倾斜,高考指标分配的地域歧视十分明显。"考生的户口比法律赋予他作为一个公民的平等的入学和升学权利更重要。"①不合理的高考制度导致社会公众的高度质疑,因被认定为"高考移民"取消高考报名资格而引发的考生对相关部门提起诉讼的案例时有耳闻。再如,我国的商品房预售制度也存在很多弊端,购房者没有看到房子却要支付房款,银行在抵押物不存在的情况下就付出了贷款,结果,因为开发商没有按期交房,或者一房多售,或者房子与合同不符而引发纠纷。还有,我国《物权法》第74条第1款首先规定:"建筑区划内,规划用于停放汽车的车位、车库应当首先满足业主的需要",第2款又规定:"建筑区划内,规划用于停放汽车的车位、车库的归属,由当事人通过出售、附赠或者出租等方式约定"。试想,约定的前提是平等协商,在房地产开发商占据绝对优势地位的前提下,车位、车库的归属问题有可能"约定"吗?既然双方平等协商的可能性几乎不存在,那么,所谓"车位、

---

① 房欲飞:《从罗尔斯的正义原则看我国高等教育制度的正义性》,载《高教探索》2006年第5期。

车库应当首先满足业主的需要"就是一句空话。因此,频繁出现的业主与开发商之间的纠纷也就不足为奇了。制度本来是规范秩序的依据和准则,但是,由于制度本身的内在矛盾或者不合理性,却极易引发纠纷。因制度的缺陷引发的纠纷,在处理上也最为棘手,如果严格执行制度,那么纠纷就可能无法解决,因为制度或者明显不合理,或者含糊不清。在这种情况下,就存在一个需要从制度之外去寻求解决依据的问题,如正义原则和法律精神。当然,最为重要的是应当使制度尽量客观、合理,并且避免制度内部的矛盾与冲突,以期最大限度地实现制度的应有价值。

(三)个体意识与纠纷

社会是由不同的个体组成的,法律上的个体可以是指一个组织、团体或者是个人,但此处所说的个体仅限于个人。虽然人天生是群体性动物,但是,单独的个人因素有时却决定了一个事件的方向。对于纠纷而言这一规律尤其明显,纠纷的个体在很多情况下只是个人,或者个人的因素在其中发挥着决定性作用。

关于个体意识的发展过程,美国学者罗斯科·庞德有过一段精彩的描述:"中世纪法律在亲属关系组织的社会中起着作用,法律的目的似乎是在这一社会中和谐一致地维护社会现状。自由竞争式的自我主张,在中世纪社会里,就像在希腊城邦的社会里一样,是不能立足的。在亲属组织的封建社会崩溃后很久,人们还可以见到这一类社会的理想继续存在。在十六世纪以后,一种自由竞争式的独立个人的社会理想,随着近代经济秩序的发展而慢慢成长起来,并在法学思想和法律传统中代替了起源于古代并在中世纪建立起来的理想。这种较新的理想在十九世纪得到了充分的发展。诚然,它的最大限度的个人自由的自我主张概念,被康德表述为我们后来所称的法律正义。"① 这种情形与中国也十分相似。在中国封建社会,家族关系是最基本的社会关系,"君、臣、父、子"的等级顺位是家族关系的基本结构,忠于君、孝于父是最基本的行为准则;妇女的地位尤其低微,"三从四德"完全限制了妇女的自主性。在这样一种亲属关系组织的社会中,个人的自由和独立几乎没有存在的空间。这种封建家族意

---

① 〔美〕罗斯科·庞德著:《通过法律的社会控制》,沈宗灵、董世忠译,商务印书馆1984年版,第7—8页。

识并没有随着封建社会的解体而完全消失,在公有制的计划经济体制下,由上至下的直线型统治模式为封建家族意识提供了合理的滋生环境。经济体制改革以后,随着社会主义市场经济体制的确立,单向性的社会统治模式理所当然地被抛弃,社会治理机制朝着民主和法治的方向发展。在这样的大背景下,家族式的等级观念受到了强烈冲击,个体意识逐渐被释放出来。并且,在中国,由于个体自由受到长期的压制,作为一种补偿性的回馈方式,随着个体意识的加强,权利意识首先迫不及待地爆发出来。于是,"维权"成为最受社会关注的一种时髦理念。从电影明星到三轮车夫,从政府官员到普通公民,围绕着名誉权、财产权、劳动权、休息权乃至受教育的权利,等等,各种各样的纠纷先后涌现出来。有学者指出:利益个别化对于商品经济发达和私法传统悠久的西方人来讲或许是不成问题的,但对于先有家族制度后有公有制度的中国人来讲,却是个大问题。没有个别化的利益,便没有个别化的利益要求和利益冲突。①

毫无疑问,个体意识的强化是社会的一种进步,马克思主义认为,个人的发展是历史的必然:"人们的社会历史始终只是他们的个体发展的历史,而不管他们是否意识到这一点。"②但是,按照马克思主义理论,个人的发展要经过从"依赖的个人"到"偶然的个人",再到"解放的个人"这样三个发展阶段。其中,"偶然的个人"是"以物的依赖为基础的人的独立性"阶段。在商品经济社会中,对物的依赖使得个人的发展只具备表面的独立性,只有在产品经济社会才有可能使个人的价值完全实现。③因此,在当前阶段的个体意识仍然是不完善的个体意识,这种不完善性与商品经济下人"对物的依赖"有着直接关系。英国资产阶级启蒙思想家霍布斯认为:"尽管人们的体力有强弱之分,思维有快慢之别,但是总的说来,人生而平等。由于人们能力的平等,在同时希望得到同样的东西时,如果不能同时实现愿望,人们就成为敌人。为了达到自己的目的,人们就设法控制他人,直至没有任何人能危及他。这样就产生了一切人反对一切人的战争。"④

除了这种为了满足对物的需求而发生矛盾和冲突的"共性"之外,人

---

① 夏勇:《走向权利的时代》,中国政法大学出版社 2000 年版,第 615 页。
② 《马克思恩格斯选集》第 4 卷,人民出版社 1995 年版,第 532 页。
③ 林海燕:《论马克思主义理论视域中的个人发展》,载《哈尔滨学院学报》2008 年第 1 期。
④ 转引自张乃根:《西方法哲学史纲》,中国政法大学出版社 1997 年版,第 112 页。

的个体差异也是引起纠纷的重要原因。心理学家认为,人的个体差异是由素质差异引起的,素质差异又分为三大类:气质差异、性格差异和智能差异。气质是一个古老的心理学问题。早在公元前5世纪,古希腊著名医生希波克拉特就提出了四种体液的气质学说。他认为人体内有四种体液:血液、粘液、黄胆汁和黑胆汁,四种体液的比例决定了机体的状态,同时把人的气质分为四种基本类型:多血质、胆汁质、粘液质和抑郁质,人的性格、脾气都和这些气质有关。意大利学者龙勃罗梭甚至提出了"天生犯罪人"的学说。且不论这些观点或者学说本身是否具有科学性,也无论人的本性如何,个体存在差异却是一个不争的事实,而这些差异在特定情况下也可能是引起纠纷的原因。在现实生活中,我们经常可以看到有的人为了些微小事或者仅仅因为话不投机就反目相向甚至大打出手,从而引发纠纷。有的人将对他人的不满长期积郁在心,在"忍无可忍"时终于爆发,结果引发纠纷。

其实,人的个性并不是一成不变的,中国古代的《三字经》说得好:"人之初,性本善,性相近,习相远。"尽管人的天性都是"善"的,但是,后天养成的习惯和修养才是决定性的。明白了这个道理,也就为我们解决和预防纠纷带来了重要的启示,我们不仅需要法律的和道德的外力作用,而且需要心理学意义上的知识和方法,使人们树立正确的个体意识,同时,通过积极的心理疏导去及时解决纠纷和预防纠纷。

(四)情感纠葛与纠纷

人类不同于动物的一个重要分野就在于人是有理性和感情的,而动物则只有本能。尽管在某些政治家看来没有永恒的朋友,也没有永恒的敌人,只有永恒的利益,但是,感情和利益的较量,却往往是以后者的失败而告终。被誉为美国"成人教育之父"的戴尔·卡耐基在《人性的弱点》中讲过这样一个故事:英国大政治家狄斯瑞利曾发誓:"我一生或许有过不少错误和愚行,可是我绝对不打算为爱情而结婚!"后来,在他三十五岁时,果然向一个名叫玛丽安的有钱的寡妇求婚,玛丽安已经是一位头发灰白的五十岁的老妇人。她知道他并不爱她,而是为了金钱而娶她。老寡妇只提出了一个要求:请他等她一年。她要给自己一个观察他的品格的机会。一年终了,她和他结婚了。让所有的人没有想到的是,他们结婚以后生活得很幸福,也十分恩爱,直到三十年以后玛丽安去世。谜底在他们之间的一次对话中被揭开。狄斯瑞利曾这样对玛丽安说:"你知道,我和你结婚,只是为了你的钱?"玛丽安笑着回答:"是的,但如果你再一次向我求婚时,一定是为了爱我!"狄斯瑞利承认那是对的。①在这个故事中,狄斯瑞利最初是为了利益而与玛丽安结婚,但最终他成为了爱情的俘虏。这段婚姻佳话有力地证明了感情的价值。

在某些人看来,人和人之间只是互相利用的关系,即使是夫妻之间也不例外。这种看法是片面的。人和人之间的确存在利益关系,但是,利益关系并不是社会关系的全部。事实上,人的需求除了利益之外,还有感情的寄托,为了感情而舍弃利益甚至生命的感人事例并不少见;那种否认纯洁的人类感情,而将利益覆盖于感情之上的观点早已受到社会主流道德的唾弃,而被斥为"势利小人"。当然,因情感纠葛而发生的纠纷常常会牵扯到利益问题,但是,这种利益的处理已经不是纠纷的原因而是纠纷的结果,在这里,纠纷的原因和结果之间蕴含着纠纷和利益的互相错位关系,也就是说,先有纠纷而后才出现利益的问题。这也再一次证明了并非所有的纠纷都是由利益关系而引起的。

就某些纠纷而言,人的情感因素是不可忽视的。情感的纠葛不仅可以发生普通的纠纷,甚至可能导致残暴的肉体损害,这已经是人所共知的一个事实。所以,对纠纷原因的分析,情感的纠葛应当成为一个独立的领域。对因情感纠葛而引起的纠纷,在处理上必须采取特殊的方法,最为常见的就是所谓"动之以情,晓之以理"的和风细雨的调解方式。但是,如果调解不成就应当果断地结束当事人之间的关系,以免引起更为严重的后果。至于此类纠纷的预防,则是一个十分复杂的综合性课题,类似卡耐基的教导会给我们带来许多有益的启示。

显而易见,因情感纠葛而产生的纠纷主要是指家庭纠纷,其中最为典型的就是夫妻之间的纠纷。家庭是组成社会的细胞,从某种意义上说也是社会的缩影,家庭关系的稳定与和谐对于社会良好秩序的形成具有十分重要的意义。因此,任何时代或社会对于家庭纠纷的处理都是十分慎重的。任何一个国家的立法中都有关于家庭关系的专门内容,在法院处理的民事纠纷里面,家庭纠纷亦占有很大的比例。对于家庭纠纷特别是

---

① 参见〔美〕戴尔·卡耐基:《人性的弱点》,袁玲译,中国发展出版社2002年版,第六篇第二章。

婚姻纠纷而言,感情因素始终是一个必须着重考虑的因素。在是否应当解除婚姻关系的标准上,感情是否业已破裂始终是一个决定性前提。人的感情是一种很难进行量化分析的事物,它与人的性格、地位、学识和财富并不存在必然的联系。而且,感情一定是双向作用的结果,不是单方的意愿可以维系的。如果夫妻的一方坚决要求离婚,而另一方坚决不同意离婚,那么,解除他们的婚姻关系是唯一明智的选择。如果硬要维系这种关系,那么无异于在制造更为严重的冲突。当然,如果双方的态度都不是那么坚决,或者在某些因素的作用下有效地缓解了双方的对立,那么,就应当不失时机地进行说和,否则,在这种情况下解除他们的婚姻关系也是一种不负责任的表现。进而言之,在法律没有明文规定的情形下强行判决"不准离婚"实在是一种莫名其妙的武断的做法,取缔这种做法或许是较为合理的。也就是说,只有在法律明文规定应当判决不准离婚的情况下才可以判决不准离婚,否则,就应当判决离婚。笔者称之为"法无明文规定即判离原则"。我国《婚姻法》第 34 条规定:"女方在怀孕期间、分娩后一年内或中止妊娠后六个月内,男方不得提出离婚",这就是法定不准离婚的情形,这可以视为法律对女性的特别保护。除此之外,法律并没有规定不准离婚的具体情形。我国《婚姻法》第 32 条明确规定:"男女一方要求离婚的,可由有关部门进行调解或直接向人民法院提出离婚诉讼。人民法院审理离婚案件,应当进行调解;如感情确已破裂,调解无效,应准予离婚。"立法在这里的精神十分清楚,离婚案件先行调解,调解无效则判离婚。由于有调解在先,所以,法律已经为和好的可能设定了充分的程序保障,如果调解不成,也就意味着感情确已破裂,则判决离婚就应当是唯一的结果。如果调解不成,反而要判决不准离婚,显然违背了立法的精神。从某种意义上说,不准离婚就意味着违背当事人的意愿,是对公民的感情选择权的严重侵犯。相反,在可能的情况下进行说和,如果经过适当的努力仍然未能说和,那么就应当判决离婚,这才是公权力的合理运用。

(五)疏于防范与纠纷

古人有云:"防人之心不可无"、"防患于未然"、"千里之堤,溃于蚁穴"。所有这些都是在告诫人们要时时提高防范意识,加强防范措施,消灭一切可能的隐患,从而达到万无一失。然而,不幸的是,有许多事故或灾难尽管事先出现了不少的预兆,人们并没有给予重视,结果直至事件发生之后才痛心疾首,后悔莫及。侥幸心理是人类的一大顽疾,因为疏于防范而发生纠纷是一种常见的现象。大到地震、海啸、飞机坠毁,小到汽车碰撞、工伤事故、宠物伤人,根据事后的调查研究,几乎都在发生之前就已经出现了种种征兆,然而,却被人们因为种种原因而忽视了。在日常生活中,纠纷在发生之前常常是有先兆的,或者是可以预见的,但是,人们往往忽视这些先兆,或者不愿意"往坏处想",结果遭受了本来可以避免的损失。拿一个企业来说,在签订一个合同之前,往往不重视可行性研究和资信调查,对某些可疑的现象也没有引起足够的重视;在合同签订之后便以为万事大吉,而不重视合同的履行过程,直至不利的情形发展到不可收拾的程度,才不得不下工夫去解决。这种现象比比皆是。究其原因,除了以上所说的侥幸心理之外,对机会成本的错误估计也是一个相关原因。例如,聘请法律顾问必然要花一笔顾问费,这是一笔现实的支出,而将来发生纠纷会花更多的钱只是一种可能性,或许可以避免。可是,人们并没有意识到,节约了这笔现实的顾问费的支出,只会增加成本,而不是减少了成本。因为,节约这笔支出的代价是潜在风险的增加,而潜在风险本身就是一种更大的隐形成本。这里的关键问题就在于对隐形成本的估计不足。对于各种安全设施或者防范措施的成本支出也是同一个道理。所以,预防或者防范永远是增加收益,带来长远利益的正确选择,这方面的经验和教训已经太多。要想成就大的事业,永立于不败之地,就应当克服只注重眼前利益而缺乏长远打算的迂腐观念,做足预防和防范措施,为企业的良性发展创造有利条件。在合同履行的过程中也要处处设防,不放过任何有碍合同正常履行的蛛丝马迹,一旦发现不正常现象就要及时处理,将纠纷消灭于萌芽状态。

(六) 行为误差与纠纷

纠纷的发生原因从理论上讲似乎显得十分深奥,其实,在现实生活中有时只是一念之失,行为误差就是一种常见的引发纠纷的原因。行为误差是指行为主体并不是故意引发纠纷,而是由于某种原因而发生行为方面的过失而导致纠纷的发生。这种现象无论是在企业经营活动中或者是人际交往过程中都是时常可见的。

企业是社会经济领域的主要角色,企业的主要目标就是追求最大的盈利,而要想实现这个目标,就离不开各种形式的经营活动,所以,企业的经营活动是企业得以生存和发展的基本形态。企业经营有方,就会给企业带来收益,企业经营不善,就可能给企业造成损失。在现实生活当中,企业经营不善或经营失误的一个重要表现就是经常出现的经济纠纷,如果一个企业纠纷不断,官司缠身,那么,就说明这个企业的经营有问题,必然会影响到企业的正常发展。企业的经营活动所包含的内容十分广泛,广义上的经营包括企业的规划、方针、人事管理、资金调配、原材料采购、生产流程、市场营销等各个必要的环节,这些环节往往是互相牵制,互为前提的,某一个环节出现了问题,往往会引起连锁反应,从而造成经营的失误甚至失败。由企业经营失误所造成的纠纷也有很多表现形式,例如,由于产品质量不合格或迟延交付产品而引起客户的索赔,由于资金运营不当而造成资金链的断裂从而引起债权人的追索,由于内部管理紊乱或重大事故的发生而导致劳资关系紧张,等等。企业经营失误,往往就是经营行为的误差引起的,倒不是企业经营者故意为之。引起行为误差的原因往往是由于经营者的粗心大意,或者对一些小的失误不以为然,结果导致严重的后果。

在日常生活中,人际交往是不可避免的,而且大部分人在与他人交往过程中都会持有良好的愿望,但是,如果行为不当,就会造成事与愿违的局面。例如,因一个不当的玩笑而引起对方反感,继而发生口角甚至斗殴;因为醉酒失去自控而与他人发生冲突;出于好心帮助别人,却不小心把事情搞砸,等等。为了防止此类情形的出现,一方面应当适当约束自己的言行,避免言行不当而伤及他人,另一方面要加强自我修养,增强自身的文化素质和工作能力,特别是要具备一些基本的法律知识,提高自我保护意识。

在因行为误差而引起的纠纷的解决过程中,有一种背反现象是不能不提的。行为误差纠纷本来是行为者应当承担责任的一种纠纷,但是,引起这种纠纷的主体却往往自觉或不自觉地将责任归咎于对方,很少有首先进行自我反省的。这种对待纠纷的态度至少导致两个可能的结果,一个结果是促使纠纷不断升级,使得本来可以以较小的代价解决的问题发展到难以收拾的局面,最后不得不付出数倍的代价;另一个结果是不能及时总结经验教训,丧失了堵塞漏洞的最佳时机,使得同样的纠纷再次出现。尤其是,如果当某个纠纷的当事人虽然并不具备胜诉的理由,但是碰巧取得了"技术"上的成功而赢得了官司之时,就更加助长了这种对待纠纷的态度。但是,无论如何,假如确实是因为自己的经营不善或者行为误差而导致纠纷,但是又没有意识到或者不愿意正视这种导致纠纷的原因,那么,对于一个企业来说绝对不能说是一件幸事,而是形成了一个培育纠纷的温床;或许在某个特定的时间,当条件成熟时,就会引发更大的纠纷,造成更大的损失。

(七) 恶意行为与纠纷

应当说,在一般情况下,人们所追求的是祥和、安定的社会秩序与生活状态,从而能够将全部精力投入到具有积极意义和正面价值的活动中去。如果发生了纠纷,那么,就意味着这种祥和安定的氛围的破坏,陷于纠纷的当事者将不得不为了纠纷的解决而付出大量的时间和精力,甚至还有财富的折损。基于这样的一种愿望,绝大多数的社会个体在社会交往中的行为应当说都是善意的,尽管这种善意的交往也可能会由于种种原因而产生纠纷,但是,这种纠纷一般通过较为温和的"修复"手段就可以得到解决。然而,值得警惕的是,确实有那么一种行为,它不是出于一种善良的愿望而为之,而是从一开始就在追求一种不正当的利益或者蓄意攫取他人的正当利益,这种出于恶意的动机而引发的纠纷对于社会或他人具有较大的危害性,在处理上也有一定的难度。一般来说,因恶意行为而引起的纠纷不外乎两种表现,一种表现是明目张胆地违反有关的法律、法规或者规章制度,为了某种不正当的利益铤而走险或者"打擦边球";另一种表现是以合法的形式掩盖非法的目的,这种行为却往往具有令人迷惑的外观,从而使人在不知不觉中中了圈套。更为严重的是,当这种恶意行为引发了纠纷之后,却有可能意外地获得了一种使其不正当的目的看起来正当化的契机,从而随着"纠纷的解决"竟然使其达到了本来并不容易达到的目的,恶意行为者"利用法律"达到了其按照常规不易达到的目的,最终使法律成为实现其非法目的的帮凶。例如,虽然法律规定了因欺诈或胁迫行为而订立的合同属于无效合同,但是,问题在于,对欺诈与胁迫行为的判断却并非易事。欺诈者或胁迫者往往会以合法的形式制造某些假象,使其看起来具有合法性;并且,对于纠纷,人们一般习惯于先入为主地认为双方都有责任,所谓"一个巴掌拍不响"。因此,纠纷的解决者也习惯于对纠纷的双方"平等对待",以一种"各责五十大板"的惯性思维去处理纠纷。在这种情形下,不仅正义得不到伸张,反而可能助长了恶意行为。的确,对于纠纷解决者来说,识别恶意行为是十分不易的,但是,我们最起码应当具有这样一种警惕,即恶意行为也可以引起纠纷,是纠纷的一个可能的原因;并且,对于这类纠纷的处理,应当体现法律对非法行为的"惩罚性",以实现法律维护社会正义的目的。所以,从这个角度上讲,纠纷的解决并非仅仅是为了平息当事人之间的争议或者冲突,它还应当具有树立法律的权威、维护社会实质正义的功能。

(八)意外事件与纠纷

所谓意外事件,按照通俗的理解,是指主体意志以外的原因导致的结果。或者说,导致意外事件的原因是主体不能预见或者难以预见的,并且这种结果是主体不愿看到的结果。人们一般将意外事件和不可抗力等同看待,其实,这两者是有重大差别的。按照我国《民法通则》的规定,"不可抗力",是指不能预见、不能避免并不能克服的客观情况,也就是说,它是一种和主体的意志完全无关的客观事件,对于因不可抗力引起的损害,一般情况下主体不承担民事责任,除非法律有明确的规定。而意外事件虽然可以说成"意志以外的原因",但是这里不能排除望文生义之嫌,因为,"意志"本身就是一个多义的概念。对不同的主体而言,意志可能具有不同的含义,完全没有预见、也不可能预见的情形属于意志以外,应当预见而由于各种原因没有预见或难以预见的情形也应当属于意志以外。在这两种情形当中,前者相当于不可抗力,而后者就与不可抗力相去甚远了。正因为如此,在国家的正式立法中并没有采用"意外事件"这个概念,而只是采用了不可抗力的概念,这正是立法者的睿智与高妙之处!①事实上,在现实生活中,由于主体对某种情况应当预见而没有预见或者难以预见从而引发纠纷的情形是大量存在的。例如,饲养的动物挣断了链绳而将他人咬伤,疾驶的汽车因突然刹车失灵而发生车祸,虽然从主体的角度看属于意外事件,但是,其民事责任却是在所难免的。

综上,纠纷是一种纷繁复杂的社会现象,之所以如此,是因为引起纠纷的原因也是多种多样的:每一种纠纷都有着自己的原因,但并不等于相

---

① 最高人民法院《关于适用〈中华人民共和国担保法〉若干问题的解释》第 122 条规定:"因不可抗力、意外事件致使主合同不能履行的,不适用定金罚则。因合同关系以外第三人的过错,致使主合同不能履行的,适用定金罚则。受定金处罚的一方当事人,可以依法向第三人追偿。"但是,在《中华人民共和国担保法》中并没有使用"意外事件"的概念。

同的纠纷具有相同的原因;一种纠纷的形成可能有多种原因,而一种原因也可能引起多种纠纷;纠纷的原因并非一成不变,纠纷现象也会随之呈现出不同的面貌。因此,对纠纷原因的研究除了对"终极原因"的追究之外,还应当对其现实的原因进行个别的分析,而对于纠纷的解决和预防而言,后者可能更具有紧迫性和实践性的意义。

三、纠纷的主要特征

纠纷不等于社会冲突,但是,它是社会冲突的一种类型、一个组成部分。从概念的位阶关系上看,如果将冲突当作属概念,纠纷则可以看成是冲突的种概念;从社会实践层面上看,纠纷和冲突总是存在着千丝万缕的联系,但是,冲突的涵盖面显然远远大于纠纷的涵盖面;从理论层面上看,社会冲突理论是法社会学的重要研究领域,其研究成果和方法为人们认识和掌握纠纷和纠纷解决理论提供了丰富的思想材料和理论工具。基于这样的基本认识和理论视角,我们在研究纠纷及其表现特征时当然离不开社会冲突领域的某些基本概念和思想路线。但是,纠纷毕竟是一种具有特定内涵的现象,完全依循社会冲突的概念和方法去研究纠纷现象,可能难以正确认识纠纷,对于纠纷的解决也难以提供有价值的理论。因此,对于纠纷特征的研究应当着力于揭示纠纷本身所固有的性质、发生机理和内在规律,以便对纠纷现象有一个准确的客观的把握。

(一)纠纷主体的明确性

纠纷是在相对的社会主体之间发生的,这是学界公认的关于纠纷的一个比较明显的特征。也就是说,纠纷的主体具有相对性或对应性,单个的主体是不可能产生纠纷的。这一特点是大部分研究者的共同见解。例如,刘荣军教授认为:"纠纷、冲突、争议、争执,甚至竞争、论争等,都是在对立的当事人之间发生的。"[①]范愉教授也指出:"纠纷是特定的主体基于利益冲突而产生的一种双边的对抗行为。"[②]

众所周知,社会交往是社会主体的基本活动之一,而社会交往的最终

---

① 刘荣军:《程序保障的理论视角》,法律出版社 1999 年版,第 1 页。
② 范愉:《非诉讼程序(ADR)教程》,中国人民大学出版社 2002 年版,第 2 页。

目的就是主体的目标利益的实现,由于主体的目标利益是各不相同的,并且都会努力追求各自利益的最大化,在这个过程中就难免发生利益冲突。所以,纠纷之所以会发生在相对的社会主体之间,是由于主体进行必要的社会交往的必然结果,也就是说,社会交往是纠纷发生的前提,没有社会交往也就不会产生纠纷。而社会交往的必要条件一个是参与主体的多方性,至少应当是两方主体;另一个是交往主体的特定性,没有特定的主体也就无法进行交往。因此,如果在交往当中发生了纠纷,其主体必然是相对的特定的主体。但是,相对性和特定性虽然揭示了纠纷主体之间互相对应的关系,却不能说明纠纷主体相互之间的明确关系。换句话说,发生纠纷的双方当事人互相之间不仅应当明确对方的身份属性,而且应当明确与对方的身份属性相关的其他必要信息,例如,对方当事人的姓名、住所、职业,等等。也就是说,纠纷的主体不仅具有相对性的特点,而且还应当包括相对双方的有关必要信息。美国法社会学家唐·布莱克提到一种"对手效应"的概念,他认为:"谁控告谁? 在美国这样的现代社会中,原告自身的社会结构可能是预测案件将被如何处理的最重要的预测因素。例如,对立双方分别具有什么样的社会地位?"[①]事实上,无论你愿意或不愿意,自觉或不自觉,纠纷主体的社会地位始终是纠纷解决过程当中必须考虑的重要因素。

了解纠纷主体的明确性至少具有两个方面的意义:

第一,纠纷主体的明确性有助于区别纠纷关系和非纠纷关系。纠纷主体的明确性首先要求纠纷的双方具有相对性关系,也就是说你必须明确你所面临的纠纷存在着确定的对方当事人,如果没有确定的对方当事人,那么就不可能构成纠纷关系。例如,民事主体所从事的民事活动就不一定具有主体的对应性,如所有权人对享有所有权的物所行使的占有、使用和处分行为。再如,在民事诉讼程序中,非诉讼程序如特别程序、督促程序等之所以没有确定的对方当事人,是因为这种程序当中的主体不属于真正意义上的纠纷主体。应当注意的是,在如上情形当中虽然没有确定的对方当事人,但是,仍然存在着不特定的具有相对意义的社会主体,因此,这种所谓单方的民事行为或诉讼行为仍然会构成一种社会关系,只

[①] 〔美〕唐·布莱克:《社会学视野中的司法》,郭兴华等译,〔美〕麦宜生审校,法律出版社2002年版,第7页。

不过不具有纠纷的属性而已。所以,我们可以把这种社会关系称为非纠纷关系。

第二,纠纷主体的明确性对于纠纷的解决具有重要意义。纠纷主体的明确性除了要求纠纷主体的相对确定性之外,还要求相对双方的基本信息的清楚和准确。一方面,纠纷主体的基本信息是纠纷解决的程序性操作的必要条件,如果没有清楚准确的基本信息,就可能影响到程序的正常操作,如通知或传票的及时送达、相关财产和证据的及时收集或保全,以及必要时的强制措施的采取,等等;另一方面,纠纷解决的过程是一个需要综合考量纠纷主体具体情形以便决定是否需要采取某种措施的过程,如纠纷主体的社会关系、财产状况,乃至于其社会地位等因素。全面地考察这些因素有利于纠纷的理性解决。

考虑到纠纷主体的明确性与纠纷主体的社会地位之间的密切关系,有必要对这一问题作一个深入的讨论。

根据传统的观点,纠纷应当是在平等的社会主体之间发生的。例如,"民事纠纷,又称民事冲突、民事争议,是指平等主体之间发生的,以民事权利义务为内容的社会纠纷。"①这种观点的问题在于,在纠纷发生之前就已经假定了纠纷主体的平等性,或者说,它"要求"纠纷主体双方必须是平等的。但是,细究起来,这种假定在逻辑上是存有悖论的。尽管这个命题把纠纷限定于"民事"纠纷。

民事主体的平等性是一个已成定论的命题,无论是在教科书中或者是在法律条文当中,对于民事主体的关系的表述一定离不开这样的一个命题。毫无疑问,对于民事主体的关系作出平等性的规定是有必要的,因为"平等、等价、有偿"是民法上的基本原则,否则就无法实现实体法的目的。但是,应当看到,民事主体之间的平等性并不是与生俱来的,而是法律对民事主体的前提性要求。也就是说,对于平等性的承认或接受是民事活动的"准入条件",如果不能在平等的基础上从事民事行为,就不能得到法律的认可,也就不能受到法律的保护。但是,如果拿这个原理来解释纠纷主体之间的关系,就会出现一个理论和事实严重背离的情况。一个简单的事实是,发生纠纷的两方往往是两个实力相差十分悬殊的个体,这种悬殊的差距会给纠纷的解决带来意想不到的困难,强势的一方可以

---

① 江伟主编:《民事诉讼法》,高等教育出版社2004年版,第1页。

不惜人力、物力,奉陪到底,弱势的一方却往往举步维艰,锱铢必较。在这种情况下,能说双方是平等的吗? 显而易见,民法上的平等性不应理解为社会性质的平等,而是法律性质的平等。所谓"法律面前人人平等"实际上也是在承认社会主体地位不平等的前提下所提出的一个约束性的原则。但是,对于纠纷而言,问题的性质却发生了微妙的变化,其原因在于纠纷主体的社会地位已经是一个既存的事实,纠纷的主体是否平等并不重要,重要的是在他们之间发生了纠纷以及纠纷应当如何得到解决。而在纠纷如何解决的问题上,如果涉及法律的领域,当然要受到平等性的约束,即法律地位上的平等性,但是,在具体的纠纷解决过程中,平等性的要求却可能由于某些因素而难以实现。关于这一点,范愉教授有过具体的论述,她认为,在处理纠纷的过程中,"必须注意防止因当事人之间实力的显著不平等导致的强迫、诈欺、显示公平和重大误解,……现代法治特别注意保护弱者的权益不受侵害,这是行使自治的前提之一"。①

从某种意义上说,承认纠纷主体的社会身份的差异,正是解决纠纷的一个必要前提,过于强调纠纷主体的平等性,反而会给纠纷的解决设置障碍。例如,对于弱者的法律援助就是以承认纠纷主体的事实上的不平等为前提的。基于这样一个前提,甚至可以在实体利益的分配上适当倾向于弱势的一方,以实现社会的正义。

传统法学强调纠纷主体的平等性并非没有道理,问题是对于这种平等性应当加以限定,它并不是法律拟制的平等,而应当体现为交涉的平等。所谓交涉的平等,即是说,在纠纷发生之后,纠纷当事人应当遵循社会公认的标准或理念,在平等的基础上进行交涉,以求得到一个公正、客观的结果。交涉的平等和拟制的平等之间的不同点在于,交涉的平等体现在纠纷发生之后,无论纠纷的主体是什么样的社会地位,一旦发生了纠纷就应当拿出平等的姿态进行交涉,以求纠纷的合理解决;而拟制的平等是在进行民事交往之前就已经设定的一项原则,一切的社会主体都必须遵循这个"准入原则",否则就不能取得民事主体的资格。也就是说,拟制的平等属于实体法的权利义务范畴所必须遵守的原则,而交涉的平等是在解决纠纷的程序中所应当体现的原则,两者的适用范围和功能是有差别的。

---

① 范愉:《非诉讼程序(ADR)教程》,中国人民大学出版社 2002 年版,第 149 页。

(二)纠纷双方的对抗性

对抗性所强调的是纠纷双方当事人之间存在的对立和抗争状态。对于对抗性这一特征,可以说,所有的研究者都毫无例外地予以认可,但是,几乎所有的研究者都将这种对抗仅仅看作是"利益的对抗"。之所以如此,是因为大多数的研究者将纠纷的原因仅仅归结于社会冲突理论所指出的"利益的冲突"。然而,从前文的分析和阐述可以得知,虽然利益冲突可以被归结为纠纷的根本原因,但是,它并不是全部的原因,至少对于某些纠纷而言,它还不是直接的原因。并且,无论是因为利益的原因引起对抗还是非利益的原因引起对抗,只要是从纠纷原因的层面分析纠纷双方的对抗性的都是关于纠纷内容的对抗;纠纷双方的对抗性不仅表现在内容的对抗,而且还表现在状态的对抗。这里的对抗主要是指状态的对抗,状态的对抗对于纠纷的解决具有重要意义。

所谓状态的对抗是指纠纷双方的对抗的外部表现形态,主要包括纠纷双方对抗的强度和实力对比关系。在纠纷的解决中存在这样一种现象,有的纠纷比较容易解决,对当事人双方的关系也不会产生严重的影响,有的纠纷却很难解决,当事人双方的关系也十分紧张,似乎到了你死我活的地步。之所以如此,就是因为当事人双方的对抗强度和实力对比关系的不同的缘故。而这种对抗往往和纠纷原因层面的对抗即内容上的对抗之间并不存在必然的联系。并且,在笔者看来,纠纷双方的状态的对抗程度对于纠纷的解决而言具有更为现实的意义。如果纠纷双方的对抗程度比较轻微,例如,只是情绪上的互相抵触状态,那么,这种纠纷往往存在比较偶然的因素,如果这种偶然性因素得以排除,纠纷也就可能很快解决;如果不是这样,而是纠纷的双方几乎是一种敌对的状态,例如,对关键性事实持有完全相反的观点,或者对于纠纷的解决方案差距过大,那么,一般的纠纷解决方式对于这样的纠纷可能就难以奏效。在后一种情况下,勉强的"撮合"有时还可能事与愿违,反而造成更为严重的后果。

对于某些纠纷,例如,纯粹的经济纠纷而言,纠纷双方的对抗强度还可能不完全是一种情绪化的表现,而是和双方的实力对比关系有关。如果双方的实力相当,那么,对抗的强度可能较低,反之,如果双方的实力相差悬殊,那么,对抗的强度反而更高。但是,对于影响到纠纷双方对抗强度的实力对比关系的因素却不能作机械的理解。在一般情况下,相对强势的一方表现为权力、地位或经济实力的强大,处于弱势的一方往往缺乏和相对强势的一方进行对话或者协商的资本。但是,实力的强弱在一定情况下却可以发生逆转,尽管某一方当事人在权力、地位或经济实力方面无法与对方抗衡,但是,其弱势地位有可能随着某种因素的增加而发生变化,从而形成足以与对方抗衡的综合实力。例如,原本实力强大的经济实体因经营不善而濒临破产,本来处于弱势地位的消费者因为政府的帮助或者社会团体的支持而形成了足以和生产经营者抗衡的力量。在类似这些因素的影响之下,纠纷双方的对抗强度便有可能相互转化,从而为纠纷的解决创造了多种可能的局面。

纠纷双方对抗强度的不同为纠纷解决方式的灵活多样提供了可能。强度较低的对抗,通过对话和协商就可能得到化解。例如,建立了某种合作关系的双方因为一方提出的某种经营方案不被另一方理解而发生了对抗(争执、争议),经过积极的协商或谈判之后,双方的对抗被消除了,于是,合作仍然在愉快的气氛中得以继续。在某些合同的结尾条款中经常可以看到这样的语句:"本合同未尽事宜或者在合同履行过程中出现任何争议,由双方友好协商解决,或者制定补充协议加以完善",这样的预设性条款,实际上表现了合同双方对以后可能出现的纠纷进行对话、协商、自行解决的可能性。当然,这种纠纷的对抗状态是强度较低的对抗。一旦出现了强度较高的对抗,那么,这种预设的纠纷解决方式就会失去作用,势必要寻求其他的纠纷解决方式。

(三) 纠纷的主观性和社会性

纠纷的主观性包含两层意思:一方面,从内容上说,纠纷属于"私权"范畴,具有私权利的属性;另一方面,纠纷的判断标准是纠纷主体的主观性标准。

纠纷的内容从本质上来说应当属于"私权"的范畴。纠纷的主体主要是自然人、法人和社会团体,纠纷的内容主要是自然人、法人和社会团体之间的利益冲突。作为代表国家利益的政府机关一般不是纠纷的主体,但是,在一定情形下,政府机关也可以代表国家成为纠纷的主体,这时,其所涉及的纠纷的内容和纠纷的一般主体也应当是相同的。关于这个问题,在民法理论上有着精确的解释。即民事法律关系的一般主体是公民和法人，国家只有在特殊情形下才可以成为民法上的主体。①在公民、法人和国家之间的关系上，公法和私法的理论有着另一种解释。将法律划分成为公法和私法两个部分从罗马时期就已经出现了，但是，对于什么是公法，什么是私法，法学家们历来存在众多分歧，比较公认的划分标准，主要是根据国家在法律关系中的存在与否决定的。一个法律关系的主体如果有一方是国家，就被认为属于公法调整的范围，否则，就属于私法调整的范围。私法的核心在于一切私人的事务均由法律进行调整，国家权力从中只起着公断和信用保障的作用。但是，实质上，公法和私法的划分，更多的是私法占据了主导性地位，甚至以法国、德国为代表的大陆法系都被称为私法法系。私法将主体制度抽象成为人（包括法人），主体的高度抽象化过程被英国历史法学派创始人梅因称为"从身份到契约"的变化，不考虑主体的特性、身份、大小，而是统一用"人"的制度来对待。不仅主体如此，权利也是如此，将人对物的权利抽象成物权，将人对人的权利抽象成债权。这种高度抽象的概念，促进了形式正义的发展，"相同的情况同样对待"是这种正义观念的经典写照。所以，在私法中，国家和私人是一样的主体，只有法律形式的不同，而没有实际上的实力大小和结构复杂与否之分。于是，自然人、社会组织和国家在私法的理论上被统一起来了。

私法理论认为，私法主体之间的纠纷是由私法调整的，公权力不应当主动介入，也就是从法律上排除了公权对私权的强行干预，这就是所谓"私权自治"原则的核心内容。从这个意义上说，纠纷既然是私权性的，那么，它就应当是"私人"之间的事，与社会公共利益是不相干的，这种观念已经是当代法学理论的精髓所在，并且在立法和司法活动中发挥着重要的指导作用。例如，在所有的民事立法中几乎都是将民事主体之间的利益和社会公共利益严格加以区分，民事主体之间的纠纷如果涉及社会公共利益，则不能保证民事主体能够自主地处分自己的实体利益和程序利益。正因为如此，我们说纠纷是具有私权性的。私权与"意思自治"紧密联系，而"意思自治"属于权利主体的主观性权利，因此，纠纷当然也就属于主观性范畴的事物。

纠纷的主观性还包含着纠纷的判断标准的主观性质。即一个纠纷是

---

① 王利明主编：《民法》，中国人民大学出版社2000年版，第79页。

否存在,不是由外界作出判断,而是由主体从内部作出判断的。由于纠纷本质上属于私权性的,主体对私权的处分不受主体以外的因素干扰,因此,纠纷是否已经发生,乃至于纠纷的解决需要采取何种方式,都应当由主体自行作出判决和决定,任何的外部个体包括国家司法机关都不应当主动介入。正因为如此,民事诉讼法所规定的受理案件的原则是当事人必须提起诉讼,即"不告不理"的原则。另外,纠纷的"私权性"还可以从社会公众对纠纷的一般性态度来得到印证。一般来说,无论是发生纠纷的主体还是纠纷以外的个体,都不会认为纠纷是关乎社会公共利益的事情,正好相反,一般都会认为纠纷是发生在纠纷的个体之间的事情。正因为如此,发生纠纷的个体一般并不希望别人随意插手或干预自己的"私事",而社会公众对他人之间的纠纷一般也会采取一种与我无关的态度。

但是,主观性并不是纠纷的唯一属性,应当看到,除了主观性之外,纠纷还有社会性的一面。纵观纠纷研究领域的诸多论著,一般都将其局限于纠纷的私人领域,而对于纠纷的社会性特征的研究还不多见。对纠纷解决研究颇为深入的范愉教授在这方面的关注可以说为纠纷的社会性研究打开了一扇窗口。在《纠纷解决的理论与实践》一书中,范愉教授指出:"纠纷作为一种社会现象,其产生不是孤立的。在研究纠纷解决问题时,首先需要注意的是纠纷产生的社会因素。"她认为,影响纠纷产生及其解决的社会因素至少包括以下几个方面:(1)社会结构,包括社会的基本生产方式、政治制度、组织结构等。(2)纠纷的原因,包括纠纷的主观原因和客观原因。(3)社会观念及纠纷的价值。① 可见,范愉教授对纠纷的社会性的关注主要是影响到"纠纷解决"的社会性因素,而不是将社会性作为纠纷本身的一个特征来对待。但是,其将纠纷的社会性作为一个理论课题给予明确的表述,无疑对纠纷现象的深入研究是一个巨大的启示。

可以说,在人类社会漫长的历史过程中,对于纠纷的社会属性从来没有过认真的反思,直到当代社会学理论的介入,才使人们对这个问题产生了全新的认识。根据社会学理论,社会中的任何现象都不是孤立地存在的,都必然会和其他社会现象发生联系,只有将这些现象联系起来,在动态的过程观察它的具体表现,才有可能了解其真正的原因和性质,并寻找出有效的解决办法。从哲学意义上同样可以得出这样的判断,因为任何

---

① 范愉:《纠纷解决的理论与实践》,清华大学出版社2007年版,第73—76页。

现象都不能逃脱普遍联系的规律,纠纷作为一种社会现象,必然与其他社会现象发生各种各样的联系,必然存在它的社会性的一面。首先,纠纷是在社会个体之间发生的,而任何社会个体都不是孤立存在的,彼此之间必然存在各种各样的社会关系,正是由于这些社会关系的存在,才使得纠纷的发生有了可能。其次,纠纷的内容必然存在社会因素,或者受到社会环境和制度的影响和制约。例如,购房者和开发商之间因开发商迟延交房而发生纠纷,开发商可以以市政配套建设不到位、建筑单位迟延施工等理由来进行抗辩,以减少自己的主观过错的因素,尽管这些抗辩理由在法律上有可能不成立,但它毕竟说明了产生这种纠纷的关联因素,说明了纠纷内容的社会性因素。再次,纠纷的解决过程和解决方式或多或少地要受到社会因素的干预,无论是当事人自己解决或者是有第三方参与解决,都不能无视社会公众对纠纷解决过程和解决方式的态度和评价,他必须要对自己的行为有可能为自己带来的各种有利的或不利的后果进行谨慎的评估,从而决定自己解决纠纷的策略和目标。最后,也是最为重要的,任何一个纠纷的发生及其处理的结果对于社会都会产生一定的影响,即纠纷的示范性效应,特别是那些具有普遍性意义的纠纷,社会公众会表现出表面上的冷漠和实际上的强烈关注的两面态度,并且,随着这种关注程度的加强,对于社会公众的心理和行为都会产生广泛而微妙的影响。

认识纠纷的社会性具有十分重要的意义。对于纠纷主体而言,在纠纷面前往往会产生一种孤立无援的封闭心理,或者由于传统观念的影响,有的当事人不愿将"个人的私事"暴露在社会大众的面前,认为即使向社会寻求帮助,也不会有人伸出援手。于是,要么将应当及时解决的纠纷隐忍在心,长期经受抑郁或者惶恐的心理折磨,从而影响到生活质量和工作效率;要么在"忍无可忍"的情况下采取极端的自决措施,给自己、他人和社会造成严重的不利后果。这种情形无论从哪一个角度看都是得不偿失的。如果纠纷主体认识到纠纷的社会性,那么他就可能会克服封闭心理,及时地寻求社会帮助,使纠纷得到及时的解决,从而避免了矛盾的激化,有利于安定和谐的社会秩序的形成。事实上,尽管存在这样那样的制度性缺陷,但是,社会对于纠纷现象的态度并不是人们想象的那样"冷漠无情",从社会个体到有关的社会组织和团体,如各种政府主管机关、工会、妇联、消费者协会乃至于社会义务工作者,等等,都有可能成为及时化解矛盾与纠纷的社会性力量。对于纠纷的解决者而言,认识到纠纷的社会性尤其必要。在纠纷解决的过程中,必要时可以动员、利用各种社会力量,促使纠纷得到及时妥善的解决;如果必须对纠纷作出裁决,那么,也要充分考虑这种裁决有可能带来的社会效应,包括它的示范性意义和社会效果。尽管"依法裁决"已经是纠纷裁决必须遵守的原则,但是,法律的具体规范不可能穷尽所有的事实范畴和责任界限,因此,司法者永远拥有自由裁量的巨大空间。

综上所述,从主观上看,纠纷属于私权范围的事务,应当说,这是纠纷的本质属性,一切围绕纠纷的理论、观念和行为都不能否认纠纷的私权性,这也是纠纷现象区别于其他权利现象的重要分水岭。但是,同时要看到,纠纷在客观上具有不可忽视的社会性,和社会发生着各种各样的联系。如果不承认这一点,一味坚持纠纷的私权性,那么,将不利于认识纠纷和解决纠纷。

(四)纠纷解决的自主性

纠纷解决的自主性是指纠纷主体对于纠纷的态度和纠纷解决过程中做出自己认为合适的选择的一种自主性权力。纠纷是否已经发生、已经发生的纠纷是否需要解决以及采取何种方式解决、对自己的实体性权利是坚持还是放弃或者在多大程度上可以作出妥协,这些问题都应当允许纠纷主体自主地作出决定。所以,纠纷解决的自主性是区分纠纷不同于非纠纷的其他社会冲突的一个重要特征。对于非纠纷的其他社会冲突,冲突主体可能是无法完全自主地作出选择的,各种外部力量乃至于国家公权力在必要时完全有理由以维护社会公共利益或者出于正义的理由而介入或者进行干预。

自主性在权力形态上就表现为纠纷主体的自主权,对自主性的认识有赖于对自主权的具体内容的理解。所谓自主权,应当说是一个典型的民事法律关系主体所拥有的权利,它的基本内涵是民事法律关系主体在不违反法律禁止性规范的前提下对自己的民事权利所拥有的自由处分的权利。自主权的理论基础是私法上的"私权自治"学说,而在民法法系的理论中,一般是将"私法"和"民法"等同看待的,也就是说,私权自治所强调的无非就是民法上所讲的民事法律关系的主体对自己的民事权利所拥有的自由处分的权利。但是,从纠纷和纠纷解决的视角来看,私权自治理论所带来的启示却不仅仅是围绕着这样一个单纯的观念。即不仅纠纷的本质属性是私权性的,而且在纠纷的解决方面也应当是私权性的;纠纷主体不仅对于纠纷所涉及的实体内容拥有自由处分的权利,而且,对于纠纷解决方式的选择乃至于在纠纷解决的具体过程中所适用的程序的选择也拥有自由处分的权利。关于纠纷主体的这种权力形态,在民事诉讼理论中有着较为完整的概括。民事诉讼理论认为,作为诉讼主体的当事人在不违反法律的禁止性规范的前提下拥有自由地处分自己的实体性权利和程序性权利的权利,这种权利被概括地称为处分权,也就是说,这里的处分权所包含的对象包括实体性和程序性两个方面的权利。当事人的处分权和法院的审判权既相互制约又相互依赖,共同推动了民事诉讼程序的有序进行。但是,应当看到,民事诉讼理论所阐述的处分权是相对于民事诉讼这种以国家公权力的介入为特征的解决民事纠纷的情形而言的,也就是说这种权利的表现是以民事诉讼作为特定场合的。而一个纠纷从发生到解决可以出现各种不同的场合,例如,协商和谈判的场合、调解的场合以及其他正规的与非正规的场合,等等。纠纷主体对于这些场合的选择,以及在这些不同的场合中对于自己的各种权利的处置,仅仅用处分权显然是难以概括的。

纠纷解决的自主权不仅包含了自由处分民事权利的内容,而且也包含了在特定场合如诉讼场合中的特有权利的内容;更为重要的是,它还蕴涵着纠纷主体对于纠纷解决的态度、方式、过程、效果等多方面的权利。也就是说,自主权所包含的内容,在纠纷解决的场合,要比单纯行使民事权利的场合和进行民事诉讼的场合宽泛得多,它是纠纷主体所拥有的贯穿了从纠纷的发生到解决的全过程的一种权利。例如,对于一个纠纷的解决方式,是通过协商和谈判的方式解决还是通过诉讼的方式解决,这就是一个自主权的问题;对于纠纷是采取容忍即自我化解的方式使其得以了解,还是采取认真对待的态度与对方进行交涉,同样是一个自主权的问题;在纠纷的解决过程中,面对来自各个方面的"压力",是采取妥协的态度,还是对抗的态度,也是一个自主权的问题,等等。在这些不同的场合,自主权的价值被充分显示出来,即这些问题都可以被纠纷主体自主地决定。

那么,纠纷主体的自主权对于纠纷解决究竟可以在多大程度上发挥它的作用呢?这就是纠纷主体自主权的权能问题。根据权利(权力)和义务(责任)的关系的原理,任何权利(权力)都不是绝对的,纠纷主体的自主权也不例外,它同样要受到一定的限制。这就是说纠纷主体的自主权是充分的,而不是绝对的。即纠纷主体在行使对于纠纷的自主权的同时,不得对社会公共利益以及第三人的合法利益构成威胁或侵害,如果出现这种可能,则纠纷主体的自主权就会受到限制;如果这种威胁或侵害已经变为现实,那么,纠纷主体就应当对自己的行为所带来的后果承担相应的责任。例如,纠纷的一方因为放弃某种权利而给社会公共利益造成危害的情形,在这种情形下,就应当有相应的监督制约机制加以纠正。

纠纷解决的自主性不仅是私权自治原则的体现,同时也体现了纠纷主体的权利意识的增强,这也是社会民主和法制文明进步的表现。在民主和法制欠缺的制度下,自主意识和权利意识也不可能得到成长的环境,纠纷的解决难免充满着压制个人意志的因素。在中国封建时代,即使是传统的调解方式,实际上也是一种不能不听从的强制性制度安排,而并非是纠纷主体的自主选择,而且,调解所依据的准则和规范无非是封建家族式社会的道德传统和习惯,纠纷主体没有也不可能拥有自主地处分自己的权益的客观条件。如果纠纷主体将纠纷"诉之于官府",那么,就更谈不上自主性了,除非有幸遇到了"青天",否则,因为纠纷而引起的"官司"极有可能成为一场噩梦。随着社会文明的发达和纠纷解决机制的健全,相信"压制型"的纠纷解决模式将会彻底失去存在的基础,现代社会的"自主型"纠纷解决模式将随着法治的健全而更加完善。

四、纠纷的类型

就像所有社会学科的研究对象一样,对于纠纷的研究,无论从哪个角度出发,都不能不重视纠纷的表现形式,而纠纷的表现形式和它的内在本质及其特征相比较是更为难以把握的。因为,纠纷作为一种普遍存在的社会现象,社会主体并不缺乏对它的一般意义上的感性认识,而依靠这些一般意义上的感性认识通过人的抽象思维能力的综合分析与抽象概括,就基本上可以把握它的本质及其特征。正因为如此,我们几乎可以通过并不复杂的理论上的想象力轻而易举地给出诸如"纠纷是什么"这样的命题。我们甚至可以根据个人的不同理解和研究角度对纠纷的特征进行抽象的概括。然而,对于一种具体的社会现象而言,特别是对于一种需要具体有效的措施和制度对其发挥作用的社会现象而言,仅有这种抽象的概括是远远不够的。虽然社会主体对于纠纷并不缺乏一般意义上的感性认识,但是,要想将这些零散的、偶然性的素材系统地、不带任何偏见地归纳起来却并非易事。而从纠纷解决的角度来说,如果不能系统地、客观地了解纠纷的表现形式,就无法深入了解纠纷的内在规律,也就无法有针对性地形成解决纠纷的措施和制度。

纠纷的表现形式,或者形式上的纠纷,无非就是纠纷的不同种类及其具体的表现。纠纷的表现形式是多种多样的,然而,其中最为根本的问题,首先仍然是纠纷的种类问题。纠纷的种类是研究纠纷问题的基本范畴,只有将纠纷进行科学的分类并对各种纠纷的具体表现进行必要的分析才能更加准确地和具体地区别纠纷和认识纠纷。

由于研究方法的不同或者是理论视角的不同,对于纠纷种类的认识也就不同,其中较为常见的方法是首先确定划分纠纷的不同标准,然后根据这些标准来确定纠纷的种类。例如,有学者以纠纷涉及主体的数量为标准,将纠纷分为双边纠纷和多边纠纷;以纠纷涉及主体的性质为标准,将纠纷分为个人与个人之间的纠纷、个人与单位之间的纠纷和单位与单位之间的纠纷;以纠纷涉及一方的人数为标准,将纠纷分为一般性纠纷和群体性纠纷;以纠纷涉及的法律部门为标准,将纠纷分为民事纠纷、行政纠纷和刑事纠纷(指自诉案件);以纠纷涉及的法律的具体内容为标准,将纠纷大致划分为婚姻家庭纠纷、生产经营性纠纷、财产性纠纷、侵权性纠纷;以纠纷的历史渊源为标准,将纠纷分为传统型纠纷和现代型纠纷。①

另外,还有更为细致的划分标准和种类。例如,第一,从性质上划分,纠纷可以分为人民内部矛盾纠纷和敌我矛盾纠纷;第二,从主体上划分,纠纷可以分为平等民事主体之间的纠纷和非平等民事主体之间的纠纷;第三,从内容上划分,可以分为民事、刑事、行政三大类型;第四,从解决方式划分,纠纷可以分为依靠诉讼途径解决的纠纷和诉讼外方式解决的纠纷;第五,从涉及的对象及影响范围划分,纠纷可以分为群体性纠纷和非群体性纠纷;第六,从产生的时代背景不同,纠纷可以分为传统型纠纷和

---

① 李刚主编:《人民调解概论》,中国检察出版社 2004 年版,第 2—6 页。

现代型纠纷。而现代型纠纷又被分为多达14种类型的纠纷。①

至于纠纷在实践领域的分类就更为纷繁多样,如从大类上将纠纷划分为经济纠纷、民事纠纷、合同纠纷、涉外纠纷,等等;从纠纷的具体内容上将纠纷分为金融纠纷、房地产纠纷、知识产权纠纷、著作权纠纷、名誉权纠纷、产品质量纠纷、婚姻家庭纠纷、遗产继承纠纷,等等;如果纠纷涉及合同关系,则又从合同的内容来划分纠纷,如合作合同纠纷、借款合同纠纷、购销合同纠纷、运输合同纠纷、保险合同纠纷、保管合同纠纷、委托合同纠纷、加工承揽合同纠纷,等等。这样的划分虽然看起来不具有严格的体系和明确的界限,但是,从实践的角度来看却具有更为切合实际和更为实用的特点。

以上这些对于纠纷的分类,可以说从不同角度揭示了纠纷的不同特点和表现形式,对于我们认识纠纷提供了必要的理论素材。但是,对于纠纷的这些分类还存在一些值得商榷之处。例如,将纠纷分为民事纠纷、刑事纠纷和行政纠纷。这种划分标准的依据是法律部门的划分方法。但是,"刑事纠纷"和"行政纠纷"仅仅是这两个法律部门当中的一个组成部分,甚至不是它们的具有典型意义的组成部分。刑事案件从其基本特征上看属于公法调整的范畴,不具有纠纷的属性,行政案件也是如此。我国《行政诉讼法》第50条就明确规定:"人民法院审理行政案件,不适用调解。"②为什么不适用调解?就是因为行政诉讼案件不具有纠纷的属性,而调解的方式却是解决纠纷的典型方式。再如,从纠纷的性质来划分纠纷,将纠纷划分为人民内部矛盾纠纷和敌我矛盾纠纷。这种带有政治色彩的标准只有在特定的历史时期才具有典型性,而一般意义上的纠纷是不具有这种属性的。特别是敌我矛盾,属于人类社会最具有对抗性的矛盾,这种矛盾显然不属于纠纷领域的矛盾。

理论概括的价值在于合理的抽象,如果理论的概括与被概括的对象同样复杂,甚至比研究对象更为复杂,那么就失去了理论概括的价值和意

---

① 沈恒斌主编:《多元化纠纷解决机制原理与实务》,厦门大学出版社2005年版,第5—6页。

② 但是,根据我国《行政诉讼法》第67条的规定,行政侵权的赔偿诉讼可以适用调解。尽管调解方式在这里被适用,并不代表行政案件具有纠纷属性,而是借用了处理纠纷的调解方式。根据我国《刑事诉讼法》的规定,在刑事自诉案件中,告诉才处理的案件和被害人有证据证明的轻微刑事案件也可以适用调解,也是出于同样的原理。

义。基于这样的原理,对于纠纷这种复杂的社会现象进行理论的概括,至少应当遵循以下几个原则:

第一,这种概括必须具有典型性。典型性是指被概括的对象应当符合纠纷本身的特征,客观上确实属于纠纷的范畴。当然,作为一种和某些相近似的社会现象联系密切的现象,纠纷与非纠纷现象甚至类纠纷现象有时候并不是那么泾渭分明,但是,如果过多地考虑这些不确定因素,那么,就无法从理论上进行深化。因此,从理论研究的需要对研究对象进行筛选不仅是必要的而且是符合人类思维的规律的。至于那些类似纠纷的现象或者可以作为纠纷的特例对待,或者可以在其具有普遍意义并且达到一定量的积累之后作为纠纷的特殊种类来处理,如刑事性质的纠纷和行政性质的纠纷。

第二,这种概括必须考虑目的性。研究纠纷现象的目的各不相同,其中之一是为了解决纠纷,此外还有心理学的、社会学的以及文化研究和艺术创作的目的。如果为分类而分类,不考虑分类的目的性,那么对纠纷的分类就失去了现实的意义。对于纠纷的解决而言,作为研究纠纷现象的目的性,就要考虑到纠纷解决机制的可利用性,如果某种关于纠纷的分类在纠纷解决机制的可利用性上出现了排斥性因素,那么,这种分类就不是纠纷解决意义上的分类。

第三,这种概括必须具有普遍性。普遍性是对被概括对象的涵盖力而言。这就要求纠纷的种类能够涵盖绝大部分纠纷现象,而且力求避免多重标准。可以说,纠纷现象的复杂程度是难以估量的,就像"人不可能两次踏进同一条河流"那样,世界上也没有完全相同的两个纠纷。因此,为纠纷现象设置多重分类标准,对于纠纷的认识并没有太大的帮助,倒是相反,不利于认识纠纷的规律。但是,这并不等于不可以对纠纷进行分类,问题在于,在对纠纷进行分类时必须处理好普遍性和多重标准的关系。如何处理好二者的关系是一个极其复杂的问题,其中有一个简单的方法,就是结合上述的两个原则来作出回答,即典型性、目的性和普遍性的结合。简而言之,将典型性、目的性和普遍性结合起来,并在此前提下对纠纷现象进行分类,可以达到较为理想的结果。在这一方面,民事诉讼理论中对诉的种类的划分就是一个很好的范例。民事诉讼案件种类繁多,如果从每一种案件的具体内容划分,那么我们所面对的将是繁琐不堪的不同层次的概念和标准的堆积。鉴于民事诉讼是一种目的性很强的活动,而且诉讼主体是平等的民事主体,每一个诉都有自己明确的目的,因此,诉的分类理论紧紧抓住了这个特点,最后抽象出了诉的三个种类,即确认之诉、给付之诉和变更之诉(也称为形成之诉)。简简单单的三个种类而不是通过设立多重标准,将繁杂不堪的诉讼案件作出分类,其理论上的概括性和科学性堪称完美,世界上绝大多数的民事诉讼法教科书对这种分类法的采纳本身就是一个明证。

基于以上的原则,笔者尝试对于纠纷的类型作出如下的划分。

(一) 侵权型纠纷

这种纠纷的表现形式是一方的正当权益客观上受到另一方的非法侵害,被侵害方因此而受到了不应有的损失,被侵害的对象可以是人身权益也可以是财产权益,侵害方主观上是否有过错不在考虑之列。进一步说,被侵害方的正当权益由于受到了损害而丧失或减损了在正常情况下所拥有的价值,而这种损害和侵害方的行为存在因果关系(直接的或间接的),侵害方的侵害行为可能是故意的也可能是过失的,甚至是没有过错的,并且,其侵害行为不一定在事实上给自己带来额外的利益。简言之,侵权型纠纷的权益损害和侵害行为都是单向性的,被侵害方属于"无辜者",而侵害方的行为则是造成被侵害方权益损害的全部原因。这种纠纷在日常生活中的出现率比较高,而且对于当事人所造成的影响和社会影响都是较为严重的。例如,典型的人身权损害纠纷、消费者权益损害纠纷、专利侵权纠纷以及肇事方承担完全责任的交通事故纠纷,等等。由于这类纠纷的单向性责任特性,在处理上就应当以侧重保护被侵害一方的利益为宗旨,侵害方不仅应当补偿被侵害方因此而受到的所有有形损失,并且应当对被侵害方因此而受到的无形损害作出补偿。总之,侵害方为其侵权行为所付出的代价应当是"合理范围内的最大限度"的代价,而被侵害方因此而获得的补偿相应地也是"合理范围内的最大限度"的补偿。尽管如此,经验告诉我们,在此类纠纷当中,被侵害方所受到的损害也往往是很难甚至是不可能被"恢复原状"的,而侵害方由于为此付出的代价堪称"惨重",其实际受到的损失也往往会大于因其侵权行为而获得的利益(侵权者有时甚至没有获得任何利益),所以,这种纠纷的最终结果往往是"两败俱伤"。例如,名誉侵权纠纷,被侵害者由于侵害行为所造成的影响,其声誉或者形象受到严重损害,社会评价明显降低,即使侵害方赔礼道歉、消除影响,也难以将受害方的名誉完全恢复到被侵害以前的状态,有的损害甚至永远都无法恢复。而作为侵害方,损害他人名誉的行为往往不能为其带来任何利益,或者,侵害方所获得的利益与其付出的代价相比往往是微不足道的。基于以上的原因,在实际解决此类纠纷时,不仅应当责令侵害方依法赔礼道歉、消除影响,而且还应当要求其作出惩罚性的经济赔偿,以期减少无辜者所受到的损害。对于有些侵权纠纷,出于实际的考虑,采取多种手段促使双方达成和解应当是最佳结果,在双方都可能受到实际损害的情况下,最好是尽量降低损害,在可能的情况下达到最低限度的平衡。

(二) 违约型纠纷

违约型纠纷的特点在于纠纷的双方有约在先,而一方由于故意的或者过失的原因违反了双方的约定,从而给对方造成了一定的损害。当然,违约型纠纷不一定是单方违约造成的,也可能是双方都有违约,但是,为了研究上的需要,这里假定为单方的违约。违约型纠纷多见于基于合同关系而产生的纠纷,因为,所谓违约就是违反事先的约定,而事先的约定多表现为合同约定。由于这个原因,违约型纠纷属于一种预期的纠纷,纠纷的双方对于违约的程度、违约的方式甚至违约赔偿的范围和标准都可能有约在先。另外,违约型纠纷的双方当事人之间往往存在着某种互惠性的合作关系,相对于因违约而产生的纠纷而言,双方的合作关系的维系可能具有更高的价值。因此,此类纠纷应当属于较为容易解决的纠纷,即主要根据双方事先的约定或者法律的规定,兼顾双方合作关系的走向,尽量采取双方合意的方式来解决纠纷。根据我国《合同法》的规定,对于违约型纠纷的处理原则是"实际损失补偿"原则,如《合同法》第107条规定的"违约责任"是指"继续履行、采取补救措施或者赔偿损失"的责任。《合同法》第114条甚至规定了违约金可以根据实际损失增加或者减少,即:"约定的违约金低于造成的损失的,当事人可以请求人民法院或者仲裁机构予以增加;约定的违约金过分高于造成的损失的,当事人可以请求人民法院或者仲裁机构予以适当减少。"这种规定的精神就在于将双方当事人之间的利益关系限定在一个合理的范围内,以尽量保持双方的利益平衡关系,避免因过于悬殊的违约代价而造成社会经济秩序的紊乱。但是,违约型纠纷在一定的情况下可能和侵权型纠纷存在竞合关系,即一种纠纷可以表现为违约纠纷,也可以表现为侵权纠纷。例如,因交通事故造成乘客受伤而引起的纠纷,将乘客与运输者之间看成合同关系,运输者负有将乘客安全送达目的地的义务,如果未能尽到这一义务,可以说运输者具有违约的行为;然而,仅仅从违约行为考虑可能并不足以弥补乘客因交通事故所受到的伤害,因此,在这种情况下就要考虑到侵权的因素,从而为正确适用法律解决纠纷创造必要的条件,以保证为受害人提供必要的法律救济。

(三)违法型纠纷

所谓违法型纠纷,是指引起纠纷的原因是当事人的违法行为,或者说当事人的行为是被法律所禁止的,因这种被法律禁止的行为而引起的纠纷就是违法型纠纷。违法型纠纷的责任人可能是一方当事人,也可能是双方当事人。即可能是一方的行为违法,也可能是双方的行为都违法。在违法型纠纷的认识上,有一个重要的界限应当区分清楚,这就是纠纷的性质和当事人的行为之间的关系。违法型纠纷的性质的判断标准是一种客观标准,而不是主观标准,这个客观标准就是法律规范。即纠纷主体的行为是不是违法行为是根据法律规范作出判断,而不是根据当事人的主观认识作出判断。如果当事人的行为客观上是违法的,尽管当事人主观上并没有违法的故意,这种行为仍然属于违法行为。在这一点上,违法型纠纷和侵权型纠纷是有区别的。从广义上说,侵权型纠纷的结果虽然也具有违法性,比如侵犯了他人的合法权益,但是,从其行为本身来看却不一定是违法的,某种合法的行为也有可能造成对他人的侵权。鉴于违法型纠纷的判断标准是依据法律规范,在处理原则上也应当以法律的规定为依据,即何种行为是违法行为,对于这些违法行为所导致的纠纷应当如何处理,都应当有法律的依据。例如,根据我国《合同法》第52条规定,有下列情形之一的,合同无效:(1)一方以欺诈、胁迫的手段订立合同,损害国家利益;(2)恶意串通,损害国家、集体或者第三人利益;(3)以合法形式掩盖非法目的;(4)损害社会公共利益;(5)违反法律、行政法规的强制性规定。从民法理论上来说,基于这些行为所形成的利益属于不受法律保护的利益,以此形成的民事合同属于无效的民事合同。当事人不仅对于因此而造成的他人的损害应当承担赔偿责任,而且后果严重的还应当受到法律的惩罚。需要注意的是,此处的违法型纠纷的"违法性"是指那些被法律明令禁止的行为,不能从这里的违法性行为推导出所有民事行为都必须是"法无明文规定不可为"的结论。恰恰相反,根据私法"意思自治"的原则,只要是法律没有明令禁止的都应该是可以自由从事的行为,即私权领域的"法无禁止即许可"的理念。

(四)误解型纠纷

在现实生活中,人的判断力并不总是十分理性的,在信息总量不够充分或者接受了误导性信息的情况下,发生误会或者误解的情形并不罕见。如果是无关大局的误解,一般不会对当事人双方的利益格局造成实质性影响,例如,对合同中的某个词语的含义有不同的理解,而这个词语并不会影响整个条款的意思。但是,如果误解的程度使得整个条款的意思发生了改变,那么,就有可能产生纠纷。在民法理论上,这种情形被称为"重大误解"。根据我国《合同法》第54条规定,因重大误解订立的合同,当事人一方有权请求人民法院或者仲裁机构予以变更或者撤销。误解型纠纷虽然是由误解而引起,但是,这种误解却有可能造成一方当事人实质上的损害。因此,误解型纠纷仍然可能存在一个责任承担和损害赔偿的问题。一般来说,构成重大误解的原因是产生误解的一方错误地理解了对方提供的信息,责任似乎在于产生误解的一方;但是,这种误解和对方提供的信息也可能存在直接关系,也就是说它可能是由于对方的信息不全面或者不准确而造成的。其微妙之处在于,误解者和被误解的对方往往会各执一词,都认为自己是无辜的,而且,从主观上看,双方都是善意的,不存在恶意欺诈的行为,否则就可能属于违法性纠纷了。需要说明的是,误解型纠纷作为纠纷的一种类型,并不仅仅限于合同法上的重大误解一种情形,在人们的日常生活和经济交往过程中,发生误会或者误解的情形是比较常见的。而误会或者误解的双方一般都不存在恶意。鉴于这样的情形,在处理误解型纠纷时,最为关键的就是对造成误会或者误解的原因进行细致的分析和判断,如果在证据充分、事实清楚的基础上明确了双方的责任,那么,在当事人之间达成解决纠纷的合意应该是比较易于实现的。

(五)家事型纠纷

家事型纠纷是一种特殊类型的纠纷,之所以特殊,是因为此类纠纷的主体之间存在着亲情或者血缘关系,这种关系的存在使得家事型纠纷总是掺杂着情感的因素,相比较之下,财产利益关系倒是次要的。或者说,家事型纠纷往往是由情感的变化而引起的,即使出现财产利益纷争也是由于情感的变化所引起的。情感是一种难以量化的无形的事物,情感的质量如何主要是当事人的一种主观感受,很难从客观表现上准确地分清责任。例如,在离婚案件中,一般的标准是感情是否破裂,但是,在一方认为感情已经破裂而另一方认为感情没有破裂并且双方都缺乏有力旁证的情形下,任何轻率的判断都有可能造成难以挽回的不良后果。正是基于这个原因,在离婚案件的处理上,各国的法律几乎都持十分审慎的态度。例如,几乎各国的法律都规定对于离婚案件实行调解前置的制度。而调解的过程实际上就是一个由当事人自主解决纠纷的过程,既然是自主地解决自己的纠纷,那么,对于纠纷处理的结果也应当是当事人最容易接受的结果。如果当事人最终还是不能自主地解决纠纷,一定要进入诉讼程序,那么,在诉讼的过程中,法律也要求审判者在任何可能的情况下不失时机地采取非判决的方式来解决此类纠纷。例如,日本专门制定了《家事审判法》,其第 1 条便明确规定:"本法以个人尊严和男女实质上的平等为基本,以维持家庭和睦和健全亲属共同生活作为宗旨。"其第 18 条更是明确规定了此类案件的"调停前置主义"原则。我国《婚姻法》第 32 条也明确规定:"人民法院审理离婚案件,应当进行调解"。因此,对于家事型纠纷来说,最好的解决方式就是由当事人自主解决。即使最终不得不由法院做出判决,也应当是在已经穷尽了各种可能的非判决方式,并且无论是在审判者或者是在当事人看来都只能是一种结果的情形下所产生的自然而然的结果。

五、纠纷的作用

纠纷是一种常见的社会现象,但是,人们未必对纠纷持有一个正确的态度。一般来说,纠纷属于一种消极的事物,属于被否定被排斥的东西;但是,即便如此,它仍然具有存在的"合理性",甚至从某种意义上说还具有一定的积极性。长期以来,关于纠纷的作用问题,研究者要么采取了回避的态度,要么只是从感觉印象或者是从某种结论出发去寻求证明,而缺乏深入细致的分析论证。究其原因,主要有两点,一个原因是对于纠纷这种事物的内在的主要矛盾缺乏准确的把握,从而难以把纠纷与纠纷相关的其他事物严格区分开来;另一个原因是,由于社会纠纷和社会冲突之间存在密切联系,使得不少人在很多情况下把社会纠纷等同于社会冲突,从而沿用了社会冲突理论的路径,使其得出的结论和社会冲突理论得出的结论趋同,从而影响了对纠纷这种事物的特殊性的认识。

(一)纠纷作用的认识基础

"作用"是一个常用词,从性状上看,它应该是中性的,是指某事物所发生的客观影响或者效果。在纠纷和他事物的关系方面,有的学者使用"功能"或者"价值"这样的词,笔者认为这是不合适的。因为,功能或者价值虽然也是用来评判某事物的客观影响或者效果的,但它们一般都是从正面作出评价。纠纷现象是一种复杂的社会现象,它对社会所带来的影响和效果是多方面的,既有正面的也有负面的,所以,为了避免产生歧义,对于纠纷的影响和效果用"作用"一词较为合适。

认识纠纷的作用,首先需要了解纠纷的性质,而要了解纠纷的性质,就不能不研究纠纷的表现及其成因。在前文,我们已经对纠纷的表现及其成因有所分析,从这些表现和成因来看,纠纷的性质的确是一个很难下判的问题,它既有消极的一面,也有积极的一面。所以,有的学者认为纠纷是一种消极的事物,有的学者则强调它的积极效果,还有的学者认为纠纷是一种"中性"事物。例如,顾培东教授试图从社会冲突的角度去认识纠纷,他认为:"冲突——即便是纯粹发生在私人间的冲突——都具有一定的反社会性"①,"只有当人们不是从社会学角度把社会冲突理解为一种积极的社会现象时,以抑制或解决社会冲突为最高宗旨的诉讼机制才具有基本价值。"②而范愉教授却对纠纷现象作出了积极的评价,她认为:"从宏观角度而言,在人类社会的发展中,冲突或纠纷的出现可能预示着新的利益调整的必要;在社会矛盾激化时,冲突和纠纷可能成为导致社会变革的重要动力;在社会的转型期,纠纷频发可能表明了传统社会规范和权威及诚信度的丧失以及新的秩序形成中博弈的艰难。而纠纷解决过程,可以使既存的权利义务和社会规范得到遵守,也可以成为确认新的权

---

① 顾培东:《社会冲突与诉讼机制》,法律出版社 2004 年版,第 3 页。
② 同上注书,第 17 页。

利和利益以及进行社会资源再分配的契机。总之,冲突和纠纷的发生具有一定的积极作用。"①与上述两种观点皆不相同,何兵教授则采取了中间立场:"纠纷对于社会是一种中性的存在,不能在纠纷与病态之间划等号,当然也不能在纠纷与进步之间划等号。人类的历史和现实表明,纠纷是人类社会的常态。"②但是,不得不指出,何兵教授的这种"中性论"却没有贯彻始终,他实际上是描述了纠纷的两面性,一方面它是"恶"的,另一方面它还具有积极性:"可以说,安宁和冲突皆是人类生活的基本需求,人类恐惧激烈的冲突,却渴望有限的冲突。"③

笔者以为,对于纠纷的性质的认识必须仅限于纠纷本身的特点,而不应扩大到纠纷的间接作用。从哲学的角度看,任何事物都有其两面性,但我们不能因此而对任何事物都作出既肯定又否定的评价,而是应当从其根本属性去判断它的性质。哲学大师黑格尔有一个著名的命题:"存在即合理",其关键的深蕴就在于如何去发现这个"理",只有真正发现并掌握了其中的"理",才能说掌握了认识存在的主动权。从一般意义上说,"存在即合理"是指一切事物皆有其存在的原因和理由,它是对事物的客观性的一种感性的表述,其中并不带有对事物的价值评判。但是,仅仅将思维停留在"存在即合理"的层面,而不对事物作出实质性的价值判断,显然是远远不够的,因为它不符合认识的目的性要求。只有进一步深究事物的实际意义,即它对于人类社会的作用、功能或者价值,这种判断才具有现实意义。

纠纷这种现象之所以会出现,是由于在社会主体之间出现了某种分歧、矛盾或者某种不协调因素,它会使社会关系发生扭曲、对立甚至是破裂的状态,从而引起社会的矛盾与冲突。因此,纠纷从本质上说只能是一种社会消极因素。正因为如此,纠纷才需要解决和预防,目的在于消除这种消极因素,以维持正常的社会关系。在这个意义上,笔者赞同顾培东教授的思路,即不能仅仅从社会学角度把纠纷理解成一种积极的社会现象。但是,在纠纷和冲突的关系上,笔者却认为应当作出严格的区分,纠纷就是纠纷,不能把它混同于社会冲突;如果是在"纠纷"的意义上使用"冲

---

① 范愉:《纠纷解决的理论与实践》,清华大学出版社2007年版,第103页。
② 何兵:《现代社会的纠纷解决》,法律出版社2003年版,第5页。
③ 同上注书,第6页。

突"这个词,则应当作出必要的界定。所以,对于纠纷而言,不能笼统地说它也具有"反社会性",这种具有政治意味的判断并不适用于纠纷。这个问题,在前文已有涉及,此不赘述。至于纠纷的积极作用,学者们显然是从纠纷的间接作用上所得出的一种判断,这就又回到了哲学意义上的相对主义的思路,而这种相对主义的判断对于认识纠纷的性质而言是毫无帮助的。

综上,纠纷现象是一种客观存在,它是必然的、不可避免的,从这个意义上说,它是具有"合理性"的。因此,我们应当以一种平常心态去看待纠纷,而不必产生恐慌的或者厌恶的情绪,甚至对纠纷当事人形成某种偏见。另一方面还要看到,纠纷从本质上说是一种消极的社会现象,它会对社会关系造成不利影响,甚至影响到社会秩序的稳定,所以,我们必须积极地应对纠纷,建立科学的纠纷解决机制以便及时地解决纠纷,而不能对其坐视不理;同时,纠纷毕竟不等于冲突,对其消极作用不应作出无限制的夸大的解释。只有在这样的基础上去认识纠纷的作用,才有可能作出中肯的判断。

(二) 纠纷作用的具体分析

如上所述,从抽象的意义上说,纠纷的作用是指纠纷所带来的客观影响和效果,这种意义上的纠纷作用是没有任何价值判断的;至于这些影响和效果的具体内容如何则不能一概而论,还需作出具体的分析。从事物的作用的分析范畴来说,一般应当涉及直接作用和间接作用,积极作用和消极作用;并且,这两对范畴经常会出现交叉重叠的现象。对于纠纷而言,同样存在这两对范畴意义上的作用。

纠纷的直接作用是由它的基本性质所决定的,鉴于纠纷从性质上说属于消极的事物,所以,纠纷的直接作用就是指它的消极作用;或者反过来说,纠纷的消极性、破坏性是它的直接作用的内容。从现实表现上看,纠纷的发生使当事人之间原本和谐的社会关系发生了逆向的改变,不仅使当事人相互之间出现了分歧、对立甚至是更为激烈的冲突,而且有可能影响到当事人的生活质量和工作效率。所以,对于纠纷,人们持有回避、抵制或者防备的态度,一旦纠纷发生,就会设法去加以解决;应当说,这是由纠纷的消极性所引起的人们的合理反应。一般来说,纠纷的消极作用是有一定范围的,它一般直接作用于纠纷当事人,而对于当事人以外的人则不会发生直接影响。这就是为什么纠纷案件有"利害关系人"和"案外人"之分的原因。纠纷的解决对于纠纷当事人才具有法律上的意义,而案外人则一般持"与我无关"的态度,并且,如果没有法律上的理由,案外人也不得参与到纠纷解决的程序中来。纠纷一般是一个相对封闭的系统,这就是它的相对性特征,对于社会秩序甚至公共利益而言,在特定当事人之间发生的纠纷,一般也不会产生直接的影响。

纠纷的间接作用却有所不同,它有可能是积极的,也有可能是消极的;对纠纷的间接作用的判断既可以选择实际联系的角度,也可以选择普遍联系的角度,这里并没有一个确定的范围上的标准。事物的间接作用本身就是一个泛化的概念,只要是能够产生某种影响或者某种效果的事物,都可以纳入间接作用的范围;并且,间接作用,并不因为事物本身的性质而受到严格的限制,一个积极的事物有可能导致消极的结果,一个消极的事物也可能产生积极的作用。就纠纷而言,同样存在积极的间接作用和消极的间接作用。从消极的间接作用看,纠纷虽然是当事人之间的"私事",但是,它也具有一定的社会性,轻者可能引起与纠纷当事人存在某种社会联系的"第三人"的不安甚至相关利益方面的损害,重者则有可能造成群体性的冲突与动荡。因此,对纠纷的处理或者解决,从这个意义上说不仅是为了消除纠纷当事人之间的矛盾,也是为了减少危及社会秩序的不安定因素。至于纠纷的积极作用,我们尽可以发挥自己的想象力,从各个不同的角度作出合理的解释。但无论如何,应当认识到,纠纷的积极作用只是间接的作用,而间接作用是一个没有边际的主观想象领域,它或许有助于我们全面认识一个事物的两面性,但是,对于该事物的本质的把握以及制定相应的应对性措施而言并无实际的意义。

关于纠纷的作用,学者们也多有论及,但是,或许是受到社会学的影响,加之纠纷这一特定范畴的相关理论的薄弱,不少学者借助了社会冲突论的理论框架和相关概念,致使对纠纷作用的描述表现出夸大其功能性或者价值性的倾向。在笔者看来,社会纠纷和社会冲突虽然联系密切,但毕竟属于不同性质的事物,在它们的作用的问题上还是不宜作简单的类比。美国学者科塞明确指出:"对社会冲突有多种定义方式。就本书的目的而言,可以权且将冲突看作是有关价值、对稀有地位的要求、权力和资源的斗争,在这种斗争中,对立双方的目的是要破坏以至伤害对方。"①科塞正是从这个概念出发,对齐美尔所提出的"冲突的群体保护功能与安全阀制度的重要性"的命题进行了阐述与发挥。②但是,这种"安全阀制度"也仅限于对社会群体之间的对立和斗争关系的缓解,和法律范畴的纠纷解决之间并无直接的联系。正如齐树洁教授所指出的:"尽管科塞在其著作中声称社会冲突可以起到缓和社会矛盾的'安全阀'作用,但是,秩序永远都是法律的首要价值。在法律的眼中,任何对这种既定秩序的破坏,都是负面的。"③因此,对于纠纷作用的认识应当从纠纷本身的性质出发,从现存的社会关系和法律制度的角度去揭示纠纷的消极性,(当然,并不排除从间接角度认识纠纷的积极作用)惟其如此,才能正确把握纠纷的特性,关于纠纷解决的制度和实践也才能获得正当性基础。

---

① 〔美〕L. 科塞:《社会冲突的功能》,孙立平等译,华夏出版社 1989 年版,前言。
② 同上注书,第 24 页。
③ 沈恒斌主编:《多元化纠纷解决机制原理与实务》,厦门大学出版社 2005 年版,第 34 页。

第二章 纠纷的解决

一、纠纷解决的概念和意义

纠纷与纠纷解决是两个具有不同含义的概念。纠纷是对社会存在的特定现象的静态描述,对纠纷的研究应当着眼于对其性质、发生原因、表现形式和基本特征的认识;纠纷解决则属于社会实践层面的事物,它体现了社会主体对纠纷这种客观事物的能动性改造和创造性思维的动态过程。纠纷的解决所涉及的问题十分广泛,包括纠纷解决的基本概念和意义的理解、纠纷解决机制、纠纷解决的方式、纠纷解决的标准等一系列必须回答的问题。

(一) 纠纷解决的概念分析

纠纷解决这个名词对于现代社会的人们来说已经不再陌生,特别是在学术领域里,已经成为一个具有特定含义的术语。但是,这个名词的完整含义究竟是什么?它的内涵和外延是如何被界定的?似乎还没有一个公认的较为确切的表述。19世纪英国法学家威廉·马白克爵士认为,纠纷的解决就是作出一种关于孰是孰非的决定,亦即关于谁的观点在某种意义上能够成立,谁的观点不能成立的一种判定。[1]顾培东教授进一步指出:"冲突的解决不仅仅限于是非判定的作出。退一步讲,即使马白克的见解能够成立,也仅仅揭示了解决冲突的内涵之一,远没有揭示解决冲突

---

[1] 〔美〕马丁·P. 戈尔丁:《法律哲学》,齐海滨译,三联书店1987年版,第217页。

内涵的全部内容。"①日本学者棚濑孝雄则认为:"传统的法解释学历来都只是把焦点集中在法官如何才能做出正确的判决这个方面来讨论以审判解决纠纷的问题",所谓纠纷的解决就是对纠纷解决制度的描述,而他所关注的领域则是对纠纷解决的过程的分析。②这种"研究角度的转换"不能不引起人们对纠纷解决的概念的重新认识。

虽然,从一般意义上说,纠纷解决的含义基本上都可以被意会,但是,事实上,纠纷解决这个词语具有多重含义,可以作出多种解释。我们可以从目的性的角度看待纠纷的解决,把纠纷的解决当作一种目的,无论是诉讼也好,非诉讼也好,都是实现这一目的的手段;我们还可以从实证的角度去研究纠纷解决的过程,进而全方位地考察纠纷解决的方法和机制。此外,从价值论的角度研究纠纷的解决,探讨纠纷的解决和实现社会正义之间的关系也是一种很有意义的理论视角。下面将从几种有代表性的关于纠纷解决概念的理论引出笔者对于纠纷解决的概念的理解。

顾培东教授认为"社会冲突""解决"的内涵"应当是多层次主观效果的综合体",具体包括:(1)化解和消除冲突。这一主观效果体现了人们对社会冲突障碍后果的重视。(2)实现合法权益和保证法定义务的履行。(3)法律或统治秩序的尊严与权威得以回复。"任何社会冲突都意味着对现实法律统治秩序的一种漠视,所以,解决冲突的实际过程不能不是法律或统治秩序的尊严和权威的回复过程。"(4)在更高层次上,社会冲突的"解决"还意味着冲突主体放弃和改变藐视以至对抗社会统治秩序和法律制度的心理与态度,增强与社会的共容性,避免或减少冲突(至少是同类冲突)的重复出现。③应当说,对于"社会冲突"解决的认识,顾培东教授的分析确有其道理,他将"社会冲突"的危害性提高到危及法律秩序或者统治秩序的高度,因此得出"解决冲突的实际过程不能不是法律或统治秩序的尊严和权威的回复过程"的结论。但是,令人感到疑惑的是,顾教授在这里所指的"社会冲突",究竟是什么层面上的冲突呢?它究竟是不是和纠纷这一概念有着完全的重合关系?从顾教授的基本思路来看,他似乎是把"社会冲突"限制在一定范围之内的,并非是指广泛意义

---

① 顾培东:《社会冲突与诉讼机制》,法律出版社2004年版,第27页。
② 〔日〕棚濑孝雄:《纠纷的解决与法律制度》,王亚新译,中国政法大学出版社2004年版,第2—4页。
③ 顾培东:《社会冲突与诉讼机制》,法律出版社2004年版,第27—29页。

上的社会冲突。用顾教授的话来讲,这种"社会冲突"属于"作为法律事实的社会冲突","其根本特征在于其应受并且可受法律评价",并且应当符合以下两个基本要件:第一,违反生效法律的具体规定;第二,以特定的社会单位为冲突主体。所谓"特定的社会单位",顾教授认为:"只限于两类社会单位:自然人和法人。"至于国家,"即便是在直接侵害社会或国家利益的冲突中,也不能把国家视作法律意义上的冲突主体。"顾教授进一步认为:"处于自然状态的社会冲突尽管也充斥于社会生活之中,但并不构成社会矛盾的主导内容。……在本书以后论述中所涉及的社会冲突特指作为法律事实的社会冲突,而不包括自然状态、不具有法律意义的冲突。"①至此,顾教授关于"社会冲突"的界定应该很清楚了,它主要是指危及统治者利益的那些冲突,而不是广泛意义上的社会冲突,甚至不是私法意义上的社会冲突。

笔者以为,虽然顾教授的分析具有严密的逻辑体系及论证上的完整性,但是,他所关注的对象可能与纠纷的解决并不是同一层面的问题。纠纷的本质属性应当是它的私权性,正因为如此,纠纷的解决才具有"意思自治"以及权利自主处分的特点,也正是在这个基础上,才有可能在纠纷解决的过程中使纠纷当事人处于主导性地位,通过各种切实可行的纠纷解决机制来解决纠纷。如果将纠纷的本质属性视为对法律甚至是对统治权威的藐视或者反对,那么,国家公权力的介入就成为必然,一切关于纠纷解决的自主性理论和制度将失去存在的基础,这样的思维所带来的结果是不可想象的。另外,纠纷作为人类社会的一种经常性存在,它并不仅仅限于法律所描述的那些情形,法律不可能穷尽所有的纠纷,依靠法律规范也不可能完全解决所有的纠纷,这已经是大多数研究者的共识。美国法社会学家埃里克森指出:"夸大国家在制定和执行规则中的作用的并不只是经济学家。例如,马克斯·韦伯和罗斯科·庞德两人似乎都赞同了这样一个令人怀疑的命题,即国家握有,而且也应当握有暴力使用的垄断。事实上,就像这两位学者在其著作的其他地方承认的,人类社会中起作用的规则常常授权对挑衅性行为予以强力的私人回应。"②纠纷的多样

---

① 顾培东:《社会冲突与诉讼机制》,法律出版社 2004 年版,第 22—25 页。
② 〔美〕罗伯特·C.埃里克森:《无需法律的秩序——邻人如何解决纠纷》,苏力译,中国政法大学出版社 2003 年版,第 170 页。

性决定了纠纷解决方式的多样性,而在纠纷解决的过程中,国家法律甚至常常为道德规范和传统习惯留下了广阔的空间。事实上,正如顾培东教授所承认的:"现代社会中,作为自决依据的规则是生效法律和社会情理等非正式制度。"①

对于纠纷解决的概念,范愉教授作出的定义是较为明确的,她认为:"纠纷解决(dispute resolution),是指在纠纷发生后,特定的解纷主体依据一定的规则和手段,消除冲突状态、对损害进行救济、恢复秩序的活动。"②显然,范教授对纠纷解决概念的解释是着眼于解决纠纷的目的,即"消除冲突状态、对损害进行救济、恢复秩序",应当说,这种解释符合纠纷解决的基本内容,揭示了纠纷解决的主要特征。但是,笔者以为,第一,纠纷解决除了实现一定的目的之外,还应当包含解决的过程和解决的结果状态这样两个方面的内容,因此应当从纠纷解决的目的、过程和结果状态三个层次来界定纠纷解决的概念。第二,纠纷解决的目的、过程和结果状态这三个层次的概念相互之间并不存在互相包容的关系,它们分别具备各自的特定内涵。但是,这三个层次都属于纠纷解决的总范畴,所以,它们又存在着内在的逻辑关系。第三,纠纷解决这个概念是由两个单元的词组组成,即"纠纷"和"解决"。其中,"纠纷"这个词组有着特定的含义,所以应当专门作出定义;而"解决"这个词组是一个多义的词组,对纠纷解决的定义主要就是对"解决"作出定义,因此,应当作出具体解释。鉴于以上的考虑,笔者对纠纷解决概念分别作出以下三个层次上的定义。

首先,从目的性来说,纠纷解决是指纠纷主体自身或者在第三者参与下通过一定的方式化解矛盾、消除纷争、维护正常的社会秩序的活动。在这里,化解矛盾、消除纷争是直接目的,而维护正常的社会秩序是间接目的或最终目的。这里的"社会秩序"包括生活秩序、生产秩序、学习秩序、工作秩序等具体范畴的社会交往和主体行为的正当性,也包括社会公正和正义这样的抽象意义上的价值判断。这样既说明了纠纷解决的现实性意义也照顾了纠纷解决的总体目标。纠纷解决的目的性对于相关的理论研究和实践活动都具有重要意义,在进行纠纷解决的理论研究或从事纠

---

① 顾培东:《社会冲突与诉讼机制》,法律出版社2004年版,第32页。
② 范愉:《纠纷解决的理论与实践》,清华大学出版社2007年版,第71页。

纷解决的实践活动中,首先要考虑的就是纠纷解决的目的,它决定了纠纷解决的基本方向。这里之所以没有将纠纷解决所依据的原则或规范作为概念的基本元素,是因为原则或规范是包含在一定的方式之中的。也就是说,原则或规范是具体的纠纷解决方式的必备要素,没有必要在纠纷解决的概念中加以强调。

其次,从过程性来说,纠纷解决是指纠纷主体为了化解矛盾或消除纷争而自行协商或者在第三者参与下进行调解、仲裁或诉讼的过程。这个层次上的定义着眼于纠纷解决的过程性,这个过程具体表现为纠纷解决的各种方法和手段的运行过程,这些方法和手段的总称就是纠纷解决机制。因此,纠纷解决的过程性概念对于纠纷解决机制及其运行方式而言具有重要意义,它所关注的是具体的纠纷通过什么样的方法或手段加以解决才能够带来预期的效果,以及各种纠纷解决机制自身如何不断完善,如何配置更为合理等问题。由于纠纷解决的具体方法和手段所针对的是纠纷解决的直接目的,也就是化解矛盾、消除纷争,所以其间接目的"维护正常的社会秩序"在这里并非必要的概念元素。

再次,从结果状态来说,纠纷解决是指一项矛盾或者纷争通过不同的方法或者手段被化解或者消除的实际结果或者状态。纠纷解决的结果状态所着重揭示的是纠纷被化解或者消除的实际表现形态,它反映了纠纷解决的程度、判断标准和实际效果,而这些表现形态与纠纷解决的具体方法或者手段之间存在密切关系。例如,对于调解而言,从结果状态来说,只要在当事人之间达成了合意,签订了调解协议,就算达到了目的,至于这个协议能否被履行则不属于这种方式的纠纷解决的结果状态的必备要素;对于仲裁而言,情况却有所不同,一旦仲裁裁决被作出,就意味着强制性履行效力的可能性的存在;诉讼这种方式的结果状态就更为直接,判决自身就具备了被强制执行的效力。当然,最好的方式是当事人之间的和解,它可以达到纠纷解决的最佳效果。从结果状态的角度考虑纠纷解决,就要考虑纠纷解决的衡量标准,包括主观性标准和客观性标准;同时,也需要对纠纷解决的具体方式作出效益性和功能性的评价。因此,它对于纠纷解决的具体实践具有重要意义。

以上对于纠纷解决概念的三种层次上的定义是以纠纷解决这一概念在不同的语境所表现出来的不同含义为依据的,也就是说,纠纷解决这一概念有多重含义,要全面认识纠纷解决的概念就不能偏废它的任何一个含义。但是,这并不等于我们不可以从更高位阶上来定义纠纷解决的概念。根据定义的内涵越窄其外延就越广的原理,我们还可以尝试将纠纷解决的三个层次上的概念作出一个总的概括,即:纠纷解决就是纠纷主体自身或者在第三者参与下通过一定的方法或手段在一定意义上化解矛盾或者消除纷争的情形。显然,这样的定义在外延上是比较宽泛的,其具体的内容还需通过上述的三个层次的分概念作出详尽的概括。

(二) 纠纷解决的意义

长期以来,人们为了寻求解决纠纷的方法而苦苦探索,经过反复的思考、实践和论证,终于从理论上概括出解决纠纷的几种较为典型的方式或者是途径,即所谓"和解"、"调解"、"仲裁"与"诉讼"。从"权利救济"这个立足于现代法治社会的公民基本权利的保护和实现的特定视角,有人又以"私力救济"、"社会救济"、"公力救济"这种理论概括予以表达。此外,20世纪80年代后期以来,随着法律社会学在我国法学研究领域的兴起[1],多角度的、全方位的、社会性的纠纷解决理念作为一种新颖的思潮而受到广泛的追捧。而在纠纷解决的实践领域,从典型的公力救济方式——诉讼的方式,到典型的社会救济方式——调解的方式,再到诉讼、仲裁、调解、行政解决等被称为"多元化"的纠纷解决方式,再加上盛行于西方国家的"ADR"方式,等等,五花八门的纠纷解决方式犹如波涛般汹涌而来。应当说,这种空前繁荣的关于纠纷解决方式的全面检讨和大胆试验的局面从思想解放、制度革新的角度来看是一件好事,它有利于人们打破陈腐的传统观念,推动纠纷解决的研究朝着更加科学和更加理性的方向发展。然而,我们必须清醒地认识到,一方面,社会的运转和生活的进行并不会因为任何一种改革而陷于停顿,无论改革家们有着多么高明的见解或者企图进行多么宏大的实验,人类社会总是以自己特有的规律向前发展;另一方面,将一种突发灵感的或者尚不够成熟的方法或者理论匆忙地应用于实践,或者轻易地拿到实践中去加以检验(试验),对于社会科学来说绝不是一种理智的行为。列宁说过:"没有革命的理论,就不

---

[1] 1987年9月北京大学法律系举行了第一次法律社会学学术讨论会。1988年,北大法律系法学理论教研室编辑出版了《法律社会学论文集》,这标志着我国法律社会学研究在法学研究领域的兴起。参见赵振江主编:《法律社会学》,北京大学出版社1998年版,第1页。

会有革命的运动"①,科学理论之所以能够指导实践,就在于它正确反映了事物发展的客观规律。社会科学与自然科学的最大区别就在于重复性试验方法的取舍。自然科学家们可以在实验室里就某一个科学猜想进行反复试验,即使有一百次失败也是可以被接受的;但是,社会科学却容不得这样的"实验室效应",因为这样的实验可能会付出过高的代价,甚至会给社会带来意想不到的灾难。因此,对于任何一种纠纷的解决方式,都必须小心求证,而绝不能大胆实验,如果在理论上还不够成熟,或者还存在着强有力的反面意见时,最好不要匆忙付诸实践。否则,就可能会造成某些意想不到的或者难以挽回的损失。而要有效地推动纠纷解决的理论研究,首先就要对纠纷解决的意义有一个明确的认识。

纠纷为什么必须被解决?这个看似简单的问题其实是一个牵涉包括政治、法律、社会、文化和人类历史等广泛学科领域在内的具有广泛意味的课题。纠纷是矛盾外化的产物,纠纷也是可能引起大规模社会冲突的前因。前者说明了纠纷存在的必然性,而后者则说明了纠纷需要被解决的必要性。早在古代社会,人们就以各种方式表达了解决纠纷的深切愿望,孔子曰:"听讼?吾犹人也,必也使无讼乎!"②由此,一个"无讼"的美妙理想被表达出来,并且被传承于后世,历代的封建帝王或者社会贤达都在努力地为这个目标而神之往之乃至于殚精竭虑。但是,在封建专制主义的制度下,对纠纷解决的这个认识只能产生一种带有蒙蔽性的精神麻醉的作用。

或者你可以做这样一个假设:纠纷是妨碍社会进步的现象,所以纠纷必须被解决。但是,从历史的观点来看,如果没有纠纷也就不会产生法律制度,而法律制度的产生却是代表着人类社会的进步,如此看来,纠纷不仅没有成为社会发展的障碍,反而对人类社会的发展还是一种"动力"。又或者你可以说纠纷是因为一方当事人的合法权益受到损害而引起的,所以纠纷必须被解决,以保护当事人的合法权益。但是,纠纷是相对主体之间所发生的一种冲突,而这种冲突的双方有可能各执一词,即所谓"公说公有理,婆说婆有理",究竟谁的权益是"合法权益"常常处于真假难辨的状态;有的纠纷在第三方看来是被解决了,但是,新的矛盾又产生了,败

---

① 《列宁选集》第1卷,人民出版社1995年版,第311页。
② 《论语·颜渊》。

诉的一方认为自己的权益才是合法权益,于是锲而不舍地长期抗争,那么,这种结果究竟是解决了纠纷还是在制造纠纷呢?类似的假设还可以有许多,而类似的反驳却也毫不示弱。这种情形说明,对于纠纷为什么必须解决这样的问题,绝不是可以轻易作出回答的。或许是由于这个原因,长期以来,尽管人们对纠纷现象的探讨和研究从未止息,但是,直到今天,关于纠纷现象的系统而有力的论证还是屈指可数。

面对任何一个理论课题,都需要两种基本的思想前提,一个是关于这个课题的意义,另一个是关于这个课题的方法。意义决定了理论证明的价值,一个意义不够明确的理论课题是不会产生有价值的结果的;而方法的正确与否与研究结果的正确与否则密切相关。那么,纠纷解决的意义究竟何在?在纠纷解决这一课题上,这是一个必须面对的问题。但是,大多数的研究者对此似乎都采取了一种不予深究的态度,确切地说,就是对这一问题没有认真地对待。实际上,研究纠纷解决这一问题,对于纠纷解决的意义是不可能回避的,只不过,多数研究者是从不同的角度去看待这个问题。例如,纠纷解决的目的性问题。从词义上说,"意义"和"目的"属于近义词,只不过"目的"更为具体和明确,而"意义"则相对广泛和抽象。所以,一般来说,某个事物的间接的目的也可以说就是这个事物的意义。如前所述,纠纷解决的目的就在于化解矛盾、消除纷争,维护正常的社会秩序。在这里,"维护正常的社会秩序"可以说就是纠纷解决的意义。那么,什么是正常的社会秩序呢?社会秩序是否正常在不同的时代有不同的衡量标准,在封建专制主义社会,封建的"纲常伦理"就是正常的社会秩序;而在民主法治的社会,正常的社会秩序必然是法律统辖之下的社会秩序,也可称之为法律秩序。所以,纠纷解决的意义,简言之就在于法律秩序的构建和维护。

法律秩序的构建和维护是一个含义广泛的命题,在这个命题之下,除了纠纷的解决之外,还有法律信仰的培养、法律体系的完善、司法制度的健全等外围概念,这几个外围概念相互联系,共同作用,从而才能形成法律秩序。如果将法律秩序看作一个矩形,那么,法律信仰培养、法律体系构建、司法制度建设和纠纷解决就是这个矩形的四个边。(如图)

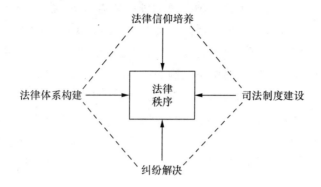

近年来,法律信仰一直是理论界极感兴趣的话题,很多学者都把当代中国的法治困境归因于法律信仰的缺失。的确,法律如果不被信仰,则它的价值就难以充分体现出来,可以说,法律本身需要被信仰,而作为一种统一的社会规范,社会成员也应当信仰法律。正如伯尔曼所言:"法律必须被信仰,否则它将形同虚设。"①但是,一种被信仰的对象应当是自身具有可供信仰的资格的存在,否则,人们就不会去信仰它。因此,一个严密周全的和科学理性的"良法"体系的构建就成为必要。同时还必须认识到"徒法不足以自行",仅仅有对法律的信仰还是不够的,信仰只是一种内在的心理信念,他所依赖的是人的自觉意识,而人的自觉性是有限度的,所以,法律的全面实施需要外力的作用,这就要求我们在司法制度建设方面作出必要的努力,以司法的力量保证法律的实施。最后,法律秩序的形成还有赖于纠纷的解决,因为,纠纷的解决意味着法律的实际作用的发挥,同时,它对于培养人们的法律意识,保持良好、有序、安定、和谐的社会秩序都具有十分重要的作用。只有从这个层面去认识纠纷解决的意义才能够在纠纷解决的实践中把握正确的方向,充分体现出纠纷解决的实际价值。

二、纠纷解决机制

纠纷需要解决,但纠纷只有通过一定的方法并借助于一定的工具才能得到解决,而所有这些方法和工具综合到一起就构成了纠纷解决的机

---

① 〔美〕伯尔曼:《法律与宗教》,梁治平译,三联书店1991年版,第28页。

制;但是,这种综合却不是一种简单的堆砌或者排列,而是一种具有一定规律性和有机联系的逻辑体系。广义上的纠纷解决机制应当包括纠纷解决的理念、制度安排和具体的方法,狭义上的纠纷解决机制则主要是指有关的制度性安排。在纠纷解决机制的研究中,不仅要认识它的内部构造,而且还要关注它的外部关系;不仅要有总体性的把握,而且还要有局部性的分析;不仅要追求理论上的系统性,而且还要顾及实践中的效用性。但是,在所有这些方法中,都离不开两个基本的立足点,即制度的合理性和目标的明确性,制度的合理性决定着纠纷解决机制的功能效果,目标的明确性则关系到纠纷解决机制的价值判断。

(一)关于纠纷解决机制的一般界说

"机制"这个词在社会生活中有着广泛的用途。根据《中华大辞典》的解释,机制的原本含义是指机器的构造和工作原理,例如,发动机的机制、透视仪的机制、计算机的机制,等等。由于机制这个词包含了事物的结构和功能,而且要求具有一定的系统性和科学性,所以被社会科学领域广泛使用,用来泛指某种事物的系统性结构以及各组成部分之间的相互关系和运行规律,如市场机制、金融机制、管理机制、奖惩机制,等等。纠纷的解决是一种需要各种社会组织和机构整体运作的综合工程,这种运作的过程需要科学、系统的资源配置和相互协作,因此,纠纷解决的总体性制度构造以及各组成部分之间的相互关系和运行原理被称为纠纷解决机制。

在纠纷解决的相关研究中,纠纷解决机制这一词组被广泛使用,但是,其指向却有所不同,研究者大多是从"意会"的角度来使用,并没有一个统一的严格的定义。例如,有学者将纠纷解决机制表述为:"社会各种纠纷解决方式、制度的总合或体系"[①],而另有学者则认为:"纠纷解决机制,是指争议当事人用以化解和处理纠纷的手段和方法。"[②]显然,前者比较强调纠纷解决机制的总体性特征,而后者比较偏重纠纷解决机制组成部分的个别性功能。而在具体的使用过程中,纠纷解决机制也常常被称为纠纷解决方式。"传统的纠纷解决方式又可以划分为自力救济、社会救

---

① 范愉主编:《ADR 原理与实务》,厦门大学出版社 2002 年版,第 47 页。
② 徐昕主编:《纠纷解决与社会和谐》,法律出版社 2006 年版,第 68 页。

济和公力救济。……历史发展到今天,这三类解决纠纷的机制已经发展得比较成熟,而且是并存着的,这些解决纠纷的机制共同组成了一个多元化的纠纷解决体系。"①由此可见,"机制"和"方式"这两个词在表达纠纷解决的制度构造或者运行原理时经常是混用的;不仅如此,个别的纠纷解决方式有时又被称为纠纷解决机制。如诉讼的方式有时被称为诉讼机制,调解、仲裁也有相同的情形。甚至"机制"、"方式"、"方法"、"手段"、"途径"这几个词经常被随意代换。

  笔者以为,科学研究的一个重要前提就是概念的明确性和确定性,如果概念不明确或者不确定,就难免引起语意上的混乱,从而影响科学研究的有序进行和深入发展。上述用词不确定的主要原因就是纠纷解决机制这个概念没有一个统一的界定。虽然上述的几个词意思相近,但在不同的场合其所强调的含义还是有所不同的。一般意义上,"机制"所强调的是总体性的制度构造以及各组成部分之间的相互关系和运行原理,所以,如果是指事物本身的总体性构造则可以用机制来进行概括;"方式"、"方法"侧重于事物的外部特征,如诉讼的方式和仲裁的方式从外观上比较就有较大的区别。另外,"方式"还比较强调事物运作的过程和操作上的技术性因素;"手段"和"途径"具有主体的选择性意味,而不大强调事物的本身特征或者内在规律。从以上的分析看,如果是对纠纷解决进行"本体性"研究,即纠纷解决的内在制度结构和原理,那么,使用"机制"一词比较恰当;如果是从纠纷解决的外部表现特征上进行比较,则使用"方式"一词比较合适。因此,纠纷解决机制这个概念应该被定义为:纠纷解决的总体性制度构造以及各组成部分之间的相互关系和运行原理。

  应当说明,以上的界定只是相对而言,在特定的情况下,只要语境是明确的,"机制"和"方式"并不是绝对不可以互相代换。例如,如果是特指某种制度的内部构造及其运行原理的,可以使用"诉讼机制"、"仲裁机制"、"调解机制"来表达;将这几种机制进行外部比较时,可以使用"诉讼方式"、"仲裁方式"、"调解方式"来替换。此外,在不违反位阶关系的前提下,也可以使用相同含义的概念,例如,诉讼机制作为上位概念,其处于下位的概念还有管辖机制、立案机制、审理机制、裁判机制、强制执行机制,等等。

---

① 李刚主编:《人民调解概论》,中国检察出版社 2004 年版,第 23 页。

(二)纠纷解决机制的基本架构

鉴于纠纷解决机制是就纠纷解决制度的总体性结构而言,其中包括了这一制度构造的各组成部分之间的相互关系和运行原理,因此,仅从这一概念的表达还不足以对纠纷解决机制形成确切的认识,进一步研究纠纷解决机制的基本架构是很有必要的。

纠纷解决机制的基本架构是指纠纷解决机制的各个组成部分的表现形态以及这些组成部分之间的相互关系和运行原理的具体内容。从逻辑思维的规律来说,只有对思维对象的内部构造及其运动规律进行深入的剖析,才能把握对象的根本特征和精神实质。纠纷解决机制的总体框架是由各个具体的"单位"组成的,如果把纠纷解决机制看作一个上位概念,那么,这些个别的单位则可以被称为下位的具体机制。因此,在纠纷解决机制这个总体概念下面,有诉讼机制、仲裁机制、调解机制与和解机制,而在这些个别的机制下面还有相应的下下位机制(如图)。

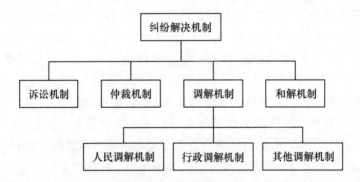

由上图可见,纠纷解决机制包括诉讼机制、仲裁机制、调解机制与和解机制。其中,调解机制属于特别活跃的机制,有人民调解机制、行政调解机制和其他调解机制。其他调解机制可以理解为除了人民调解委员会和行政性调解机构这些专业性调解机制之外的调解机制,如公民个人的调解、律师机构的调解、社会团体的调解,等等。鉴于诉讼上调解和仲裁中调解应当属于诉讼机制和仲裁机制的组成部分,故此这两种调解不作为调解机制的下位概念。

纠纷解决机制的这一分布只是反映了纠纷解决机制有哪些基本的组成部分,这些组成部分之间的相互关系及其运作方式还需作出进一步说明。

(1) 诉讼机制。诉讼是最为正式和最权威的纠纷解决方式,在整个纠纷解决机制中,诉讼机制处于龙头地位,它对于仲裁、调解以及和解均具有引导性和示范性意义。诉讼是由国家审判机关依据国家有关法律规定所进行的解决纠纷的活动,所以,诉讼具有严格的适法性和规范性。同时,诉讼是解决纠纷的终极手段,不存在可以否决诉讼最终决定的其他机制。(再审程序属于诉讼机制的内部制度,虽然再审的启动可以因检察院的抗诉而发生,但还是以法院的再审判决作为最终决定。)因此,诉讼机制是所有纠纷解决机制当中最能体现法律规范性,同时也是完全自足的一种机制。

(2) 仲裁机制。仲裁机制是纠纷解决机制当中较为特殊的一种机制,它既有独立性的一面,又有制约性的一面,它的本质属性是民间性的,但是,又有司法性的特征。所以,仲裁被称为"准司法性"的民间纠纷解决机制。仲裁程序的提起依据是当事人之间的仲裁协议,而且仲裁员的确定和仲裁程序的选择都充分体现了当事人的意愿。但是,仲裁裁决由仲裁员独立作出,并且是"一裁终局";负有义务的一方如果不履行仲裁裁决,权利人可以申请法院强制执行;如果当事人认为仲裁程序违反了事先约定的仲裁规则或者法律的强制性规定,还有权向法院申请撤销仲裁裁决或者不予执行。这些机制充分说明了法律对仲裁的干预性。因此,仲裁机制并非完全自足的纠纷解决机制,它不得不在民间性和司法性之间寻求自身的机制平衡。然而,也正是由于仲裁所具有的这种特性,才使它拥有了灵活性的特质。

(3) 调解机制。调解机制、仲裁机制和诉讼机制均是由第三者主持的纠纷解决机制。只不过调解和仲裁属于社会性纠纷解决机制,而诉讼则是公权性纠纷解决机制。在调解机制中,当事人拥有更大的自主权,从调解方式的选择到调解协议的达成,均须顾及当事人的意愿。在这一过程中,甚至没有固定的程式,显得更为灵活,更讲求实际的效用。通过调解解决纠纷,往往可以显示出惊人的实效性:时间和财力被大大节约,而纠纷解决的彻底性却无可比拟。但是,鉴于调解仍然是由第三者主持的,第三者的说服、劝导和调解技术的发挥往往起着关键的作用,所以,对调解中的第三者即调解人的地位绝不可忽视;另外,虽然当事人在调解机制中拥有更大的自主权,包括程序自主权和实体自主权,但是,这种自主权仍然不可超越法律的底线,从某种意义上说,正是由于法律的制约才使得调解具备了更有利于纠纷解决的特性。

(4)和解机制。从理论上说,和解机制是一种纯粹由当事人驾驭的纠纷解决机制,它应该没有第三者的参与,完全是当事人之间的自行交涉。但是,严格说来,和解机制的这种特性其实是过于理想化了。在和解机制中,虽然纠纷的解决主要是当事人自行交涉的结果,但是,外界的影响往往发挥着重要作用。如果说当事人之间的矛盾并没有表面化,即没有形成典型意义上的纠纷,那么,和解机制所针对的对象就不存在了。因此,在纠纷确已形成的前提下,和解实际上是在"第三种力量"的作用下所产生的结果。所谓"第三种力量"可以理解成第三者的适当参与,如上述其他三种纠纷解决机制中的和解,以及隐蔽的第三者的影响。当然,也存在完全没有第三者参与的和解,但是,这种和解仍然离不开一般社会准则如道德规范和法律规范的参照和影响。因此,对于和解应当严格区别其机制性特征和方式性特征:从机制性特征来说,它是当事人意志和社会外界影响或者作用的结果,从方式性特征来看,可以说它是当事人之间的直接交涉。

(三)关于纠纷解决机制的多元化

纠纷解决机制是单一的还是多元的,对这一问题的理论认识远没有实践中的情形那么清晰。虽然"人类历史上的纠纷解决机制历来都是多元化的"[①],但是,从理论上承认这种多元化却并非易事,因为,多元化这一概念不仅仅是一个量化的概念,而且关系到法律的表现形态以及法治理念的根本问题。

多元化这一概念被引入法学领域肇始于20世纪70年代多元论法学的创立,而多元论法学则发端于第二次世界大战以后在西方兴起的多元民主主义理论。"多元主义"这一概念的创始人是美国实用主义者威廉·詹姆斯(1842—1910年)。第二次世界大战后,"多元主义"一般被用来称谓"福利国家论"的主要政治内容——多元民主主义。受多元民主主义理论的影响,社会学法学阵营的一个分支——斯堪的那维亚现实

---

① 范愉:《多元化纠纷解决机制原理与实务》,载沈恒斌主编:《多元化纠纷解决机制原理与实务》,厦门大学出版社2005年版,第428页。

主义法学派孕育了多元论法学这一概念。这一概念最初出现在丹麦法学家斯蒂格·乔根森(Stig Jogenson)的著作《法和社会》(1971年)中,1982年,乔根森写就了《多元论法学》,集中论述了多元论法学的思想。①乔根森的著作《多元论法学》的问世,引起了法学家们的广泛注意,特别是在日本法学界产生了不小的影响。日本学者千叶正士在其《法律多元——从日本法律文化迈向一般理论》一书中将"法律的三层结构"从自然法、制定法和习惯法转换为"官方法"、"非官方法"和"法律原理"。他认为:"前面的术语在语词和所指对象两方面都以一种特殊的方式体现了西方文化的特征,后面的术语才有资格概括现行法律的基本结构,因为它们在实践运作中调整着包括西方和非西方在内的整个人类社会中的各个民族的全部法律生活。"②可见,法律多元这个概念可以说是关于法律表现形式的一种理论概括;它的意义在于打破了西方传统的法律一元论的观点,为不同社会、不同文化背景下的法律体系提供了合理的存在依据;同时,它也为法律的存在形式和实际的运行状态作出了一种合乎逻辑的解释。这种对法律表现形态的基本观念的颠覆对于纠纷解决所带来的影响是显而易见的:由于法律的多元性,纠纷解决的规范性依据当然也就不限于"官方法"了,这似乎是一种顺理成章的结论。由此可见,多元化纠纷解决机制这一概念与法律多元理论具有思想上的渊源关系。诚如范愉教授指出的:"他(斯蒂格·乔根森)注意到,在法的解决冲突和防止冲突功能,也称计划功能(function of planning)之间存在着一种紧密的功能关系。管理功能(即防止冲突的功能)必须与解决冲突的命令和法律技巧紧密地联系起来"③,"多元化纠纷解决机制是多元论的一种表现形式或具体化,其合理性和正当性源于社会需求和价值、文化的多样性,在现代语境下,这一理念能够支持法制社会的基本理念和实践,同时为法治的发展和社会的改善提供了更具说服力和可操作的观念支持。"④

在我国,近年来,有不少学者提出了建立多元化纠纷解决机制的观

---

① 参见吕世伦主编:《现代西方法学流派》,中国大百科全书出版社2000年版,第611—616页。
② 〔日〕千叶正士:《法律多元:从日本法律文化迈向一般理论》,强世功等译,中国政法大学出版社1997年版,第149页。
③ 范愉:《纠纷解决的理论与实践》,清华大学出版社2007年版,第45页。
④ 同上注书,第46页。

点,鼓吹多元化纠纷解决机制的合理性,同时对传统的纠纷解决机制提出了怀疑。范愉教授为多元化纠纷解决机制作出了一个明确的定义:"多元化纠纷解决机制是指在一个社会中,多种多样的纠纷解决方式以其特定的功能和特点,相互协调地共同存在,所结成的一种互补的、满足社会主体的多样需求的程序体系和动态的运作调整系统。"[1]这个多元化的运作系统包括诸如道德、乡规民约、自制规范、宗教、地方习惯等社会规范及调整机制,它们对于纠纷的解决发挥着实际的规制性作用,有时甚至能够显示出比"官方法"更为优越的功能。与此同时,主张建立多元化纠纷解决机制的学者还对"与多元化观念相悖的法治一元论观点"进行了批判[2],甚至认为法制一元论"这种倾向一方面来源于对国家权力的高度迷信,认为只有国家权力机关,特别是立法机关制定的法律规则才是至高无上的。另一方面则是出于对法律机制的迷信,认为社会治理中有国家法律就足够了。而诸如道德、乡规民约、自制规范、宗教、地方习惯等社会规范及调整机制都无关紧要。这种理想也是出于对司法机关的权威和能力的过高预期"[3]。

客观地说,法律多元这种理论的提出并非仅仅是迎合了自第二次世界大战以来所流行的多元主义理念,也不仅仅是对现存法律现象的一种简单描述,它对于我们的整个法律思维都产生了一定的影响,促使我们从不同角度去思考法律的本质和功能。具体到纠纷解决领域,用法律多元的思维去解释纠纷解决机制,对于开阔理论视野,深入研究纠纷解决机制的制度性构造和运行原理具有重要的积极意义。但是,问题在于,法律的多元性是否意味着纠纷解决机制一定是多元性的?这两种多元性是否具有概念上的同质关系?假如这两种多元性不存在同质性,即法律的多元不等于纠纷解决机制的多元,又怎么看待纠纷解决机制中的不同机制同时并存的状况?它们之间究竟是一种什么样的关系?

笔者以为,法律多元理论所指称的法律的多元现象究竟是一个法律系统中的应然现象还是实然现象还是值得认真推敲的。实际的情形是,

---

[1] 范愉:《多元化纠纷解决机制原理与实务》,载沈恒斌主编:《多元化纠纷解决机制原理与实务》,厦门大学出版社 2005 年版,第 428 页。

[2] 参见李刚主编:《人民调解概论》,中国检察出版社 2004 年版,第 39 页。

[3] 范愉:《多元化纠纷解决机制原理与实务》,载沈恒斌主编:《多元化纠纷解决机制原理与实务》,厦门大学出版社 2005 年版,第 430 页。

无论是历史上的法律还是现代的法律,也无论是西方国家的法律还是东方国家的法律,在法律的统一适用和普遍效力方面都是没有例外的,很难想象在一个国家可以有两个或者两个以上的法律系统同时存在,并行不悖地发挥着各自的效力和权威。日本学者千叶正士在研究"官方法"和"非官方法"时指出:"官方法是指一个国家的合法权威所认可的法律体系。"[1]根据千叶教授的解释,国家法是官方法中的一种,除了国家法之外,还有其他一些官方法,最常见的例子是宗教性法以及它们各自的次级法律体系。被国家法公开认可的家族法、本地法、职业行会法、种姓等级法和少数民族法等也属于官方法。"这些官方法在实际运作中一般与国家法是一致的,或者说他们至少对国家法没有严重的影响。"而"非国家法"则是指非由官方权威正式认可、而是由某个圈子的人们在实践中用过普遍的一致同意所认可的法律体系。"但是由普遍同意所支持的这些非官方的惯行并不必然也包括在非官方法之中。在此非官方法局限于这样一些惯行,它们对官方法的有效性有某种明显的影响,换句话说,它们具有这样一些功能:明显地补充、反对、修正甚至破坏官方法,尤其是国家法。"[2]在这里,十分明显的是,千叶教授所论证的主要是实然情况下的法律体系的形成机制,除了国家法之外,经过国家的合法权威所认可的那些宗教法、习惯法等都属于官方法。而非官方法和官方法的关系并不一致,它可以是对官方法的补充,也可以成为官方法的反对者甚至破坏者。因此,法律多元实际上是在法律体系形成过程中需要考虑的一种客观状况,从法律的外观表现形态上看,它仍然是具有统一性和普适性特征的;特别是在法律施行的环节,绝不能因为法律多元的缘故而采取多元的标准。纠纷解决机制固然有各种不同的个别机制,但是这些个别的机制只是结构上的个性化和运作方式上的不同,它并不能改变法律和法制的统一性,如果用法律多元的概念去证明纠纷解决机制的多元性则明显地存在着前提性错误。

主张建立多元化纠纷解决机制的学者在批评与多元化相对应的一元化机制时,多以"单纯的诉讼机制"作为批评的对象,认为纠纷的解决不

---

[1] 〔日〕千叶正士:《法律多元:从日本法律文化迈向一般理论》,强世功等译,中国政法大学出版社1997年版,第149页。

[2] 同上。

应以诉讼机制作为唯一的途径,而应当在诉讼机制以外合理构建其他的纠纷解决机制。应当说,这种见解是完全符合纠纷解决的客观规律的,诉讼机制决不是解决纠纷的唯一机制。但是,在确立这样一种观念的同时,如果以国家法律的统一性和权威性作为对立的参照物,则难免存在着出发点与选择路径发生背离的逻辑错误。固然,目前在我国确实存在着法律尚不够完善,司法能力还不尽如人意的情况,但是如果因此就否认法律的统一性和权威性,否认司法机关在维护国家法律秩序中的特殊功能和地位,而转向一种非法律甚或非法治的道路寻求纠纷解决,那么,是否存在着一种理论导向的选择问题呢?

依笔者之见,多元化纠纷解决机制这种表述方式以及与这种表述方式相应的理论进路并不能客观反映纠纷解决机制所固有的特征和功能,并且,极易引起人们对现代法治理念的怀疑。更为严重的是,它可能还存在着使我们为之作出不懈努力的法制建设和法治理想发生动摇甚至倒退的危险。无论纠纷解决机制呈现出多么不同的外观样式和运作方式,它们在遵奉法律这一点上应当说只能是"一元化"的,而不能设立多重标准。(这里的"法律"并非单指"国家法",还包括被国家权威机关认可的那些社会的或者民间的规范。)只有大力树立法律的权威,才有可能最终达至法治的局面,这应当成为我们持之以恒的坚定信念。如果说因为纠纷解决的个别机制毕竟存在各自的不同特点,必须给它们冠以一个泛指的词语,那么用人们熟悉的"多样性"这个词语也就足够了,完整的表述是:以法制为前提的多样性纠纷解决机制。①在这样一个表述中,首先强调的是法制,即法律制度或者法律秩序;"多样性"是一个中性词语,它既能够表达出纠纷解决机制并不局限于诉讼这一种机制,而是由多种个别机制组合起来的一个系统,而且不至于因为对"多元性"的终极依据的追问而引起种种不必要的误解。②

(四)关于替代性纠纷解决机制

替代性纠纷解决机制是从英文"Alternative Dispute Resolution"翻译

---

① 1976年,美国弗兰克·桑德教授出版了《争议解决多样化》一书,对这一问题有充分论述。参见李纲主编:《人民调解概论》,中国检察出版社2004年版,第75页。另外,本书所主张的纠纷解决机制是"司法中心结构下的纠纷解决机制",请参阅本书第五章。

② 参见范愉:《纠纷解决的理论与实践》,清华大学出版社2007年版,第305、377页。

而来,简称"ADR"。一般认为,"替代"是相对于"诉讼"而言,泛指诉讼机制以外的纠纷解决方式。如美国第九上诉法院法官弗来彻(Betty Fletcher)认为,ADR 统称为不经过正式的审判程序而解决纠纷的办法,如谈判、调解、仲裁等。①在我国,范愉教授对 ADR 有着深入研究,她认为 ADR 的"替代性"还不仅限于民事诉讼,"这里使用的诉讼概念是一般性的,在多数情况下是指民事诉讼,但是,现代 ADR 已经不限于解决民事纠纷。"②但是,对于 ADR 的替代范围,也有不同的观点,如英国学者亨利·J.布朗(Henry J. Brown)认为,ADR 通常涉及一个中立的第三者的介入和帮助,如仲裁、调解;而谈判是由当事人双方直接交涉,没有第三者介入,所以不是 ADR。显然,布朗把是否有第三人介入作为识别 ADR 的重要标准。③另外,还有人对 ADR 做出更为狭义的理解,认为 ADR 是指诉讼和仲裁以外的纠纷解决方式的总称,有时它和"调解"一词通用。④

根据范愉教授的研究,ADR 制度起源于美国 20 世纪 30 年代劳动争议的解决,其发展到今天,已经成为主要包括谈判、调解、仲裁及其派生形式在内的纠纷解决方法体系,而且,其影响所及,使许多西方国家纷纷效仿,并使其成为司法改革的重要内容。⑤如英国在 20 世纪后期进行的民事司法改革就包含着实践 ADR 方式的内容。2001 年 3 月英国司法大臣办公厅发布了《英国民事司法改革后续评估报告》,其中有关 ADR 的调查结果指出:"通过 ADR 方式解决的案件数量增加了,这表明自从民事诉讼规则生效之后,当事人已经越来越乐意尝试用 ADR 解决纠纷。一旦发生纠纷,可以随时使用 ADR。在诉前议定书制度下,在起诉之前鼓励使用 ADR,即使已经起诉,在案件分配时,管理会议和审前复核(pre-trial reviews)阶段,法院也会鼓励使用 ADR,甚至会依职权主动中止诉讼,允许当事人采取 ADR 或其他方式解决纠纷。"⑥

作为大陆法系国家,德国的情况却有所不同。在 20 世纪 80 年代之前,为适应实践的发展和社会需求,德国人总是及时通过修改法律、特别

---

① 〔美〕弗来彻:《公平与效率》,载宋冰编:《程序、正义与现代化——外国法学家在华演讲录》,中国政法大学出版社 1998 年版,第 420 页。
② 范愉:《非诉讼程序(ADR)教程》,中国人民大学出版社 2002 年版,第 17 页注 1。
③ 参见范愉主编:《ADR 原理与实务》,厦门大学出版社 2002 年版,第 93 页。
④ 同上注书,第 97 页。
⑤ 同上注书,第 92 页。
⑥ 转引自齐树洁主编:《英国民事司法改革》,北京大学出版社 2004 年版,第 523 页。

是民事程序法来对其制度体系进行调整和积极应对。因此,在德国既没有出现明显的诉讼激增和司法危机,也没有形成发展 ADR 的热潮。但是,20 世纪末,德国同样受到"接近正义"思潮的影响,并开始了新一轮民事司法改革。在这一进程中,德国除了继续实施简化诉讼程序,便利诉讼,加强法院促进和解的功能和审判能力与效率,促进司法的社会化等措施外,对 ADR 愈加重视,并开始进入实质性的制度建构。①

近邻日本的非诉讼纠纷解决机制主要由调停制度、仲裁以及各种专门性行政或准行政性 ADR 以及民间性(包括行业性、自律性、营利性等)机制构成。②但是,日本的调停制度历史悠久,可以追溯到德川幕府时期,与调停制度直接相关的主要是江户时期的《相对济令》、内济制度和明治时期的劝解制度,之后又制定了一系列的调停法,建立了民事调停制度。第二次世界大战后,日本于 1951 年颁布了《民事调停法》,将除家庭争议和劳动争议外的各种调停制度加以统一,形成了现在的民事和家事两大调停制度。20 世纪 70 年代后,面对不断出现的新型纠纷,增设了各种专门性、行政性和民间性 ADR,使 ADR 的发展和司法资源的利用成为互相促进的协调机制。另外,日本还注意发挥法官在诉讼中促成和解的作用,在实践中形成了"和解兼辩论"程序,通过在 1998 年实施的新《民事诉讼法》中规定法官的试行和解义务和辩论准备程序,将该程序制度化。

而在我国,作为 ADR 的主要方式之一的调解方式更是古已有之,它不仅是一种民间解决纠纷的常见方式,而且诉讼制度中也确立了调解的一席之地。中华人民共和国成立以来,特别是改革开放以来,调解方式经过数度磨砺、考验和改造,已经被更多地注入了现代性因素,成为一种渐渐融入现代法制体系的一种极具潜力的纠纷解决机制。至于仲裁制度,自我国 1994 年颁布《仲裁法》以来,仲裁可以说是异军突起,并以惊人的规模和速度向前发展,在纠纷解决领域发挥了巨大的作用。至于谈判、协商这些解决纠纷的形式,随着我国民众法律意识和自主意识的逐渐加强,也已呈现出更加理性和稳健发展的趋势。

由以上分析可见,所谓替代性纠纷解决机制(ADR),与其说是西方某个国家的发明,不如说是一种建立在东西方传统纠纷解决机制基础之

---

① 参见范愉:《纠纷解决的理论与实践》,清华大学出版社 2007 年版,第 206—209 页。
② 同上注书,第 211 页。

上的现代性的非诉讼纠纷解决机制。即这种传统的纠纷解决机制并非是指东方的或者西方的独有传统,而是综合了东西方传统的产物。例如,东方国家特别是中国的调解机制,还有西方国家的仲裁机制。而且,ADR 的主要特点在于对诉讼方式的"替代",并不在于其机制内部的特殊构造。从 ADR 机制的构成因素来看,无非是与诉讼存在着某种微妙关系的调解、仲裁或者直接的谈判,其根本的宗旨在于通过"替代"诉讼的方式来解决纠纷,以期减轻法院的压力,节省司法资源,提高纠纷解决的实际效率。在这一点上,范愉教授的分析颇有见地:"ADR 运动并非是单一社会现象(例如诉讼爆炸)的结果,它反映了当代世界各国社会发展对现代法治和司法带来的冲击和挑战,同时也带来了观念革命和发展契机。当代世界各国 ADR 的发展中既呈现出一些共同规律和普遍趋势,也显示了各国基于本国的国情和体制所选择的特殊发展道路。"[①]

笔者以为,在我国目前的纠纷解决领域中,关键的问题并不在于替代司法的问题,而恰恰是如何强化司法权威,并在此前提下健全多样性的纠纷解决机制的问题。关于这个问题,在涉及替代性纠纷解决机制即 ADR 的语境下,可以从以下两个方面理解。

第一,"替代"诉讼并不等于完全排除诉讼,或者在诉讼之外另行构建一套独立运行的纠纷解决系统。替代性纠纷解决机制之所以能够产生,主要是基于以下原因:首先,国家司法的有限性与局限性。作为传统的纠纷解决机制,诉讼在现代社会面临着越来越多的挑战。从民事诉讼角度看,国家与公民在民事诉讼制度方面存在着供需矛盾,作为非营利性公共产品的民事诉讼制度的供给增幅无法跟上公民的需求增幅,从而客观上导致或加剧了诉讼的拖延和积压。[②]美国是一个崇尚法治的国家,国民有"好讼"的习惯,结果导致起诉到法院的案件数量激增,但是出于保证法院的权威和法官的素质以及节约司法资源等方面的考虑,美国的法院规模仍然基本保持不变,这就不可避免地导致起诉与审判之间的比例失调,所以说,由于司法资源的有限性和诉讼的局限性,给 ADR 的产生和发展创造了良好的契机。替代性纠纷解决机制符合法治精神,它既有扩大法律利用的意义,又有改善司法的价值。把纠纷解决的功能从法院向

[①] 范愉:《纠纷解决的理论与实践》,清华大学出版社 2007 年版,第 220 页。
[②] 参见齐树洁主编:《民事司法改革研究》,厦门大学出版社 2000 年版,第 400 页。

非诉讼的替代性纠纷解决机制转移,通过替代性纠纷解决机制强化社会纠纷解决能力,使更多的当事人能够及时、便捷、经济、平和地解决纠纷,从而扩大了法律的适用范围。在西方,替代性纠纷解决机制以法院附设ADR的发展最为成功,并被纳入到了现代民事司法体系之中,主要也是适应了法院功能转移的需要,在某种意义上是司法功能的延伸。美国学者沃波鲁格认为:"ADR方法出现并不意味着要削弱传统的法院体系。ADR这些选择方法通常用于那些诉讼不是最佳解决方案的案件,有时也可以与诉讼方式混合使用,这是因为此时双方既想探究其他替代方法,同时也想保留在任何情况下重新采用传统诉讼方式的权利。"[①]因此,ADR与诉讼之间的关系是十分紧密的,它对司法手段具有一种补充和辅助的作用,甚至是在法官的指挥下展开的,从某种意义上说它应该属于诉讼机制的组成部分。

第二,司法核心地位的确立及其功能的发挥是有效解决纠纷的必要前提,其他纠纷解决机制只有在这个前提下才能充分实现自己的价值。所谓替代性纠纷解决机制,实际上是不可能"取代"诉讼的,相对于通过诉讼的方式取得生效判决而言,处于诉讼之外的纠纷解决方式和程序都可以称为"替代性"纠纷解决方式,当某种替代性纠纷解决方式不能有效解决纠纷时,纠纷的最终解决还是要依靠诉讼机制来实现。这就说明,诉讼机制在纠纷解决机制中始终处于核心的地位。在"多元化"或者"多样性"纠纷解决机制中,既有诉讼机制,又有调解机制、仲裁机制,当事人还可以采用谈判协商的方式来解决纠纷;但替代性纠纷解决机制所强调的是诉讼以外的机制对诉讼机制的替代,因此,二者在机制构成的理念、功能和运作方式上是有所不同的。就我国的纠纷解决机制而言,实际上是不存在"替代诉讼"这种机制的,这不仅是观念上的差别,而且存在着一个合理性和现实性的价值判断问题。事实上,无论是调解机制还是仲裁机制,也无论是通过第三者解决纠纷还是由当事人通过直接的交涉解决纠纷,司法或者诉讼的机制始终是一道最后依赖的防线。一旦其他机制在纠纷解决中告败,那么,最终的救济方式就只能是诉讼。并且,在其他纠纷解决机制的运作过程中,司法的监督、整合和示范作用也是无所不在

---

① 〔美〕克丽斯蒂娜·沃波鲁格:《替代诉讼的纠纷解决方式(ADR)》,载《河北法学》1998年第1期。

的。试想,假如由于司法的机制处于疲弱状态,纠纷的解决不得不寄希望于其他纠纷解决机制,并试图以它们来取代司法,那么,我们所面临的将是一种什么样的情景?或许我们可以在人类早期的纠纷解决方式中才能找到与这种情景相类似的图式。因此,现代社会的纠纷解决,必须首先确立司法的核心地位,充分发挥司法应有的监督、整合与示范作用,唯其如此,才能保证其他纠纷解决机制的健康运作,为纠纷的解决提供一种既合乎法治原则又合乎理性要求的社会环境。

三、纠纷解决的方式

如果说纠纷解决的机制主要是就纠纷解决的制度性构造及其相关原理而言,那么纠纷解决的方式则主要是就纠纷解决的具体过程而言。如前所述,纠纷的解决属于动态性的概念,它主要是一种社会实践活动,由于这种社会实践活动必须在一定的制度规范下进行,所以,就需要研究纠纷解决的机制;但是,相比较而言,纠纷解决机制仍然是静态的概念,如果没有具体的纠纷解决实践活动,纠纷解决机制的功能仍然无法实现,所以,纠纷解决的方式就显得十分重要,它是具体落实纠纷解决的目标和实践纠纷解决机制的必要环节。

(一) 纠纷解决方式的两重含义

纠纷解决方式这个概念有两重含义,第一重含义是指纠纷解决机制的外部关系,第二重含义则是指解决纠纷的具体技术和方法。一般情况下,对纠纷解决方式的两重含义不作严格区分,人们根据语言的情景自然可以作出准确的判断。通常情况下,相对于纠纷解决机制,纠纷解决方式这种提法是较为普遍的,而且与纠纷解决实践的联系较为密切。例如,在发生纠纷以后,人们通常会考虑通过何种方式去解决纠纷,而不会考虑各种纠纷解决机制的内部构造如何。但纠纷解决机制这种提法对于认识纠纷解决的制度性构造及其运行规律具有重要意义,因此,这种提法在纠纷解决的制度性建设和理论研究的范畴中运用较为广泛。毫无疑问,制度建设和理论研究是十分重要的,但是,纠纷的解决过程是一个充满着各种变数的过程,指望通过完善的制度设计和严密的理论证明建立起一套所向披靡的解决纠纷的体系,那只能是一种理想主义的一厢情愿。制度是一个相对稳定的规范性系统,如果没有制度,人类社会就无法正常运行。制度的价值就在于具有普适性的行为规范的确立,在这些被称为制度的规范面前,人类的行为获得了衡量是非善恶的标尺,所以古人说:"无规矩不成方圆"。但是制度的优点同时也是它的缺点:机械主义的制度观念可能会遏制人的创造性思维,特别是对于那些需要发挥人的灵活性和能动性的事物而言,过于拘泥的制度性安排不仅不能促进事物的发展,反而还可能成为阻碍事物发展的障碍。

在某些场合,纠纷解决方式与纠纷解决机制是可以互相代换的,但是,严格说来,纠纷解决方式所着重强调的是不同的纠纷解决机制之间的外部关系,因此,这种意义上的纠纷解决方式是就各种纠纷解决机制的外部表现所作出的主观性判断。例如,当我们作出"诉讼方式"、"调解方式"、"仲裁方式"这样的判断时,主要是根据它们的外部表现特征的对比的结果所作出的判断,至于它们各自的内部运行机制如何并不属于主要的考虑因素。这种关于纠纷解决方式的含义就是它的第一重含义。具体而言,纠纷解决方式的第一重含义是指与纠纷解决的个别机制相对应的具体的解决纠纷的制度性安排,如诉讼方式、调解方式、仲裁方式等,在这种情形下,纠纷解决机制和纠纷解决方式是对同一事物的两种不同的表达方式;而纠纷解决方式的第二重含义则是指解决纠纷的具体技术和方法。

对于纠纷的解决而言,建立各种必要的制度无疑是十分重要的,包括法律的完善和各种纠纷解决机制的运作程序的设计。但是,同时必须看到,纠纷的解决不是一般的社会运作过程,它不仅需要制度,更需要运行这些制度的技术。其原因在于,其一,制度是静态的,而纠纷解决的实践是动态的,相对于制度而言,纠纷解决的实践过程甚至更为重要;其二,纠纷的解决是矛盾外化使之归于均衡的过程,并不是一个简单的是非判定和利益分配问题,而制度本身只是设定了一个尺度,并不具有恢复矛盾均衡状态的功能。而要弥补制度的这种不足,人的主观作用就显得十分重要。日本学者棚濑孝雄在这个问题上有过具体的表述,他指出:"'制度'这一概念,通常被用来表示种种内在联系着的社会规则给人们的相互作用以一定的方向性并使之定型化。所以,纠纷解决的制度就是关于什么样的纠纷应该如何被解决的实体和程序上的规范体系。……但是这里也有一个重要的不足,即由于这种研究角度把注意力集中在给社会相互作用过程以方向性并将其定型化的种种规范、制度及其抽象化上,结果往往容易忽略现实中使这些规范、制度运作的个人。"① 而且,关于纠纷解决的制度与过程的关系,棚濑孝雄"从制度分析到过程分析"的方法可以作为很好的借鉴。所以,纠纷的解决除了存在各种不同的制度(机制)之外,还存在着这些制度在解决纠纷的过程中如何运行的问题,也就是纠纷解决的具体过程如何进行的问题。从这个意义上说,纠纷解决的方式除了上述第一重含义之外还有另一重含义,即解决纠纷的具体技术和方法。

技术和方法从理论上说可以形成一定的规范性操作规程,如经过细致论证的技术规范和操作流程,但是,从本质上说,技术和方法应当属于经验层面的问题,即使是规范性的操作规程也是经验性的总结,正因为如此,属于操作规程或者流程范畴的设计或者安排一般都会表现出特别细致甚至繁琐的特点,比如一个具体的肢体动作或者细化到分秒的时间安排。但是,对于纠纷解决这种复杂的社会实践而言,奢望对其具体的运作过程制定出某种技术规范或操作流程显然是不现实的,因为,纠纷的复杂性和多样性决定了纠纷的解决不可能像生产工业产品那样设计出一条标准化的生产线,它更多地表现为社会生活经验的不断积累和总结。例如,调解这种纠纷的解决方式其实就是一种经验的运用,其中有些经验甚至属于生活常识的范畴。与调解的方式相比较,诉讼的方式属于比较规范的纠纷解决方式,它有着系统而具体的运作程序,"技术规范"是比较完备的。但是,即便是诉讼,在解决纠纷的过程中也并不是单纯的机械式运作。一个好的法官,绝不会机械地运用法律去解决纠纷,因为他知道,法律并不能提供所有解决纠纷的手段,他必须在充分理解法律的基础上,将自己变成法律的化身,从而能动地运用法律去解决纠纷,正是在这个意义上,美国大法官霍姆斯才提出了"法律的精髓在于经验而不在于逻辑"的著名论断。美国著名法社会学家唐·布莱克从社会学角度详细说明了这个问题,他强调指出:"无论是谁,要想涉足法律领域而又不了解如何从社会学角度评估案件的强项和弱项,都是不可取的。如果法学院不开设这门课程,将会使学生对在实际中如何去运用法律这样的宝贵知识一无所

---

① 〔日〕棚濑孝雄:《纠纷的解决与审判制度》,王亚新译,中国政法大学出版社2004年版,第4—5页。

知。"①唐·布莱克所强调的"运用法律",实际上就是指法律运行中的社会性因素,他称之为"案件的社会结构因素",包括当事人的社会地位、法官的个性和倾向以及第三方的影响,等等。他十分具体地表述了这样一种现象:"美国律师通常将案件安排给有利己方的法官或法庭,这一做法被称为'选购法官'或'选购法庭'。"他认为:"从社会学角度来说,应该尽可能地去挑选那些在社会空间上与客户最接近、与对手差距大的法官和法庭。法官与己方律师较亲近,而与对方律师较陌生也是可行的。比外,最理想的法官是由案件的社会学和技术性两方面的特点所决定的。"②

解决纠纷的技术和方法可以有多种不同的诠释,但一般来说应当包括以下几个方面:

(1) 对纠纷的性质、类别及其强度的认识。只有对纠纷具备了全面、透彻的认识,才有可能看菜下饭、量体裁衣,从而有针对性地选择解决纠纷的方法。现实中的纠纷很难作出细致而全面的分类,但是,至少存在着如本书前面所阐述的如侵权型、违约型、违法型、误解型、家事型等类型的纠纷。这些不同类型的纠纷应该以不同的方式去解决,以达到纠纷解决的主、客观两方面均衡一致的目的,避免片面化和简单化的倾向。

(2) 对当事人诉求的依据和真实意图的把握。纠纷的解决从某种意义上说就是针对当事人的诉求做出支持或者是否定的过程,当事人的诉求所依据的事实是什么?他试图达到一个什么样的目的?只有对此有了充分的把握才能做到心中有数。在大多数情况下,人们容易形成"纠纷无对错"的定势思维,如俗语所谓"一个巴掌拍不响",认为纠纷的双方各有责任。其实,恶意的诉讼行为在现实中并不少见,而那种纯粹因为受到他人恶意侵害而被迫提起诉讼的情形也不是没有可能。因此,从纠纷解决的目的性以及相应技术和方法的运用上来说,对待这两种不同的情形就应当作出不同的处理。

(3) 对纠纷的产生背景包括当事人的社会处境、心理状态的了解。纠纷往往不是孤立的,了解了纠纷产生的背景,才有可能使纠纷得到真正意义上的解决。在传统的纠纷解决理论中,往往不加分别地强调纠纷当

---

① 〔美〕唐·布莱克:《社会学视野中的司法》,郭兴华等译,〔美〕麦宜生审校,法律出版社2002年版,第28页。

② 同上注书,第35页。

事人的平等性,实际上,纠纷当事人的社会地位的差异是客观存在的,而法律对于不同社会地位的当事人也存在着不可否认的"差别待遇",从社会学的角度看,承认这种差异的存在对于案件的正确处理有重要意义。正如唐·布莱克所言:"在现代社会占统治地位的法理学模式将差别待遇视为异常现象,一种应被纠正的对道德的背离行为。……没有人会抛开社会差异去观察法律体系。差别待遇是无所不在的。这是法律的自然行为的一个方面,就像鸟儿飞翔、鱼儿游泳一样自然。"[1]但是,承认差别待遇的存在并不等于认可这种差别待遇,而是为了实现真正意义上的平等和公平。

(4) 对法律规范和法律精神的充分理解。现代意义上的纠纷解决必然和法律制度关系密切,法律为我们提供了最终的参照标准和行动准则,因此,对法律的充分理解是解决纠纷的必要前提。这里包括法律的规范和法律的精神。因为,法律规范往往是通常情况的参照标准,针对一个具体的纠纷,往往难以对号入座,但是,法律的原则和精神为我们提供了广阔的空间;所以,在没有具体法律规定可以参照的情况下,依据法律原则和精神对纠纷作出判定是司法实践中常见的情形。正因为如此,赋予法官自由裁量权就成为必要。

(5) 对场所、态度和时机的把握。人是感性的动物,生活经验告诉我们,在一定情形下,"一念之差"往往可以决定事情的成败。纠纷的双方当事人往往表现得不够理性,意气用事的情况是经常存在的。因此,在纠纷解决的过程中,促使当事人恢复应有的理性是一项必需的功课。为了达到这一目的,纠纷的解决者就应当努力创造一些看起来与纠纷本身的关系不那么密切的外部条件,比如一个合适的场所,一种温和的气氛以及一个恰当的时机。在这一方面,美国的法学院开设的 ADR 课程对他们的学生进行了十分具体而周详的训练。例如,在调解实务的训练中,他们要求调解人成为一个"有技巧的倾听者",在"富于同情心的倾听"过程中,还要与当事人进行言词上的和非言辞的(如眼神、面部表情和形体姿势)交流,以营造一种互相理解和信任的气氛。这样一些"技巧"的运用可以

---

[1] 〔美〕唐·布莱克:《社会学视野中的司法》,郭兴华等译,〔美〕麦宜生审校,法律出版社 2002 年版,第 18 页。

为纠纷的解决创造十分有利的条件。①

（二）纠纷解决方式的选择

如前所述，纠纷解决的方式具有两个方面的含义，一个方面是指纠纷解决的机制，另一个方面是指解决纠纷的具体技术和方法。这两个方面综合起来无非是为了回答一个问题，即纠纷如何解决？这个问题具有思辨性和实践性的双重性质。从思辨的角度看，它需要对纠纷的解决方式具有深刻而精到的理论证明，即从理论上论证纠纷解决的具体方法的可行性与恰当性并且设法将这种理论的体系外化为各种解决纠纷的制度；从实践的角度看，它需要人类长期积累的思想智慧与各种技术或者是技巧，并且力求达到使得纠纷得到实际解决的目的。而无论从理论上看还是从实践的角度看，集中到一点还是一个纠纷解决方式的选择问题。换言之，要回答纠纷如何解决的问题，必然要涉及纠纷解决方式的选择问题，只有选择的恰当的方式，才有可能使纠纷得到彻底的解决。

（1）纠纷解决方式的可选择性。这里所论述的不是纠纷解决方式本身，而是关于纠纷解决方式可以被选择的说明。纠纷解决方式之所以可以被选择，是因为纠纷本身具有主观上的私权性和客观上的社会性的特点。从私权性的角度看，以何种方式解决纠纷，作为纠纷当事人而言具有充分的选择权。他可以选择和解或者调解，也可以选择仲裁或者诉讼。相比较而言，刑事案件的被告人却没有这种广泛意义上的选择权，尽管"辩诉交易"也体现出了某种选择性，但是，它在本质上并非程序意义上的选择权，而是一种实体意义上的交换手段。再从纠纷的解决者的角度看，他也拥有解决纠纷方式的选择权，但是这种选择权是一种有限制的选择权。这种选择权的依据同样来自于纠纷的私权性和社会性的特点。纠纷解决者一方面要受到私权利的处分权的制约，他不可以利用纠纷解决者的特殊地位去随意干涉当事人的处分权；另一方面，他还应当受到法律的约束，不仅要考虑纠纷的主观性解决，而且还要考虑到纠纷解决的社会性效果。因此，在可以通过调解方式解决纠纷的情形下，纠纷解决者应当尽可能地进行调解；在调解无望的情形下，就应当依据法律规定作出裁

---

① 参见〔美〕斯蒂芬·B.戈尔德堡等：《纠纷解决——谈判、调解、和其他机制》，蔡彦敏、曾宇、刘晶晶译，中国政法大学出版社 2004 年版，第 118 页。

决。但是,这种调解一般来说应当征得当事人的同意,如果当事人不愿意调解,则意味着当事人私权利的行使,则不应当强行调解。所以说,纠纷解决者所拥有的选择权只能是一种有限制的选择权。

(2)纠纷解决方式的优化选择。既然纠纷解决方式可以被选择,那么就意味着在选择中存在着确定最优化解决方案的问题。选择就意味着优化,为了优化的目的才会进行选择。事实上,在纠纷发生以后,当事人一般都会遇到如何才能使得纠纷得到最好的解决的问题,那种遇到纠纷就难以寻找出路或者只有单一的解决方式可供选择的情形,如果不是因为一个社会的纠纷解决机制不够健全,就是因为纠纷当事人的优化选择意识比较淡薄,其结果必然会使纠纷的解决陷入难以自拔的泥淖。而对于纠纷的解决者来说,如果优化选择意识淡薄,则极有可能造成纠纷案件长期拖延,导致案件积压及当事人的不满。那么,究竟选择什么样的方式解决纠纷才能达到最优化的效果?一般来说,有两个方面的因素是必须要考虑的,即解决纠纷的终极目的及其机会成本。这里所说的终极目的,在当事人的角度和在纠纷解决者的角度可能存在较大的差异,当事人的目的意识大多取决于其自身利益的追求,而纠纷解决者的目的意识则应当是带有全局性和客观性因素的。至于机会成本,则是指在面临多种选择时,就应当估算作出其中一种选择可能会造成的损失的大小,当然,这就需要充分估计各种可能的变数,甚至要经过详细的计算,最后才能确定一个最佳的方案。

选择是主体根据一定的前提条件或者为满足某种需要通过对待选对象进行横向比较从而确定一定方案的过程。因此,纠纷解决方式的选择机制就应当包括待选对象、选择条件和选择主体这样三个要素,其中,待选对象就是各种纠纷解决方式,选择条件是指纠纷的表现形态,选择主体则包括纠纷当事人和纠纷的解决者。

首先,从待选对象看,纠纷解决方式的选择方案是围绕着和解、调解、仲裁与诉讼经过慎重的比较和多方面因素的衡量之后加以确定的。其中,和解主要是在当事人之间通过直接的对话或谈判使纠纷得到解决;调解则是在第三者参与下,通过第三者的说服、规劝或者斡旋使纠纷得到解决;而仲裁与诉讼这两种解决方式具有第三方裁决的共性,所以我们可以在第三方裁决这个意义上将这两种纠纷解决方式看作同一类的纠纷解决方式,同时,在仲裁与诉讼方式中,还存在通过调解解决纠纷的可能性。

其次,从选择条件看,纠纷的表现形态一般有三种情形。第一种情形属于事实争议不大,且不存在实现权利的障碍的情形;第二种情形属于事实争议不大,但却存在实现权利的障碍的情形;第三种情形则属于事实争议较大的情形。在第三种情形下,是否存在实现权利的障碍已经不是矛盾的主要方面,因此,可以不考虑是否存在实现权利的障碍问题。而在纠纷的解决过程中,作为纠纷的解决者所要考虑的选择条件则主要取决于纠纷的表现形态是否与法律规范相抵触。

再次,从选择主体看,包括纠纷的当事人和纠纷的解决者两种主体。纠纷当事人对纠纷解决方式的选择一般是在纠纷发生以后,进入纠纷解决程序以前所进行的,但是,在一定的情况下,根据纠纷表现形态的变化,在纠纷解决的过程中,当事人仍然可以进行二次选择,而在纠纷解决机制的具体程序设计中,这种二次选择的做法是被允许的。而作为纠纷的解决者,尽管拥有有限制的选择权,还是可以对纠纷解决方式的选择大有作为的。一般来说,事实如果相对清楚,调解的可能性较大;事实争议较大,则调解的可能性较小。这个规律还是可以适用的。同时,纠纷解决者还需要考虑社会效果和法律秩序问题。对于事实争议不大,且与法律秩序不存在冲突的纠纷,应当尽可能地进行调解,只有在调解无效的情况下才作出裁决;对于事实争议虽然不大,但是与法律秩序存在冲突的纠纷,以及事实争议较大的纠纷,则不宜强调调解,而应当以法律的名义作出裁决。当然,在解决者进行必要的释明之后,如果当事人接受调解,也可以选择调解方式。

当事人选择纠纷解决方式的次序:

纠纷表现形态	首选方案	次选方案	保守方案
事实争议不大,且不存在实现权利的障碍	和解	调解	诉讼或仲裁
事实争议不大,但存在实现权利的障碍	诉讼或仲裁	调解	和解
事实争议较大	诉讼或仲裁	调解	和解

在上图中,对于事实争议不大,且不存在实现权利的障碍的纠纷,当事人首先应当选择和解的方式,即由当事人直接进行交涉,从而争取以最小的成本获得纠纷的迅速解决;在和解存在障碍的情况下可以选择调解;在这种情形下,诉讼或仲裁一般不宜作为首选。但是,对于事实争议不大,但却存在实现权利的障碍或者事实争议较大的纠纷,则应当首选诉讼

或者仲裁,由拥有司法权力的第三者作出裁判,才能保证纠纷的实质性解决;而调解或者和解则依次属于次选的和保守的选择方案。

纠纷解决者选择纠纷解决方式的次序:

纠纷表现形态	首选方案	次选方案
事实争议不大,且不存在抵触法律的因素	调解	裁决
事实争议不大,但存在抵触法律的因素	裁决	调解
事实争议较大	裁决	调解

上图表明,在解决纠纷的过程中,纠纷解决者所拥有的选择权只是在裁决与调解之间进行权衡。对于事实争议不大,且选择调解方式不存在抵触法律的因素的纠纷,首选方案应当是调解,或者说最好是以调解的方式解决纠纷;而在事实争议虽然不大,但选择调解方式可能存在抵触法律的因素的纠纷,或者是事实争议较大的纠纷,则不宜选择调解方式,而应当果断地作出裁决,这样才有利于纠纷的迅速解决。需要说明的是,这里的纠纷解决方式显然是在拥有裁决权的第三者主持下所适用的方式,也就是诉讼或者仲裁的方式;拥有裁决权的第三者进行裁决或者进行调解主要是从纠纷解决者角度作出的判断和选择,相比较而言,当事人的选择权是十分有限的。进一步说,如果当事人已经选择了拥有裁决权的第三者主持纠纷的解决,即诉讼或者仲裁,那么,案件的最终结果是调解还是裁决并非主要由当事人决定,而主要是由第三者决定,在这种情形下,如果纠纷解决者认为案件具有调解的可能性,那么,他所进行的调解既可以是根据当事人的请求而进行也可以是主动进行,当然,这种情形下的调解能否取得成功还有赖于当事人的态度与合作程度。

四、纠纷解决的标准

如前所述,纠纷的解决有三个层面的基本含义,即目的性、过程性和结果状态。结果状态就是纠纷解决的实际结果所呈现的一定形态,它反映了纠纷解决的程度、判断标准和实际效果。纠纷解决的目的性和过程性是不具有可评价性的,因为它们不是纠纷解决的最终结果,作为评价标准来说,只能是对结果所作出的评判。但是,作为评价标准,与纠纷解决的目标或者目的又有密切相关,甚至从一定意义上说,纠纷解决的标准与纠纷解决的目标或者目的是一致的。这是因为,标准必须建立在目标或者目的的基础之上,如果实现了预定的目标或者目的,那么,就可以说达到了某种预定的标准,否则,就可以说没有达到这个标准。但是,纠纷解决的标准与纠纷解决的目标或者目的也有一定的区别。因为,标准是一种从外部或客观的角度作出判断的依据,而目的则主要是从内部或者主观的角度所作出的判断。

从学术界对于纠纷解决的研究视角来看,大多数学者并没有建立起纠纷解决的标准这样一种概念,也就是说,不是从客观的外部标准的角度去看待纠纷的解决,而只是从目的或者目标的主观性角度去看待纠纷的解决。这种视角所带来的问题是,由于主观性所固有的概念元素上的局限性,使得很难从全局把握纠纷解决的目标,从而可能会使思维受到相应的限制,以至于看不到通过纠纷的解决所应当达到的一种更高的目标境界。并且,受这种主观性思维的影响,在纠纷解决的方式和解决纠纷所应当依据的规范方面也极易陷入实用主义。例如,有学者认为调解这种纠纷解决的方式所要达到的"基本目标","就是要通过调解的方式,达到定份止争的目的",为了实现这一目标,在以调解方式解决纠纷时需要满足一个基本要求,即解决一个纠纷或者争议的"底线"。①固然,任何一种纠纷的解决目的,首先都在于"定分止争",但是,所谓"定分止争"无非是在当事人之间寻求一个利益的平衡点,拿调解来说,这个利益的平衡点极有可能就是对纠纷的"底线"的满足。然而,以是否实现了"定分止争",或者从方法的角度来说是否实现了对纠纷"底线"的满足,似乎还不足以说明纠纷解决的全部目的,因为,这里并没有涉及通过纠纷解决所要实现的客观效果问题。

笔者以为,纠纷解决的目标的确立不仅应当考虑纠纷解决本身的主观性效果,而且应当考虑客观的社会性效果,这两个方面的效果的统一才是真正意义上的纠纷的解决。而为了说明纠纷解决的主观性效果和客观性效果以及二者的统一,就需要引入外部的判断标准,这就是纠纷解决的标准所赖以建立的基本理由。进而言之,纠纷解决的标准所要解决的问题是,纠纷在何种程度上的解决才算是真正意义上的解决。下面将从纠纷解决的主观性标准和客观性标准两个方面进行具体分析。

---

① 李刚主编:《人民调解概论》,中国检察出版社 2004 年版,第 258 页。

（一）纠纷解决的主观性标准

纠纷解决的主观性标准是指纠纷当事人和纠纷的解决者从自己的角度对纠纷的解决所持的标准。也就是说，从主体上看，纠纷解决的主观性标准涉及当事人和纠纷的解决者两个方面的主体，这两个方面的主体从各自的角度和立场出发，对纠纷的解决所持的标准是有所区别的，但是，它们都属于主观性的标准，主观性这一点属于它们的共性。

在纠纷当事人看来，纠纷的解决属于私人范畴的事情，因此，只要满足了自己的某种要求或者是期望，纠纷就算是解决了。这里包括当事人预期利益或者愿望的全部实现、部分实现，或者是全部的放弃。当然，预期利益或者愿望的全部实现是当事人意义上的纠纷解决的最佳结果，部分的实现或者是放弃一般都意味着出于无奈而作出的让步。但是，无论如何，作为纠纷当事人而言，自主地处分自己的权利，不仅是当事人自己的希望，而且是法律所确定的一项原则。正因为如此，在纠纷的解决中，处分权始终被认为是当事人所拥有的一项基本权利。

而在纠纷的解决者的角度，一方面，对当事人的愿望的充分的尊重是其必须遵循的一项原则，尽管这种尊重有时只是具备形式上的意义，并不能对纠纷解决者构成实质上的约束；另一方面，纠纷的解决在纠纷的解决者那里更多地表现为一种程序的完成。也就是说，在纠纷解决者看来，一个纠纷是否得到了解决，和一个案件是否办理完毕是同一个意义上的问题。如果一个案件已经办理完毕，比如法官对一个案件作出了判决，仲裁庭对一个案件作出了裁决，那么就意味着这个案件（纠纷）已经了结了，这个纠纷也就算是解决了。至于当事人对这个判决或裁决的感受如何，这个纠纷在实质意义上是否得到了解决，作为纠纷解决者是不会也不可能作出一个符合实际情形的判断的。案件办结，就意味着纠纷已经解决，而不论与这个纠纷相关的事项处于一种什么样的实际状态。

由上可见，纠纷当事人与纠纷解决者在纠纷解决的判断标准上是存在较大的差异的。纠纷当事人所关注的是对自身利益的维护，用这一标准去衡量，如果纠纷解决的结果对其自身利益是有利的，那么，他就会认为这个结果是可以接受的，否则，他就会认为这个解决不公平。鉴于纠纷当事人至少是互相对立的"两造"，所以，一般来说，很难得到一个让双方都感到满意的结果。因此，如果仅仅从当事人的角度去衡量，纠纷的解决就永远是一种不可能完成的任务,也就是说不可能从根本上得到一种绝对公平的结果。好在作为纠纷的解决者,也就是解决纠纷的第三者的存在使这个难题获得了化解的可能。因为,在纠纷的解决者那里并不存在自己的纠纷利益,因此,他应当可以做到完全公平地对待双方当事人;再者,纠纷的解决者所持的纠纷解决标准并不是以一方当事人的利益能否实现作为依据,而是以一个案件(纠纷)的程序上的了结作为依据,所以,对于纠纷当事人而言,他们没有理由不去服从这种结果。

根据以上的分析,纠纷解决的主观性标准无论是在纠纷当事人还是在纠纷的解决者,都不可能出现一种完全理想化的确立依据,或者说,从主观性标准来说,我们只有可能建立一种相对合理的纠纷解决标准,而不可能建立一种绝对化的标准。这可以说是纠纷解决的主观性标准的一个基本特征。这个特征向我们昭示:纠纷当事人对纠纷解决结果无论是接受或者是不接受,都应当看作是一种常态,因为这种对纠纷解决结果的反应属于纠纷当事人的主观性标准的范畴,属于可以理解的范畴。而对于纠纷的解决者,我们不应当苛求他作出一个绝对公正的裁决,由于判断标准的不同,对于公正与否也存在着不同的理解和认识,但是,只要纠纷解决者的裁决符合他所认为的"结案标准"的依据,那么,就应当说,这个裁决是一个公正的裁决。

(二) 纠纷解决的客观性标准

前文已经论述,纠纷不仅是私权性的,而且具有社会属性,即主观上的私权性和客观上的社会性。因此,纠纷的解决除了主观性标准之外,还应当具有客观性标准或曰社会性标准。

所谓纠纷解决的客观性标准,是指对于纠纷解决的结果的社会性评价。这里涉及社会性评价的原因、评价的方式和评价的依据。

首先,纠纷的解决之所以存在社会性评价,是由以下两个原因决定的:一是社会环境对纠纷的解决发生着一定的影响;二是纠纷的解决具有社会示范效应。第一,纠纷的发生是社会矛盾的一种表现形态。从表面上看,纠纷一般是发生在相对的当事人之间,但是,细究起来,相对的当事人之间之所以会发生纠纷,可能与某些社会因素之间存在密切关系。例如,医患纠纷,从纠纷的个案看来是某一个病人和某一个医生或者医院之间的纠纷,但是,这种纠纷可能和某种医疗制度之间存在密切关系,而这个医疗制度所涉及的主体却不限于纠纷的双方,它还涉及制度的制定者、执行者以及在执行这些制度的过程中存在的各种相关因素。再如,由于飞机航班的延误可能会造成乘客与航空公司之间的纠纷,但是,造成这一纠纷的原因有可能并不是航空公司的过错,而是由于机场调度方面的原因,等等。第二,纠纷的解决虽然是在纠纷主体之间发生直接的赔偿或者是给付行为,但是,它的示范效应是不容忽视的;特别是对于那些具有相同性或者相似性的纠纷、已经发生的纠纷或者是可能发生的潜在纠纷。一个纠纷的解决,足以影响到一大批纠纷当事人的仿效、反思、比较,从而决定自己是否采取以及采取什么样的行动去解决纠纷。根据法国社会学家莱翁·狄骥的社会连带主义学说,社会主体之间都存在着各种各样的连带关系,因此,不存在孤立的社会个体,"孤立的个人是没有权利的"[1],同样的原因,也不存在孤立的纠纷和纠纷的解决。这就是纠纷解决的客观性标准的存在依据。

其次,社会对于纠纷解决的评价的方式,有公开的评价和和隐蔽的评价。公开的评价如社会舆论,隐蔽的评价,则是指社会个体对纠纷解决的结果所产生的不具有明显表面特征的心理反应。例如,一个纠纷的解决是严格遵循法律规定的,或者是体现了社会公认的实质公正的标准,那么,舆论就会作出正面的评价,否则,可能就会引起舆论的负面评价。而心理的反应则是社会个体对纠纷解决结果的内心感受和价值评判,这种内心感受和价值评判可能不具有明显的表面特征,但是,它对于社会个体的行为方式和价值观念的影响是客观存在的。假如一个纠纷解决的结果不被社会认可,那么它就可能会影响到人们的思维方式和行为方式,进而对社会道德标准乃至于社会风气的形成都会发生潜在的影响。特别是随着互联网的发展,这种公开的或者隐蔽的社会评价也以更多的方式表现出来。

再次,是纠纷解决的社会评价的依据。评价的依据也就是评价的标准,这是对于纠纷解决的社会性评价的最为关键的部分。在纠纷的解决标准问题上,存在着形式正义和实质正义的争论,也存在着合法性与违法性的区别。应当说,为纠纷的解决设定一个统一适用的客观性标准是相当困难的,但是,并非没有可能。评价的依据和社会正义的标准密切相

---

[1] 谷春德主编:《西方法律思想史》,中国人民大学出版社 2000 年版,第 262 页。

关,而社会正义观与社会价值观念又存在密切联系。因此,一个社会的价值观念决定了纠纷解决的评价标准。例如,在资本主义与社会主义两大阵营尖锐对立的时代,私人财产神圣不可侵犯是资本主义的基本价值观,而公有财产神圣不可侵犯则是社会主义的基本价值观,基于这种泾渭分明的观念,对于纠纷解决的标准的确立并非难事。然而,随着世界经济一体化,特别是在社会主义国家改革开放的大趋势下,这种以私有制与公有制的对立作为基本价值观念的思维方式也受到了全面的冲击。在这种情况下,纠纷解决的标准也相应地发生了微妙的变化。依笔者之见,在现代社会,无论是资本主义还是社会主义,法律秩序的构建是一个基本的命题。在法律秩序面前,一个社会的政治制度的性质已经退居到次要的地位。因此,纠纷的解决标准应当以法律秩序的构建作为基本价值取向。当然,法律秩序可以被赋予不同的内涵。从社会性质看,在现代社会有资本主义的法律秩序和社会主义的法律秩序这两种基本的法律秩序;从法律的形态看,就更复杂一些了,大陆法系和英美法系就有很大区别,政教合一的国家与政教分离的国家、三权分立的国家与议行合一的国家也有很大区别。另外,对于法律秩序的理解,不同的学派之间也存在着很大的区别,如法社会学与分析主义法学就有很大区别。但是,无论如何,法律秩序对于这些区别而言存在着共性,这就是以公认的正义标准作为基本内涵。无论是现代社会或者是后现代社会,可以预见的是,法律秩序的构建将是人类的共同理想,因为,只有法律秩序才能充分体现人类的共同愿望,并代表着人类社会发展的基本方向。所以,纠纷解决的标准,不是当事人自己的标准,不是充满着抽象意味的社会道德标准,不是社会舆论,也不是某一条看起来已经过时的或者是不合情理的法律规范,更不是所谓的程序正义,而是法律秩序。也就是说,纠纷的解决与否,关键是看是否有利于法律秩序的维护:在有法律明确规定的情形下,必须依照法律的规定;在法律规定不够明确的情形下,需要根据法律原则;在法律规定过时或者明显不合理的情形下,就要依靠社会正义的理念作出裁断,这就是纠纷解决的客观性标准。

所以,纠纷解决的客观性标准归根结底是建立在法律秩序基础之上的,有利于法律秩序的纠纷解决就是合理的、正义的,否则就是不合理的、非正义的。从这个意义上说,纠纷的解决应当只是着眼于以法律的规范或者精神去"解决"纠纷,而不是着眼于当事人的权利或者是利益的实现程度或者是当事人的满意程度。唯有树立这样的观念,才能将纠纷的解决纳入社会法治建设的轨道,使其朝着建设文明、有序的法治社会的方向发展。

第三章 纠纷的诉讼解决

一、纠纷解决与诉讼目的

在纠纷的诸种解决方式中,诉讼的方式是最为权威的也是最为正式的方式。按照目前一般教科书的解释,诉讼的特点在于它的公权性、强制性、程序性,以及当事人双方的诉讼地位的平等性。[①]而围绕着民事诉讼所展开的理论研究,最为基础的课题则包括诉讼的目的、诉权、诉讼法律关系、诉讼程序价值、诉讼模式,等等。然而,虽然民事诉讼的直接目的是为了解决民事纠纷,但是传统的关于民事诉讼法学的理论研究主要是从国家司法制度或者是从民事诉讼制度的本身出发,着眼于民事诉讼的立法、司法以及诉讼程序本身的理论探索和制度建构,从纠纷解决这个角度去研究民事诉讼的学术取向并不是十分清晰。随着纠纷解决相关问题的逐渐显现,传统的民事诉讼法学理论在解释有关纠纷和纠纷解决的实践课题和理论诉求方面已经表现出难以令人满意的局面,正因为如此,不少的学者开始关注纠纷以及纠纷解决的相关问题,力图从纠纷解决的角度去审视传统的民事诉讼理论。其中最为引人瞩目的就是社会学方法的引入以及对纠纷解决的综合机制的研究。事实上,从纠纷解决的角度来看,最为关键的问题并不在于从诉讼本身去认识诉讼,而是将诉讼看作一种方式,一种解决纠纷的手段或者途径,从这个角度去认识诉讼,或许更能真实地还原诉讼的本来面目,从而使诉讼的功能得到切实的恰当的体现。

---

① 参见常怡主编:《民事诉讼法学》,中国政法大学出版社 2002 年版,第 24 页。

（一）关于诉讼的一般目的

从纠纷解决的角度去认识诉讼，首先遇到的问题仍然是目的性问题。目的性问题在民事诉讼法学中是处于龙头地位的基本理论问题，关于这个问题的研究已经有很长的历史，对我国影响较大的是大陆法系的德国和日本的相关学说。关于民事诉讼目的的著名学说有私权保护说、私法秩序维持说、纠纷解决说、程序保障说、法寻求说、多元说，等等。[①]我国学者关于民事诉讼目的的学说则主要有维护社会秩序说、平衡说、利益保障说以及多重目的说。[②]不难看出，这些关于民事诉讼目的的学说基本上都是着眼于民事诉讼制度本身，正所谓立场的不同决定了思维的方向，这些学说所选取的基本上是由上至下的方向，因此，并没有充分揭示民事诉讼对于纠纷解决的目的所在。为了将民事诉讼对于纠纷解决的目的和民事诉讼的目的相区别，笔者将一般意义上的民事诉讼的目的称为民事诉讼的一般目的，而将民事诉讼对于纠纷解决的目的称为民事诉讼的特殊目的。为了进一步探讨民事诉讼对于纠纷解决的目的即民事诉讼的特殊目的，这里首先需要解决一个民事诉讼对于纠纷解决的特殊价值问题，也就是纠纷为什么要通过诉讼去解决的问题。

纠纷为什么要通过诉讼解决？这一问题的提出主要是基于以下的原因：第一，纠纷的解决是一种具体的社会实践，它所需要的是现实的制度架构以及具体的方法和技术的运作过程，至于系统而严谨的理论体系对于纠纷解决而言并不会发生实际的决定性作用。换言之，纠纷的解决具有现实性和具体的操作性特点，它完全可以"在战争中学会战争"，而不必等待系统的理论证明和完善的规范制约；在学术理论比较成熟和法律制度比较完善的情况下纠纷需要妥善地解决，而学术理论还不够成熟以及法律制度尚不够完善的情况下，纠纷也需要被妥善地解决。事实上，从人类社会发展的历史来看，诉讼也并非是解决纠纷的唯一方法。正如美国社会学家劳伦斯·M. 弗里德曼指出的："每个社会都会产生矛盾。一项基本的法律职能是提供机制和场所，让人们去消除矛盾，解决争端。当然，这个职能并不是由法律制度垄断的。它也属于父母、教师、牧师、雇主

---

① 参见汤维建主编：《民事诉讼法学》，北京大学出版社2008年版，第23页。
② 参见杨荣馨主编：《民事诉讼原理》，法律出版社2004年版，第17—30页。

等人。而且,有些社会比其他社会更强调这个职能。例如,在现代西方国家,人们一般不到法院去解决邻里间的小纠纷或处理家庭内部纠纷;而在许多更小、更古老的社会中,人们正是这样做的。"①因此,从纠纷解决的角度看,关于诉讼目的的一般理论解释并不足以证明诉讼之于纠纷解决的必要性和必然性。第二,诉讼并非是从纠纷解决的角度所产生出来的一种制度安排。人类社会的文明进化史告诉我们,虽然诉讼的方式是解决纠纷的一种重要方式,但是,诉讼制度却不是由于解决纠纷的需要才产生的。诉讼制度是随着法律的产生而产生的,而法律及其相关制度则是随着国家的产生才形成的。在国家和法律产生之前,纠纷以及纠纷的解决就早已存在了;而无论是在东方还是在西方,在诉讼制度形成的早期基本上都是刑民不分、行政与司法一体的状态。在西方国家,真正意义上的"民事诉讼"是随着罗马私法的确立才得以确立的②;而在我国,虽然在西周时期民事诉讼与刑事诉讼已有了初步的划分,但是,"在三千多年的发展过程中,刑事诉讼与民事诉讼一直缺乏明确的概念划分。民事诉讼在大多数情况下是依附于刑事诉讼的"。③因此,诉讼制度的产生,与其说是为了解决纠纷,毋宁说是政治统治的需要,而"提供机制和场所,让人们去消除矛盾,解决争端"只是法律制度的基本职能之一,并且与社会控制职能和作为分配制度的职能相比较,它甚至不是最主要的职能。④第三,纠纷解决的诉求并非是为了实现民事诉讼的一般目的。前文有述,纠纷解决是指纠纷主体本身或者在第三者参与下通过一定的方式化解矛盾、消除纷争、维护正常的社会秩序的活动。这里包括了纠纷解决的直接目的和间接目的,从直接目的来说,纠纷的解决是为了化解矛盾、消除纷争,从间接目的来说,纠纷的解决是为了维护正常的社会秩序。而关于民事诉讼的一般目的的理论表述中,并没有完整地包含上述两层意义上的目的性,它们只是从法律的一般功能的角度,或者是从一个侧面涉及了民事诉讼对于纠纷解决的特殊目的。例如,在我国,关于民事诉讼目的学说中有

---

① 〔美〕劳伦斯·M.弗里德曼:《法律制度——从社会科学角度视察》,李琼英、林欣译,中国政法大学出版社2004年版,第20页。
② 林榕年主编:《外国法制史》,中国人民大学出版社1999年版,第87页。
③ 张晋藩主编:《中国民事诉讼制度史》,巴蜀书社1999年版,第9—10页。
④ 参见〔美〕劳伦斯·M.弗里德曼:《法律制度——从社会科学角度视察》,李琼英、林欣译,中国政法大学出版社2004年版,第20—23页。

一种观点认为,民事诉讼的目的就在于"维护社会秩序","几乎所有的民事诉讼法学界的权威们都持这一观点,也就使这一观点成为了我国民事诉讼目的的通说"。①但是,显而易见的是,对于纠纷解决而言,无论是纠纷的当事人还是纠纷的解决者,在面对纠纷时首先想到的就是怎样解决这个纠纷,也就是化解矛盾、消除纷争,至于维护社会秩序这个目的,只是可能达到的一个目标。由于纠纷解决的标准不同,是否能真正达到化解矛盾、消除纷争的效果,最终实现维护社会秩序的目的,在很多情况下可能都是一个未知数。另一种学说认为,诉讼的目的就在于"解决纠纷",但这里的解决纠纷主要是就诉讼程序而言,只要纠纷能够被解决,案件事实是否客观真实,当事人的实体权利义务是否能够得到切实的体现都不重要。这种观点被认为是日本学界的通说。②由于这种学说主要强调诉讼的程序性意义,并不关心实体权利的实现,所以,它并没有揭示诉讼对于纠纷解决的特殊目的。

综上,关于民事诉讼目的的一般理论或者民事诉讼的一般目的并没有确切地表明民事诉讼作为一种解决纠纷的方式所应当具有的特殊目的,因此,从民事诉讼的一般目的无法得出纠纷为什么要通过诉讼解决的确切答案。一个可以理解的原因是,民事诉讼作为一种国家公权力的体现,更多地表现为国家法律制度的完整性和法律规范的切实实施,而纠纷的解决只是国家公权力的一种"附带产品",并非是它的主要任务。所以,关于民事诉讼的一般目的的研究较少关注纠纷解决的特殊需求也就不足为奇了。

(二) 从纠纷解决看诉讼目的

然而,在现代社会,民事诉讼或者说诉讼的方式毕竟是解决纠纷的一种具有权威性的和最为正规的方式,特别是"在法治现代化过程中,很多国家都曾希望尽可能把纠纷解决统合到国家权力之下,出现过试图由司法垄断纠纷解决和法律适用的单一化倾向。表现为国家不允许各种民间社会团体参与纠纷解决;对民间自治性的纠纷解决方式,社会救济以及'私力救济'全盘否定。这种倾向一方面来源于对国家权力的高度迷信,

---

① 常怡主编:《民事诉讼法学》,中国政法大学出版社2002年版,第40页。
② 同上注书,第37页。

认为只有国家权力机关,特别是立法机关制定的法律规则才是至高无上的。另一方面则是出于对法律机制的迷信,认为社会治理中有法律就足够了,而诸如道德、乡规民约、自治规范、宗教、地方习惯等社会规范及调整机制都无关紧要。"①然而,无论"对法律机制的迷信"是否符合历史发展的必然趋势,也不论法律与其他社会规范究竟应当是一种怎样的关系,诉讼之于纠纷解决的重要性是无论如何也不能否认的。而且,应当看到,随着诉讼制度自身的不断发展和完善,诉讼机制和其他纠纷解决机制也愈来愈变得更加易于衔接,二者的关系也日趋合理和融洽。因此,纠纷解决对于诉讼机制的依赖是一种客观趋势;而为了充分体现诉讼对于纠纷解决的重要意义,从纠纷解决的角度去分析诉讼的目的即民事诉讼的特殊目的不仅是必要的,而且是完全可能的。

为了对民事诉讼的特殊目的有一个总体的认识基础,对民事诉讼制度的历史沿革做一个简单的考察是有必要的。

民事诉讼这个名词并非中国本土的传统称谓,而是一个外来语,与之相应的内涵也是来源于西方的相关理念。在中国古代社会,民事诉讼并非是一个独立的法律程序概念,不存在现代意义上的民事诉讼、刑事诉讼和行政诉讼的区别。"民刑不分"或者"民刑合一"是中国古代法律的基本特征。但是,诉讼这个概念在中国历史上也是存在的,只不过表述的方式与现代语言存在较大的差异。"诉"和"讼"这两个单字其实代表了两个含义,"诉"代表了寻求纠纷解决的途径,即将纠纷提交到官府去解决,如《唐律疏议·斗讼律·越诉条》疏议:"凡诸辞诉,皆从下始。从下至上,令有明文。谓应经县而越向州、府、省之类,其越诉及官司受者,各笞四十。若有司不受,即诉者亦无罪。"②相比之下,"讼"这个单字在古代法律文献中是最常见的。早在周代就有"以两造禁民讼"、"讼谓以财相告者"这样的表述。③最为著名的是孔子关于"听讼"的表述:"听讼,吾犹人也,必也使无讼乎!"④据《周礼》载,西周时期刑事诉讼称为"狱",民事诉讼称为"讼"。郑氏注:"争罪曰狱","争财曰讼";对于刑事案件的审理称

---

① 范愉:《多元化纠纷解决机制原理与实务》,载沈恒斌主编:《多元化纠纷解决机制原理与实务》,厦门大学出版社 2005 年版,第 430 页。
② 《唐律疏议·斗讼律·越诉条》[疏议]。
③ 参见张晋藩主编:《中国司法制度史》,人民法院出版社 2004 年版,第 9 页。
④ 《论语·颜渊》。

为"断狱",对于民事案件的审理称为"弊讼"。按贾公彦疏:"言弊,弊亦断,异言耳",弊讼也就是断讼。①将"诉"、"讼"二字组合为一个单词,可见于隋唐时期,如《五代会要》记载:"周广顺二年十月敕:今后有百姓诉讼及言灾诊,先诉于县;县如不治,即诉于州;州治不平,诉于观察使;观察使断遣不当,即可诣台申诉。如或越次诉讼,所司不得承接。如有诋犯,准律科惩。"②值得注意的是,在中国古代社会,通过诉讼所体现的根本理念并不是单纯地为了解决纠纷,而是为了寻求一种"公理",如《六书》云:"讼,争曲直于官有司也",就是说通过官府的判定而分清是非曲直,这就是"讼"。而为了达到这一目的,在民刑不分的司法格局下,以刑罚的手段来处理民事案件便成为常见的现象。虽然,曲直既定,纠纷也就随之得到了解决,但是,"争曲直"与纠纷的解决还是有所区别的,前者说明了通过诉讼所要实现的一种价值追求,后者则是着眼于某种利益的实现,而对于民事诉讼的特殊目的而言,"争曲直"或曰对"公道"的追求有着十分重要的理论意义。

不仅在古代中国,在西方国家的历史上,在通过诉讼解决纠纷的同时,同样有一种理念的支配,这就是对正义或者公正的追求。例如,在大陆法系国家的证据制度史上,"神示证据制度"曾经有过很长的历史。"神示证据制度就是根据神意的启示来判断诉讼案件中的是非曲直的一种证据制度","在神示证据制度下,人们期望通过神来判断证据的证明力,来明辨案件中的是非曲直,然而虚幻中的神是无法自动的呈现在人们面前,维护正义,主持公道的。因此,人们就不得不创造一些中介物,通过这些中介来显示神灵的意志。于是,显示神意的各种方式便应运而生。"这些方式主要有宣誓、水审、火审、决斗、卜筮和十字形证明等方式。③神示证据之所以获得认可,一方面是由于当时的生产力发展水平的限制,人们对自然界和社会现象的认识还处在一个较低的层次;另一方面,则是因为人们进行诉讼不仅是为了维护利益的实际需要,而且还有着追求正义的内心驱动,他们坚信正义的一方必定获得神的护佑,而不义的一方才会受到神的惩罚。因此,在神示证据制度下,面对着无情的水火或者是锋利

---

① 张晋藩主编:《中国民事诉讼制度史》,巴蜀书社1999年版,第1页。
② 张晋藩主编:《中国司法制度史》,人民法院出版社2004年版,第183页。
③ 陈一云主编:《证据学》,中国人民大学出版社2000年版,第20—21页。

的刀剑他们才会义无反顾地去迎接挑战。

在现代社会,诉讼被认为是国家司法机关"在当事人的申请和参与下,行使国家审判权对民事纠纷加以强制性解决的法律机制"[①],和其他纠纷解决机制相比较,民事诉讼更多地反映了法律所固有的规范性、强制性等特点;更重要的是,法律的规范性和强制性对于正义的实现提供了必要的条件和保障,通过诉讼的途径解决纠纷,不仅是出于实现实际利益的需要,而且还蕴涵着对纠纷解决的正义价值的满足。应当说,寻求正义的途径不限于诉讼,为什么只有诉讼的方式在这里获得了特殊的意义呢?这主要是出于两个方面的原因:一方面,诉讼是通过国家司法机关所实施的一种解决纠纷的活动,而国家司法机关则是依据法律行使其审判职能,所以,诉讼是一种具有完整的规范意义的寻求正义的过程;另一方面,法官作为法律的实施者和维护者,他的负责对象是法律,而不是来自当事人的诉讼请求,所以,对于当事人而言他应当居中裁判以示公平,而在当事人的诉讼请求和法律之间,他一定是忠诚的法律卫士。

基于以上的分析,应当可以得出以下的结论:纠纷之所以要通过诉讼解决,根本的目的在于寻求正义,如若不然,纠纷主体可能不一定选择通过诉讼的方式来解决纠纷;从单纯解决纠纷的角度来看,通过其他方式或许会取得更高的效率从而使纠纷得到实质意义上的解决。所以,对于纠纷解决而言,寻求正义才是诉讼的特殊目的。换言之,通过诉讼解决纠纷,并非只有单一的目的性,一方面,纠纷要得到解决,这种目的可以说是诉讼的直接目的或者主观性目的,另一方面,通过诉讼实现正义,这种目的可以说是诉讼的特殊目的或者客观性目的。事实上,纠纷的主体之所以会选择诉讼,在很大程度上是希望自己的行为能够获得法律上的正当性,而不仅仅是为了获得一种实际上的没有任何价值评判的结果。任何一个提起诉讼的原告人在决定进行诉讼的时候都会抱定一个基本的信念,他一定会认为自己拥有一切正义的理由,而被告人则是不正义的,尽管审判的结果可能与原告人的预想存在一定的差距。关于这个问题,汤维建教授有着十分精辟的分析,他认为民事诉讼的目的具有多元性:"进入到民事诉讼阶段的民事纠纷,往往并不是纠纷主体对纠纷事实的认识分歧所导致的,而总是与他们各自对同一事实的法律评价或价值衡量存

---

① 汤维建主编:《民事诉讼法学》,北京大学出版社2008年版,第12页。

在差异有关。这种分歧的价值评估需要由法院作出最终的决断和选择,因此法院行使审判权,在一定意义上乃是价值选择的表现。为了正当地作出价值选择,法院必须同时兼顾各种诉讼目的:既要考虑到纠纷解决的彻底性,又要考虑到如此作出的裁判对将来的导向意义,同时还要确保权利者的权利获得实现,义务者的义务得到履行。民事诉讼价值目标上的这种复合性,与其他解纷机制相比,是一个极大的区别。"①

二、判决的形成及其功能

纠纷一旦诉之于法院,它就不再是当事人之间的问题,而是系属于法院的一个案件。围绕着这样一个案件,司法的机器便按照事先设计的程序有条不紊地运转起来,直至最后形成一个司法的产品——判决。在纠纷的诉讼解决这个命题下面,一个不得不面对的结果就是法院的判决。那么,判决究竟是什么?一般认为,一个生效判决的基本特征就是它的公正性,正因为是公正的,所以它才拥有不容置辩的约束力和权威性,如果被判决认定负有义务的当事人不履行判决,对方当事人还可以行使申请强制执行的权利。然而,关于判决的这种认识只是一种理想主义的奢望,而并非对判决的一种理性认知。如果说人们希望判决是公正的,当然无可非议;如果说判决一定是公正的,那么就过于天真了。

(一)判决的形成

一个判决的形成要经过一个很复杂的过程,当事人在起诉时就是冲着判决而来的,所以,诉讼从一开始就是围绕着如何判决而进行的。为了这个判决,当事人从提交诉状到参加庭审,要付出一定的时间、精力和代价,一般还要不惜重金聘请一两个大律师。对法院而言,为了判决,必须要进行法定的审理程序,有威严的法庭,依法组成的合议庭和按照法律规定所进行的司法仪式。这都说明,判决要经过十分郑重和庄严的程式,它需要付出高昂的成本。然而,判决的过程当中最为关键的部分,却正是人们最容易忽视或者最难以窥知的环节。这个关键的部分就是法官的作用。

---

① 汤维建主编:《民事诉讼法学》,北京大学出版社 2008 年版,第 14 页。

法官是司法程序的核心,是诉讼案件的最终决定者。然而,或许由于法官的位置过于显要,却反而被人们忽视了,倒是那些难以捉摸的法律规范和复杂的程序操作过多地分散了人们的注意。如果判决真的是一种产品,那么要想作出好的判决就会是比较容易办到的事情,只要我们像设计太空飞船那样把顶尖的专家学者们集中起来就可以办到。遗憾的是,判决不是技术产品,再高的高科技都无法生产出公正的判决,因为法官的意识不可能被程序加以设计。"正义不仅要伸张,而且要眼看着被伸张",这句话说得很好,但是,基本上属于理想主义的宣言,要想做到又何其难也! 法律规定了公开审理、公开宣判,但是并不规定合议庭的公开审议,特别是在法官独任审判时,最后的判决实际上就是法官的独裁。总之,判决形成的过程绝不是一个机械的、理想主义的过程,而是一个在法律的总体框架之下,在各种力量的对抗、较量之下,最后由审判者所作出的一种决定。所以,判决归根结底是法官的决定,是那些经过专门训练的、拥有审判权力、处于审判地位的法官的决定。法官也有着自己的道德标准、生活习惯、思维方式和基本的价值观,甚至专业水平的不同也会导致到法官对案件事实的判断和对法律的理解的差异。季卫东先生在论述法律程序的结构时指出:"程序开始于申请,终止于决定。整个过程有一定的条件、方法、步骤和仪式。程序参加者的活动相对隔离于生活世界的因果链。"①在这个相对隔离的场所,"决定过程中的道德论证被淡化,先入为主的真理观和正义观都要暂时被束之高阁"②。所以,法官并不是从"真理"或"正义"的观念出发去审理案件,而是根据案件的事实力争作出一个符合法律的判决,只有在法律没有明确规定时才会考虑正义原则。美国法学家博登海默有着相似的观点,他指出:"如果实在法完全不能解决法院所遇到的问题,那么正义标准就必定会在形成解决此一争议的令人满意的方法中发挥作用。不无遗憾的是,那种导向采纳适合于以适当方式解决该问题的正义规则的思想过程,只适宜于做一种极为有限且相当一般的描述。可归因于一方当事人的东西,往往只能按照某个特定案件的情形加以确定之。尽管我们有可能使某个结果得到客观上的合理化,

---

① 季卫东:《法律程序的意义——对中国法制建设的另一种思考》,中国法制出版社 2004 年版,第 35 页。
② 同上注书,第 60 页。

但是这种合理化并不总是能够以理论和教条的方式得以实现的,而是必须在具体问题的语境中加以阐述的。"①这就说明,虽然人们出于对正义的寻求而将纠纷诉诸法律,但是,经过法律程序而作出的判决却不一定能够满足人们的预期,甚至在某些因素的影响之下,也不能排除法官有可能作出一个在人们看来存在明显错误的判决。在这样的事实面前,我们还能说所有的判决都是公正的和值得信赖的吗?

不可否认,面对这样的事实,难免令人产生沮丧之感! 然而,如果我们以一种理性的态度来对待这一事实,那么,我们从中得到的教益和启示同样是极具价值的:一方面,承认判决未必公正,不等于认可判决的不公正。追求公正毕竟是法律的基本价值所在。因此,立法者为诉讼的进行设计了尽可能科学、周密的以保障公正审判为目的的复杂程序,同时,法官的任免制度、奖惩措施和自我道德约束也为公正审判提供了有力的保障。而且,正规的法学教育、监督机制的日益健全,也会促使法官们不断地自我完善,不断地强化职业的荣誉感和责任心。这些因素对于判决的公正性将会形成良性的促进机制。我们没有理由怀疑所有的判决都不公正,正如我们不能期望所有的判决都一定公正一样。另一方面,应当认识到,公正或者正义并不具有一个统一适用的判断标准,"正义有着一张普洛透斯似的脸(a Protean face),变幻无常、随时可呈不同形状并具有极不相同的面貌。当我们仔细查看这张脸并试图解开隐藏其表面背后的秘密时,我们往往会深感迷惑。"②或许,我们所认为的公正只不过是一种偏见,一种由于对法律的无知或者误解而形成的庸俗的观念。在西方国家,人们对法律的信仰并非出自于功利意义上的价值判断,而是出于一种宗教式的虔诚信念。③正是这样一种法律信仰,才使得法律在全社会的一体遵行成为可能。因此,法官的判决不容争议,几乎已经是一种常识。诚如美国联邦大法官罗伯特·H. 杰克逊(Robert H. Jackson)所言:"我们不是因为没有错误而成为终极权威,我们只是因为终极权威而没有错误。"("We are not final because we are infallible but we are infallible only because

---

① 〔美〕E.博登海默:《法理学:法律哲学与法律方法》,邓正来译,中国政法大学出版社 1999 年版,第 452 页。

② 同上注书,第 252 页。

③ 参见汤维建:《美国民事司法制度与民事诉讼程序》,中国法制出版社 2001 年版,第 7 页。

we are final."）①固然，这种断言对法律的正义价值似乎有所忽略，但是，又何尝不是对我们所面临的司法困境的一种警示呢？如果司法的权威首先都得到不到保证，法律的正义又何从谈起？

（二）判决的功能

一个判决的作出就意味着一个纠纷的解决或者叫做强制解决，这是对判决的基本作用的一般认识。其实，这种认识是有偏差的。判决固有强制性，但是，从纠纷解决的角度看，这种强制性并不能必然地导致纠纷的真正解决；甚至可以说，正因为判决具有强制性，它可能会产生抑制纠纷进一步发展的作用，或者在现有程度上"固化"造成纠纷的各种因素，并按照法律的规范去"恢复"因纠纷所造成失衡状态，但是，对于这种强制的最终结果，作为司法判决而言是不能够也不应当有所顾忌的。判决就意味着强制，而在强制力的作用之下，纠纷解决的真正目的即消除矛盾、化解纷争是难以实现的，因为，强制等于"压服"，而不是"心服"，压服的结果是不得不服，但难以从根本上消弭纷争。所以我们会看到，因为判决的执行有可能造成被执行人"倾家荡产"，或者由于败诉的一方对判决的不服而频频发动申诉或者上访，甚至出现某些极端的行动。顾培东教授指出："人们往往把最终的司法或仲裁裁决的作出等同于纠纷的解决。而事实上，裁决的作出（乃至裁决的内容被强制执行）并不完全等同于纠纷主体之间冲突的消弭。某些情况下，这些冲突还会因国家（或社会）强制力的介入而进一步激化。"②

虽然如此，判决的正当性仍然不容置疑，这种正当性乃是源于法律的正义目的。判决的依据是法律，因此在目的性上，判决的目的必须服从于法律的目的。质言之，判决的真正目的并不在于解决纠纷，而是在于维护法律，解决纠纷不过是它的"副产品"。首先，法官的天职是维护法律，"只服从法律"是法官的基本宗旨。所以，在当事人为各自的利益针锋相对的激烈对抗之中法官必须是超然的、中立的，唯其如此，才能作出符合法律的并且在当事人看来是公正的判决。其次，判决是依据事实和法律

---

① Brown v. Allen, 344 U.S. 443, 540 (1953). 转引自任东来等著：《美国宪政历程：影响美国的 25 个司法大案》，中国法制出版社 2004 年版，前言第 10 页。

② 转引自徐昕主编：《纠纷解决与社会和谐》，法律出版社 2006 年版，第 12 页。

作出的,这里的事实是指被法官认可的事实,也是可以被法律所接受的事实,所以在法学理论上被称为"法律事实";至于法律就更不用说,它是被全社会统一遵行的规范,而不仅仅是对原告有利的规范。因此,判决的根本性质就在于它的法律性,它是维护法律的,而不是维护当事人的利益的;我们只能希望它在维护法律的同时,也保护了当事人合乎法律的利益。并且它也应该而且只能做到这一点。除此之外,对判决的任何要求都是不切实际的,是违反判决应有的逻辑的。日本学者棚濑孝雄在描述"与随意的决定过程截然不同的'法的决定过程'"时指出:"这种类型中,先于决定本身而存在的一般性规则以'有事实 A 则必须作出决定 B'的形式被给定。第三者的决定权限以及决定责任都缩减到对一般性规则的正确认识、把握和要件事实是否存在的判断上。如果规则中使用的概念明确无疑,并于一切事实都存在着决定基准且它们之间毫无矛盾,则从逻辑上讲决定过程中不可能有决定者主观随意性介入的余地。"①众所周知,大陆法系国家要求法官严格依照法律进行判决,他们力求法律的严谨和周全,使得任何行为或者判断都"有法可依",甚至法官审理案件也是依照法律、根据事实作出判决的"三段论"模式;而英美法系则严格遵守"依循先例"的原则,要求"类似案件,相同处理":"普通法的运作并不是从一些普适的和效力不变的前定真理中演绎推导出结论。它的方法是归纳的,它从具体中得出它的一般"。②因此,无论是大陆法系也好,英美法系也好,法官审理案件、作出判决的基本出发点都是一般的法律正义原则。也就是说,他们的着眼点都在于法律秩序或者法律规范的体现,至于纠纷的实质性解决并不是判决所要达到的最高目标。

在西方国家倡导的当事人主义诉讼模式下,虽然"法官处于顺应当事人的地位"③,但是,法律正义的原则实际上得到了较为彻底的实现。因为,诉讼进行的程序,包括诉讼请求和主要争点的确定、诉讼资料和证据的收集和证明主要由当事人负责,甚至当事人对法律的适用也有权进行选择,而法官只是"居中裁判",因此,当事人无论败诉或者胜诉都不应导致对法律的怀疑或者对法官的究责,正是当事人的诉讼行为在很大程度

---

① 〔日〕棚濑孝雄:《纠纷的解决与审判制度》,王亚新译,中国政法大学出版社 2004 年版,第 17 页。
② 〔美〕本杰明·卡多佐:《司法过程的性质》,苏力译,商务印书馆 1998 年版,第 10 页。
③ 常怡主编:《民事诉讼法学》,中国政法大学出版社 2002 年版,第 60 页。

上决定了诉讼的结果。倒是在职权主义模式下,法官对诉讼的结果承负着较大的责任。当事人进行诉讼的目的并不是要得到一个真正意义上的判决,而是抱着纠纷得到解决的预期。在职权主义模式下,法官会不自觉地将纠纷的彻底解决作为自己应尽的本分。这种诉讼的理念长期以来在我国的司法实践中得到贯彻,以至于当事人、法官乃至于整个司法体制都为此背上了沉重的包袱。例如,一个判决如果没有被很好地履行或者被反复地申诉、再审,那么,就被认为是"错案",就被认为没有达到解决纠纷的目的;并且,如果反复的调解未能奏效,而最后作出了判决,则被认为是一种"不得已"的结果;假如由这种结果引出了新的矛盾或者纠纷,又被认为是纠纷解决得不彻底,等等。这实在是对判决应有的功能的一种严重误解。

有学者指出:由于我国传统观念的影响,对于诉讼的功能问题长期存在误解,"在普通民众看来,这一问题的答案似乎显而易见:诉讼就是打官司,其功能(作用)自然是解决社会冲突或纠纷。实际上,这一认识既不全面,也不准确"。①"纠纷解决功能是指诉讼具有化解与消弭社会冲突的作用,这既是诉讼最古老也是其最重要的功能。"除此以外,诉讼还有其他社会功能,这些功能至少包括:控制功能、权力制约功能、社会政策的制定功能、民主功能和教育功能。②笔者以为,诉讼的功能不仅包括对诉讼进行的过程所作的价值评判,更为重要的是对诉讼的结果即判决的价值评判,因为,对于任何诉讼而言,判决是一个既定的现实目标,如果没有判决,那么任何的诉讼程序都毫无意义。就判决而言,其本质上并非是为了解决纠纷,而是为了实现法律的正义;至于社会控制、权力制约等功能也是在实现法律正义的前提下才有可能实现的功能。正因为如此,在纠纷解决这一目标上,我们不应当对判决抱有过高的预期,或者苛求通过诉讼所得到的判决能够给当事人的纠纷一个满意的解决方案。但是,在认识到判决的本质的同时,不应走到另一个极端,判决对于纠纷的解决并非毫无意义,恰恰相反,它对于纠纷解决的意义就在于它并非直接地解决纠纷。正因为判决的目的在于维护法律的权威和正义,它才能够唤起人们对法律的敬畏,促使人们尽量减少纠纷,或者在发生纠纷以后能够采取理

---

① 樊崇义主编:《诉讼原理》,法律出版社2003年版,第62页。
② 同上注书,第62—63页。

智的态度,通过合适的途径去解决纠纷。这也是除了诉讼以外,其他的纠纷解决方式能够获得存在和发展空间的一个重要原理。假如所有的纠纷都去寻求诉讼解决,将诉讼视为解决纠纷的万能宝典,那么,只会将诉讼置于庸俗化的境地,无意中反而贬低了诉讼的地位。"因此,现代社会需要调解、仲裁、当事人自行和解、行政裁决等大量非讼解纷方式的存在。套用一句俗语来说:对于纠纷解决而言,诉讼不是万能的,但没有诉讼却是万万不能的。"①

三、诉讼程序的价值

论及纠纷的诉讼解决,不能不涉及诉讼的程序。相对于其他纠纷解决的方式而言,诉讼方式的最大特点之一就是它具有严格的程式规范,也就是所谓诉讼的程序。在传统的法学理论中,诉讼的程序曾被简单地看作一种"过程",甚至是一种可以被人为操作的过程,程序是为实体判决服务的,只要不影响实体判决的正确性,程序有无得到严格的体现都无关紧要。这种程序工具主义的观念导致了"重实体,轻程序"的长期流行。随着"程序正义"观念的确立,诉讼程序的价值被重新认识,但一种矫枉过正的倾向却又弥漫开来。

(一) 诉讼程序价值的评判

20世纪90年代以来,随着西方现代法学思想的大量引进,我国法学理论的研究逐渐向纵深发展,程序的价值和功能也逐渐被人们所认识。但是关于程序的价值功能却是众说纷纭,有的学者认为程序的价值就在于程序本身,只要程序正确,那么,结果如何并不重要;有的学者则认为,程序的价值就在于保障实体的公正,执行了正确的程序,就一定会有正确的结果:"正义的程序就像一个严密而周到的'公理系统'。在这个系统内,各种程序要素的运行具有独立的功能,它们相互作用,相互牵连,经过一系列复杂而富有理性的运作过程,最终合成一个合乎正义的判决。"②

---

① 樊崇义主编:《诉讼原理》,法律出版社2003年版,第63页。
② 李汉昌、刘田玉:《权利保护机制与程序的最佳选择》,载《民事诉讼程序改革热点研究》,中国检察出版社2001年版,第40页。

不过,也有学者持"二元论"的,例如,将民事诉讼程序的价值分为"内在价值"和"外在价值"。内在价值就是程序的目的性价值,包括程序自由、程序公正和程序效益价值;外在价值就是程序的工具性价值,包括实体公正价值和秩序价值。①对于这种程序价值"二元论"的观点,又有学者提出不同看法,认为这种分法违反了价值的哲学意义,即"价值是客体对于主体的意义、效应、效果等等",这种观点认为,"程序法价值的性质只有一种,即工具性,但不是工具理论认为的是对实体法的工具性,而是程序法对人类的工具性。"②

即使是在西方,关于程序的价值的观点也是有所不同的。例如,英国联邦高等法院大法官道格拉斯认为程序是保障法制的前提,"正是程序决定了法治与恣意的人治之间的基本区别"③;美国法学家伯尔曼则从广义的角度去定义程序,他认为,法律本身就是程序:"法律不只是一整套规则,……它是分配权利与义务,并据以解决纷争,创造合作关系的活生生的程序。"④

长期以来,我国法学界关于诉讼程序的讨论主要是围绕着程序和实体的关系展开的,或许是由于法的部门意识的影响,围绕着"正义"这一价值目标,对程序公正与实体公正的不同观点将这一讨论分化成两大阵营,一部分人认为程序公正是正义的基本要求,没有程序的公正就谈不上正义;另一部分人则认为实体公正才是正义的必然归宿,程序公正的最终目的还是为了保障实体的公正。其实,在笔者看来,这种争论本身更多地属于"技术性"问题,它们对于正义的价值评判来说显得意义不大。因为,虽然在法学体系中,程序法和实体法分属于两个法律部门,但是,实际的立法例往往使它们的结合更加紧密,"民事诉讼法与民事实体法既有制度和立法上的分离,又有理论和价值目标上的一致性。在调整社会关系时,实体法制度与诉讼法制度尽管设计、安排不同,但由于法律的性质、历史传统、立法政策等因素的影响而往往出现两法交叉调整或相互渗透的现象。"⑤因此,从事程序法研究如果不去研究实体法规范,就不可能全面

---

① 江伟主编:《民事诉讼法》,高等教育出版社、北京大学出版社2000年版,第13—14页。
② 常怡主编:《民事诉讼法学》,中国政法大学出版社2002年版,第53—54页。
③ 参见葛洪义主编:《法理学》,中国政法大学出版社1999年版,第104页。
④ 〔美〕伯尔曼:《法律与宗教》,梁治平译,三联书店1991年版,第38页。
⑤ 肖建国:《民事诉讼程序价值论》,中国人民大学出版社2000年版,第431页。

地了解程序法的内容和它的实践价值;同样地,从事实体法研究如果不了解程序法的原理,则对于实体法规范也不可能运用自如。所以,民事诉讼法学和民法学在理论上的互相融合与相互借鉴已经成为一种必然的趋势。

然而,从纠纷解决的角度来看待诉讼程序,却不能不对其价值作一番认真的考量和追究,因为,纠纷的解决是一个综合性的过程,特别是在诉讼以外的纠纷解决过程中,程序的价值与纠纷的实质性解决相比较,后者的意义显然更为重大。即使是在诉讼机制中,诉讼调解的存在也使诉讼程序呈现出一定程度的机动性和灵活性,有学者将这种情形称为"程序和实体的双重软化"①。笔者认为,程序的公正与实体的公正本来就是一个问题的两个方面,一定要将二者分个高下是没有必要的,问题在于如何保证程序和实体都达到公正的要求;至于程序的价值,则属于另一层面的问题,应当从程序的自身特点寻求答案。关于诉讼程序的价值,就目前的学术研究成果来看,大多数学者倾向于诉讼程序的公正价值和效率价值,至于二者的关系,"如果说公正是诉讼程序的最高价值的话,那么,效率或许应被视为诉讼程序的第二位价值。"②

但是,在笔者看来,公正和效率还不足以完全体现诉讼程序的价值,甚至不是诉讼程序的主要价值。有学者指出:"价值是主体与客体之间的一种关联,某一客体对不同主体而言其价值评价是不一样的,价值评价应因主体而异,即对于不同的主体而言,评价某一特定事物对其价值大小的标准也不一样。对于民事诉讼程序而言,一般认为当事人才是程序的主体,享有程序的控制权,故民事诉讼程序价值的大小应更多地从当事人的角度来进行评价,及确定相应的评价标准,即应从当事人的立场出发,为实现民事诉讼程序价值的最大化确定其应达到的价值目标。"③公正性虽然包括程序的公正和实体的公正,但是程序的公正和实体的公正在评判标准上是不同的。程序的公正可以说是"看得见的正义",对程序规范的严格执行就可以实现程序的公正;而实体公正则是一个难以确定的概念,不同的主体对于实体公正也可能会作出完全不同的评判。一个最为浅见

---

① 李浩:《民事审判中的调审分立》,载中国法制出版社编:《民事程序法论文选萃》,中国法制出版社2004年版,第294页。
② 汤维建主编:《民事诉讼法学》,北京大学出版社2008年版,第38页。
③ 常怡主编:《民事诉讼法学》,中国政法大学出版社2002年版,第54页。

的理由就是胜诉的一方和败诉的一方对实体公正的评判依据的差别。胜诉的一方一般会认为判决的结果是公正的,而败诉的一方则会持完全相反的观点,"公正与否作为一种评价本质上就是主观的。因此是否公正随着评价者的不同可能会出现差异"。①在这种情形下,对与诉讼程序相关联的实体公正的价值就难以作出令人信服的证明。尽管如此,实体的判决必须被执行却是一个不容置疑的要求,而这个要求的来源正是判决的权威性而不是它的公正性。因此,诉讼程序的价值的最为直接的也是最为典型的体现就在于对判决的权威性的维护。当然,从理论上说,可以说判决的权威性正是基于它的公正性,但理论并不能保证判决一定是公正的。虽然如此,经过了公正的程序所得出的判决的不容争议性即它的权威性却可以得到充分的证明。一个值得注意的情况是,在西方法学家那里虽然一再强调程序的公正或者程序的正义,但是,对于程序的公正是否能够必然带来实体的公正却没有一个明确的理论说明。美国正义论的集大成者约翰·罗尔斯对程序公正和实体公正有着精辟的论述,但是,在二者的关系上也是持谨慎态度。正如汤维建教授所指出的:"程序公正和实体公正在不同的程序模式下,它们之间的关系解说是不一样的。美国哲学家罗尔斯在《正义论》中提出著名的程序正义三种模式:纯粹的程序正义、完善的程序正义和不完善的程序正义。在第一种模式中,公正或正义就是指程序公正或程序正义,在公正或正义的概念中,实体公正或实体正义没有存在的余地。在第二种模式中,程序正义和实体正义能够并存,程序正义决定实体正义。在第三种模式中,实体正义和程序正义都是独立存在的,但程序正义永远都是有缺陷的,都不可能绝对地保证实体正义的实现。他并且认为,诉讼审判就属于第三种模式。"②

总之,将维护判决的权威性作为诉讼程序的价值之一,主要的原因就在于:第一,判决作为诉讼的最终结果,它是经由诉讼程序而作出的决定,诉讼程序的公正性或正当性虽然"不可能绝对地保证实体正义的实现",但是它作为判决的权威性的根据是理所当然的;第二,判决代表着实体的处理结果,而对实体的处理结果作出是否公正的结论几乎是不可能的。

---

① 〔日〕谷口安平:《程序的正义与诉讼》,王亚新、刘荣军译,中国政法大学出版社2002年版,第92页。
② 汤维建主编:《民事诉讼法学》,北京大学出版社2008年版,第40页。

因此,我们只能从诉讼程序的公正性得出实体判决的权威性的结论,而不能得出实体判决的公正性的结论。而相对于难以确定的公正性而言,实体判决的权威性更为重要也更易于把握,它是判决得以切实履行以及司法权威得到切实维护的必要前提。

(二)诉讼程序价值的存在基础

诉讼程序之所以具有维护实体判决的权威性的价值,与诉讼程序本身的价值存在的基础密切相关,这种价值存在的基础也可以被表述为诉讼程序本身的公正性。如果诉讼程序本身是不公正的,那么,它就失去了作为维护实体判决的权威性的价值。

关于诉讼程序的价值存在的基础或者说它的公正性的具体表现,有不少学者作出了归纳。如美国学者罗伯特·S.萨姆斯(Robert S. Summers)认为诉讼程序的公正性是由以下因素决定的:(1)程序的参与和控制;(2)程序合法性;(3)过程安定性;(4)人道主义及个人尊严的尊重;(5)个人隐私的保护;(6)尊重当事人双方的合意;(7)程序的公平性;(8)程序的法定性;(9)程序合理性;(10)及时性。[①]而季卫东先生对法律程序的作用的分析更是耐人寻味,他认为法律程序的作用主要表现在以下几个方面:"第一,对各种主张和选择可能性进行过滤,找出最适当的判断和最佳的决定方案。第二,通过充分的、平等的发言机会,疏导不满和矛盾,便当事人的初始动机得以变形和中立化,避免采取激烈的手段来压抑对抗倾向。第三,既排除决定者的恣意,又保留合理的裁量余地。第四,决定不可能实现皆大欢喜的效果,因而需要吸收部分甚至全体当事人的不满,程序要件的满足可以使决定变得容易为失望者所接受。第五,程序参加者的角色分担具有归责机制,可以强化服从决定的义务感。第六,通过法律解释和事实认定,做出有强制力的决定,使抽象的法律规范变成具体的行为指示。第七,通过决定者与分担角色的当事人之间的相互作用来进行合理的选择,这一定程度上可以改组法律体系的结构,实现重新制度化,至少使变法的必要性容易被发现。第八,可以减轻决定者的责任

[①] 转引自汤维建:《市场经济于民事诉讼法学的展望(上)》,载《政法论坛》1997年第1期。

风险,从而也就减轻了请示汇报、重审纠偏的成本负担。"[1]其实,在所有这些条件或者表现当中,最为关键的内容还是对于程序参加者的意义和功能。诉讼程序的参加者主要是当事人和法官,如果当事人的诉讼权利及其人格尊严得到了充分的体现,那么,程序的公正性也就得到了可靠的保证,同时,诉讼程序的价值也就获得了充分的基础。在这个前提下,法官所作出的决定也就拥有了权威性。从这个意义上说,诉讼程序的重要功能之一就在于对法官的保护,只要法官严格按照程序审理案件,无论得出什么样的结果,都应当不折不扣地得到执行,并且,法官的司法权也由此得到了豁免的依据。正所谓:"法官被要求忠实于程序,反过来程序也有效地保护了法官。"[2]

综上所述,诉讼程序的价值并不在于它对实体结果的公正性,而是在于它能够保证审判结果的权威性。诉讼程序之所以能够产生这样的价值,就是因为它是基于当事人的选择和参与以及依照法律规范加以运行的。但是,诉讼程序毕竟不是精密的科学仪器,我们不能期望它按照预先的设计生产出符合各种技术标准的产品,正因为如此,我们不能苛求诉讼程序的完美无缺,同样,我们也不能期盼诉讼程序一定能够公正地解决纠纷。换句话说,诉讼程序的价值只在于给出一个不容争议的结果,至于纠纷有没有得到真正的解决,并不是诉讼程序的价值取向。

四、诉讼中的调解

调解机制是解决纠纷的一种重要机制,调解的根本特点就在于当事人拥有更大的自治权,而且调解的过程和规范依据都具有一定的灵活性和机动性。调解本来是一种民间解决纠纷的方式,它和司法程序存在着性质上差异,但是,鉴于民事诉讼的目的性要求,在不违反司法原则的前提下,调解这种方式被纳入民事诉讼的领域,使得民事诉讼机制的解纷功能更具有实效性,同时也丰富了法律的内容。"调解程序存在着非形式主义的特点与形式化的发展倾向之间的紧张。正是由于这种紧张状态的持

---

[1] 季卫东:《法律程序的意义——对中国法制建设的另一种思考》,中国法制出版社 2004 年版,第 59—60 页。

[2] 季卫东:《法治秩序的建构》,中国政法大学出版社 1999 年版,第 32 页。

续,使得调解既可以弥补审判的不足,同时也有助于国家法的发展。"① 但是,必须强调的是,民间的调解与诉讼上的调解还是存在着重大区别的,民间的调解属于民间自治的范畴,而诉讼上的调解则是司法程序的有机组成部分。如果用民间调解的运作理念来看待诉讼调解,则不仅会陷入一种思维逻辑上的紊乱与矛盾,而且也不利于充分发挥诉讼调解的应有功能。

(一) 诉讼调解的性质

虽然,诉讼程序的价值并不在于真正地解决纠纷,但是,立法的政治性和社会性诉求要求立法者必须从更高的价值目标去考虑法律实施的社会效果,即他必须考虑纠纷的彻底解决这一带有普遍性的价值目标。于是,诉讼中的和解与调解作为一种"脱离规范"的特殊设置在法律中确立了自己的地位。这种情形不仅在具有调解传统的中国的法律中有明确体现,而且在世界上其他国家也"不约而同"地作出了规定。例如,《日本民事诉讼法》第89条规定:"法院不管在诉讼进行到任何程度,都可以尝试和解,或者是受命法官或受托法官尝试和解。"第267条规定:"将和解或者放弃或承诺请求记载于笔录时,该记载具有与确定判决同等效力。"另外,《日本民事调停法》第20条第1款规定:"受诉法院认为合适时,以职权将案件交付调停,可让有管辖权的法院处理或受诉法院自己处理。"② 对于日本的诉讼和解制度,有学者解释为:"当双方当事人对和解的内容作出陈述,并将其陈述记载于和解笔录时,诉讼上的和解就得以成立。"此外,"从法院的立场来看,法院在诉讼程序上的任何阶段都可以向当事人提出和解的建议。而且,法院也可以依据职权对纠纷进行(与和解不同的)调解。"③《德国民事诉讼法》第279条第1款规定:"不问诉讼到何程度,法院应该注意使诉讼或各个争点得到和好的解决。法院为了试行和解,可以把当事人移交给受命法官或受托法官。"④ 根据德国权威学者的解说,在正式的言词辩论之前,法官应当命令双方当事人进行强制性的和

---

① 季卫东:《法治秩序的建构》,中国政法大学出版社1999年版,第30页。
② 《日本新民事诉讼法》,白绿铉译,中国法制出版社2000年版。
③ 〔日〕高桥宏志:《民事诉讼法制度与理论的深层分析》,林剑峰译,法律出版社2003年版,第637页。
④ 《德意志联邦共和国民事诉讼法》,谢怀栻译,中国法制出版社2001年版。

解辩论,除非明显没有和解希望,或者在法院外的调解所已经进行过和解辩论。如果当事人拒绝出席和解辩论,则可对其进行罚款。在和解辩论中,法院应就实体状态和争讼状态与双方当事人一道进行讨论,并可在讨论中"自由评价所有情形"。①此外,以"对抗制"著称的英美法系国家的法官在促成当事人和解方面也有积极表现。"虽然替代性纠纷解决方法经常被用于在起诉前促进和解,但是它们的作用并非仅限于此。随着不断发展出来的促进待决案件和解的新方法,那些倡导'温和的调和与调解'的人们力主将它们扩展适用于正在进行的诉讼之中。"②在美国,联邦民事诉讼规则规定审前会议的一个重要目的就是"促进案件和解"。在联邦地区法院,调解和仲裁方式的适用可以追溯到20世纪70年代。而在州法院,ADR,特别是调解方式,是小额索赔法院、家事法院和房屋法院最常用的方法。在1983年以前,至少有17个州已经通过了立法,特别规定在离婚案件中,将调解作为一个纠纷解决程序。由于鼓励使用被称为ADR的方式解决民事纠纷,大量的民事案件在审前就得到了解决,只有极少的案件才会进入正式的审判程序。③

从以上考察不难看出,在这些国家,诉讼阶段的调解无一例外地受到立法的肯定,但是,它们似乎都不具有审判程序那样精确的制度安排。"一个好的诉讼规则将精确规定诉讼过程并详细规定程序参与人(特别是法院和当事人)的权利。"④而"在很多案件中,通过诉讼和解(Prozessvergleich)和好地平息一项争议更适切,并因此比起以判决方式结束争讼来更受偏爱;因为判决对原告的申请只能以'是'或者'不是'来裁判,相反,和解的内容不在此意义上预先决定"⑤。因此,法院调解似乎有着太多的不确定性,无论是在程序上还是在实体上都存在着"似是而非"的状况。诚如有的学者所指出的那样,诉讼调解存在着"反程序的外观"。⑥有学者甚至认为,诉讼调解是法官通过"隐蔽的方式"进行强制调解,具体方式是:"以劝压调"、"以拖压调"、"以判压调"、"以诱促调",这些做法

---

① 〔德〕奥特马·尧厄尼希:《民事诉讼法》,周翠译,法律出版社2003年版,第408页。
② 〔美〕史蒂文·苏本、玛格瑞特(绮剑)·伍:《美国民事诉讼的真谛》,蔡彦敏、徐卉译,法律出版社2002年版,第205页。
③ 同上注书,第214—217页。
④ 〔德〕奥特马·尧厄尼希:《民事诉讼法》,周翠译,法律出版社2003年版,第10页。
⑤ 同上注书,第6—7页。
⑥ 季卫东:《法制秩序的建构》,中国政法大学出版社1999年版,第29页。

实际上导致了程序和实体的双重软化。①的确,诉讼上的调解与一般的民间调解相比较,似乎更多的是在一种带有强制因素的氛围下进行的,但笔者以为这种所谓强制性因素正是诉讼调解的性质所决定的,如果没有强制性因素,那么就不能称之为诉讼调解。

民事纠纷可以有多种解决方式,但是,民事纠纷一旦进入了"司法的场域",它就必然会受到司法权的控制。民间调解的当事人不是诉讼上的当事人,他们之间的纠纷并没有进入诉讼程序,因此属于非诉讼性质的解纷方式。民间调解的着眼点仅在于调解,既没有严格的程式规范,也缺乏强有力的督促因素。而诉讼中的调解则不同,当事人之间的纠纷已经系属于法院,已经进入诉讼程序,调解不过是诉讼过程中使纠纷得到解决的一种手段,如果纠纷不能通过调解解决,法院就会做出判决。因此,诉讼中的调解的着眼点在于诉讼,在调解的背后有着强有力的司法权的依托;在这种环境因素的影响之下,当事人的思维方式和内容都会发生相应的变化,并且决定着他们的行为方式。

调解这一事物本来是不具有强制性的,原本的调解只是为当事人之间的纠纷提供一个协商解决的平台。但是,调解一旦被国家公权力所利用,便在一定程度上改变了其原有的面貌。由于公权力所固有的强制性特点,凡是属于公权力范畴的或者被公权力所利用的事物,无不具有强制性特点。这样的事例是不胜枚举的。诉讼调解也是如此,正因为这种调解是由法院掌控的,是在诉讼过程中进行的,要想其不具有强制性是不可能的。眼下关于诉讼调解的讨论中,人们之所以对其强制性多有诘难,其原因就在于没有认识到诉讼调解这种事物所特有的性质,而是用民间调解的标准来衡量诉讼调解。但是,笔者注意到,反对诉讼强制调解的人们对于某些特定案件的强制调解的法律规定并没有过多的责难,例如小额财产权纠纷、继承纠纷、合伙纠纷、婚姻家庭纠纷等。而这类案件在民事诉讼中绝非少数。②如果说对这类案件的强制调解是可以接受的,那么,持诉讼强制调解反对论的观点至少就不能说是一个普适的观点。诉讼调

---

① 李浩:《民事审判中的调审分立》,载中国法制出版社编:《民事程序法论文选萃》,中国法制出版社 2004 年版,第 294、303 页。

② 2003 年全国全年受理一审案件 4410236 件,其中比例最高的合同纠纷案件为 2266476 件,占民事案件总数的 51.39%;其次是婚姻家庭、继承纠纷案件 1264037 件,占民事案件总数的 28.66%。参见《中国法律年鉴》,中国法律年鉴社 2004 年版,第 121—122 页。

解是和国家的审判权相适应的。审判权必须是具有强制力的,否则其权威性就无从确立。一个民事纠纷案件一旦系属于法院,法院就有权采取某种它认为适合解决这个案件的方法,特别是随着世界性的对消极司法观念的反思,法院司法的积极性和能动性将愈来愈得到加强。所以说诉讼调解是具有客观性的。

不仅如此,进入诉讼程序的当事人在主观上也会形成一种"自觉的强制",笔者称之为主观性强制。所谓主观性强制,也就是当事人自己对自己所形成的一种内心强制,是当事人在诉讼中的一种心理状态。诉讼这个特殊的场域对当事人的影响决非一般,它会造成当事人的内心自我强制的微妙心理变化。而所谓"强制调解"看起来是对当事人形成了某种程度的压力,但是实际上是法官在当事人"默许"下的顺势而为。正是因为诉讼调解的存在,才使得当事人在对诉讼机制的利用上获得了更多的选择机会,从而也为诉讼机制的运作方式增添了更为丰富的内容。当事人诉讼的直接目的毕竟是为了解决纠纷,而不是对复杂繁琐的诉讼程序情有独钟。所以,在必要的时候,他会以非常现实的态度选择合作与妥协。但是,这样的一种内心活动,在外部是很难识别的。也就是说,当事人是否自愿,很难从行为和结果上作出判断。也许当事人的表述是"我愿意",但是,他的内心是否真的愿意呢?对此,任何一个第三者的判断可能都是错误的。因此,在笔者看来,所谓自愿原则是很难把握的,它只是一种理想化的应然状态,在实际上是无法真正贯彻的。毕竟是否自愿是当事人的一种心理意识活动,法律原理告诉我们,法律不能规定思想,只能规定行为,它属于行为规范。"法律所涉及的是人类的外部表现和活动,通常它对人类的内心动机不感兴趣。"①事实上,在诉讼的过程中,如果法官提出调解的建议,一般都会受到当事人的谨慎对待。正如范愉教授指出的:"在调解过程中,中立调解者实际上都具有一定的强制功能,但一般都是间接的、通过当事人的处分权发生作用的。但是,法官适时在当事人协商的基础上提出调解建议则不能说是强制,甚至可以说是法院调解应然的状态,因为许多人是基于对法官的信任和依赖的基础上参加调解的。只要不违反法律、程序公正和诚实信用原则以当事人自愿为基础就是正

---

① 〔美〕彼得·斯坦、约翰·香德:《西方社会的法律价值》,王献平译,中国法制出版社2004年版,第6页。

当的。"①

（二）诉讼调解的运作机理

和民间调解进程一样，诉讼调解也应当包括以下五个阶段：调解的启动、调解的进行、和解方案的提出和修正、合意的达成和确定、对调解结果的执行（履行）。和一般的调解明显不同的是，诉讼调解从启动到对调解结果的执行都是在法院的审判权的"阴影"之下进行的，在诉讼调解中，"第三者的权威"体现得更加直接和更具有影响力②，由此便造成了诉讼调解与一般的民间调解截然不同的运作机理。以下通过诉讼调解的五个阶段作出进一步的说明。

第一阶段，调解的启动。在我国，几乎所有的教科书都认为诉讼调解的启动是二元制的，既可以由法院提起，也可以由当事人提起。例如，"法院调解开始的方式有两种，一种是以当事人申请而开始，一种是由人民法院征得当事人同意后主动依职权而开始调解"③。但是，根据笔者考察，无论是在我国的民事诉讼立法还是在司法实践当中，实际的情形却并非如此。我国《民事诉讼法》第 9 条规定："人民法院审理民事案件，应当根据自愿和合法的原则进行调解；调解不成的，应当及时判决。"第 85 条规定："人民法院审理民事案件，根据当事人自愿的原则，在事实清楚的基础上，分清是非，进行调解。"最高人民法院《关于适用〈中华人民共和国民事诉讼法〉若干问题的意见》第 91 条规定："人民法院受理案件后，经审查，认为法律关系明确、事实清楚，在征得当事人双方同意后，可以进行调解。"显而易见，这些法律规定和司法解释当中，都没有关于"当事人申请调解"这样的内容。在司法实践当中，通常都是法官通过征询当事人的意见来启动调解程序；至于当事人在诉讼过程中主动申请调解这种情形，即使有，恐怕也是凤毛麟角，不能看作诉讼调解的启动的一般特征。况且，法院的职能是审判而不是调解，所以，如果当事人向法院申请调解而被法院受理或准许，这在理论上也是讲不通的。所以，诉讼调解本质上还是法

---

① 范愉：《调解的重构（下）》，载《法制与社会发展（双月刊）》2004 年第 3 期，第 106 页。
② 日本学者棚濑孝雄认为，在调解过程中第三者的"道德训诫"被当事者接受的程度取决于第三者的权威、争议点的性质、纠纷当事者的社会关系等多种因素。参见〔日〕棚濑孝雄：《纠纷的解决与审判制度》，王亚新译，中国政法大学出版社 2004 年版，第 31 页。
③ 石峰主编：《民事诉讼法教程》，上海大学出版社 2005 年版，第 308 页。

院而且应当是由法院启动的,它只是法院审理案件当中的一种辅助机制。但是,对于非强制调解的案件,诉讼调解也应当通过征询当事人的意见来启动,这又是由调解这种方式的属性所决定的。征询当事人的意见并取得当事人同意可以看作是法院启动调解的一个条件,而不能看作是调解启动的主体的改变。通过对某些西方国家的法院启动调解程序的做法也可以看出,由法官根据案件的具体情况主动地进行调解或者促进和解,这些做法是带有普遍性的,它说明了司法权在解决民事纠纷过程中的主动性和能动性。如果再结合对于某些案件必须先行调解的规定①,应该更能说明法院依职权启动调解的合理性与合法性。

第二阶段,调解的进行。诉讼调解的进行过程不像审判过程那样讲究严格的程式和场面,有学者指出,调解具有灵活性、保密性等八大优势。②但这里所强调的是和诉讼密切相关的进行过程。诉讼调解必然和诉讼难解难分,无论是诉前调解也好,诉中调解也好,诉讼的氛围和法官的影响是无处不在的。所以,无论是调解人的劝导、说服,或者是当事人的比较、权衡,无论是面对面还是背靠背,也无论是在法庭上还是在法官的办公室,在看似轻松、灵活的表征下面却是一种激烈的但又不乏理性的角力。所以说,诉讼调解的进行过程是一种强制笼罩之下的轻松和灵活,而这种强制是必要的,这种轻松和灵活也是真实的。有心理学家认为,这种情形属于调解活动中必不可少的调解者的权力因素的效果。③

第三阶段,和解方案的提出和修正。在整个调解过程中,最为关键的环节可以说就是和解方案的提出了。在调解的启动阶段,如果当事人同意进行调解,那么就意味着纠纷可能通过调解来解决,同时也意味着当事人在期待着一种他能够接受的和解方案。如果和解方案符合或者基本符

---

① 参见最高人民法院在近年颁行的两个司法文件,一个是《关于适用简易程序审理民事案件的若干规定》(2003年12月1日起施行),另一个是《关于人民法院民事调解工作若干问题的规定》(2004年11月1日施行)。前者第14条明确规定了六类民事案件,人民法院在开庭审理时应当先行调解,它们是(1)婚姻家庭纠纷和继承纠纷;(2)劳务合同纠纷;(3)交通事故和工伤事故引起的权利义务关系较为明确的损害赔偿纠纷;(4)宅基地和相邻关系纠纷;(5)合伙协议纠纷;(6)诉讼标的额较小的纠纷。后者第2条则明确指出:"对于有可能通过调解解决的民事案件,人民法院应当调解。"

② 参见李浩:《调解的比较优势与法院调解制度的改革》,载江伟主编:《比较民事诉讼法国际研讨会论文集》,中国政法大学出版社2004年版,第155页。

③ 参见王律中:《调解心理艺术——调解中的心理学问题及对策》,人民法院出版社2001年版,第159页。

合当事人的预期,那么,调解就迈出了关键的一步,否则就可能失败。十分有趣的是,和解方案的提出和修正有点类似于市场上买卖双方的讨价还价,不过,讲价钱是在买卖双方之间直接进行的,而调解则有一个第三者在场。在这种情况下,第三者的作用就显得十分重要了。在诉讼调解中,第三者是由法官或者法院指派的人员充任的,他们一般具有法律知识的专业素养,又十分的熟悉案情,所以,对于他们的提议或建议,当事人一般是比较尊重的。这也是诉讼调解成功率较高的原因之一。

第四阶段,合意的达成和确定。合意当然是在当事人之间达成的,当事人的自主性在这一阶段的表现最为突出,也是当事人行使处分权的关键阶段。不过,考虑到在此之前已经进行的三个阶段,这一阶段也可以说是水到渠成的结果。对诉讼调解而言,合意一旦达成,就应当履行一定的法律手续,如在和解笔录上签字或者签收法院制作的调解书。一旦履行了相应的法律手续,合意便立即产生法律效力。特别应当指出的是,这种合意的效果是一般调解所不具有的。

第五阶段,对调解结果的执行。这最后一个阶段,也是诉讼调解不同于一般调解的最为突出的标志,即诉讼调解的结果具有强制执行的效力。

通过对诉讼调解的运作机理的分析,显而易见的是,正是由于法官的身份和地位的特殊性,才形成了诉讼调解与一般的民间调解的重大区别,也正是由于这些区别的存在才形成了诉讼调解作为一种特殊的纠纷解决方式对于解决纠纷所具有的特殊功能。有一种较为流行的观点是,在诉讼调解中,法官同时作为调解人有可能造成角色的错位,从而影响审判的公正性和法院判决的权威性。这种观点其实还是以民间调解的标准来衡量诉讼上的调解,从而在思维逻辑上发生了紊乱。事实上,这种担心也是完全多余的,法官同时作为诉讼中的调解人,两者之间并不矛盾。首先,调解的基本原理告诉我们,作为调解人来说,他必须具备两个基本的条件,一个条件是他必须站在公正的立场主持公道,而不能倾向于任何一方当事人,另一个条件是他应当具备令纠纷当事人信任并愿意服从的资格。而作为法官,这两个条件是应当同时具备的。我们没有理由怀疑法官因为进行了调解就可能作出不公正的判决,正如我们不能断定一个不进行调解的法官就一定能作出公正的判决一样。其次,诉讼调解虽然是以强制性作为基本特征的,但是,这种强制性比之判决的强制性更多地体现了当事人的自主权和参与性,实际上是为纠纷的解决提供了一个更为便捷的方法；而且，由于诉讼调解的存在，不仅不会助长司法的恣意性，反而有可能对其构成一种抑制的因素。最后，也是最具有说服力的一个事实是，作为当事人来说，对于诉讼调解极少存在抵制态度，正好相反，正因为诉讼调解的存在，才使得当事人对通过诉讼机制解决纠纷抱有特殊希望。正如棚濑孝雄所说："审判本身的功能也并不像推崇调解的人所说的那样僵硬，而是具有灵活性和多样性，能够适应多种纠纷的东西。诉讼中很多案件都是以和解方式解决这一点，说明审判可以吸取调解的要素，在迅速和衡平的解决上有相当大的回旋余地。"①

---

① 〔日〕棚濑孝雄：《纠纷的解决与审判制度》，王亚新译，中国政法大学出版社2004年版，第48页。

第四章 纠纷的调解、仲裁与和解

一、调解的传统性与现代重构

以调解的方式处理纠纷可以说是中华民族为人类社会作出的一个杰出贡献。关于中国式的调解制度的产生、沿革及其社会功能长期以来都是学界关注的热点,而且"大概是唯一在西方被最广泛研究的中国法律制度的特征"①。"大多数关于中国法律制度的西方观察家们都首先被调解作为中国纠纷解决机制的一个内在组成部分所打动。"②中国的调解制度之所以受到世人关注,是因为它对于中国的法律秩序的构成和纠纷解决的实践具有事实上的强势作用。调解在中国之所以能够成为解决纠纷的常规方式,与中国的传统社会结构和法制文化形态存在密切联系,但是,随着历史的变迁和社会的发展,调解的内涵和外在表现方式也在发生着变化。特别是中国改革开放以来,许多传统的观念与现代性思维发生了不可避免的碰撞,调解制度也在经历着时代潮流的冲击,现代性因素的渗入必将使这种古老的纠纷解决方式焕发出新的光彩。

(一)调解的传统性

作为世界文明古国之一,中国的法文化也和她的历史一样源远流长。在中国古代,早在西周时期就有了民事诉讼和刑事诉讼的初步分野,民事

---

① 〔美〕郭丹青(Donald C. Clarke):《中国的纠纷解决》,王晴译,汪庆华校,载强世功编:《调解、法制与现代性:中国调解制度研究》,中国法制出版社2001年版,第375页。
② 〔美〕史蒂文·苏本、玛格瑞特(绮剑)·伍:《美国民事诉讼的真谛》,蔡彦敏、徐卉译,法律出版社2002年版,第203页。

诉讼制度定型于秦汉至唐代,宋、清是它的发展时期,晚清则是它的转型时期。①但是,"重刑轻民"却是中国古代法律制度的一贯特征。法律基本上是统治者用来维护其专制主义政治制度的工具,因此"刑罚"是古代法律的主要内容。"民事诉讼中用刑罚来制裁是的确存在的,在中国数千年的古代社会中,这种例子比比皆是。"②法文化的另一个重要方面,就是关于法律的功能和法的社会角色的认知,中国古代在这一方面的主要表现就是"德主刑辅","刑"在这里是作为法律的代称,即法律的功能在于辅助"德治"。这就说明,中国的古代不是一个"法治"的社会,而是一个宣扬"德治"的社会。

那么,"德治"所包含的内容是什么呢?

首先,"德治"是古代社会所追求的一种政治模式,是用来衡量政治好坏的价值尺度。统治者如果能够崇尚"德治",就能够得到民众的拥护,否则就可能会被民众推翻。孔子说:"为政以德,譬如北辰,居其所而众星共之"。③在专制主义政治体制下,这种价值追求应当说是有积极意义的。它有利于社会的稳定,客观上能够促进社会生产力的发展。

其次,"德治"从制度层面上弥补了古代社会法律的不足。古代社会"重刑轻民"的法律构造体系造成了一般社会成员行为规范的缺失,而"德治"的内容恰好包含了一般社会成员的行为准则。原来,"德治"和"礼教"总是结合为一体的。"礼教"所确立的人际关系是"君君、臣臣、父父、子子"、"男女有别,长幼有差,尊卑有序";"礼教"所宣扬的行为准则是"三纲五常"、"三从四德"、"父慈子孝",等等。虽然这些准则具有道德说教的意味,但是,它在事实上成为中国古代社会具有法律效力的行为规范。所以,从广泛的意义上说,"礼教"也是古代社会的一种法律。④所谓:"德礼为政教之本,刑罚为政教之用。"⑤

作为一种专制主义的社会治理方法,和民主制度下的政治理念是无法比拟的,但是,作为一种文化的构成因素,中国古代的"德治礼教"观念却是不能忽视的。这种观念主导着古代的司法制度和司法行为,也孕育

---

① 参见张晋藩主编:《中国民事诉讼制度史》,巴蜀书社1999年版,导言。
② 张晋藩主编:《中国司法制度史》,人民法院出版社2004年版,第9页。
③ 《论语·为政第二》。
④ 参见张晋藩:《中国法律的传统与近代转型》,法律出版社1997年版,第25页。
⑤ 《唐律疏议·名例疏》。

了中国特有的纠纷解决方式。

中国的古代社会是一个以血缘和亲情维系的社会。在这样一种社会关系当中,崇尚的是以家长为核心的等级制度和社会成员之间的亲和性。孔子所说的"老吾老以及人之老,幼吾幼以及人之幼"①就是从家族关系所阐发的一种道德规范。在这样的一种社会意识之下,如果社会成员之间出现了纠纷,也应当以有利于团结、和睦与合作的方式而不是对抗的方式加以解决。所谓"礼之用,和为贵"②,就是决定纠纷解决方式的最高原则。在这个原则之下,民事纠纷的解决必然以调解作为首选的方式。

以调解方式解决纠纷在中国历史悠久,"早在西周的铜器铭文中,已有调处的记载。秦汉以降,司法官多奉行调处息讼的原则。至两宋,随着民事纠纷的增多,调处呈现制度化的趋势。明清时期,调处已臻于完备阶段"③。中国古诗集《诗经》里有一首很感人的名为《甘棠》的诗歌,大意是说:多么茂盛的甘棠树啊,请不要弯折或者砍伐它吧,召伯曾经在树下停歇!④人们为什么这么爱戴召伯?据说就是因为他经常在甘棠树下化解民间纠纷,后人把这个历史典故称为"甘棠遗爱"。召伯是西周的一位著名的政治家和司法官,他是"周礼"的主要倡导者和践行者之一。西周政治家的遗风对后世儒家"德治礼教"的思想产生了很大影响,"周礼"是儒家学说的思想渊源,孔子说:"周监于二代,郁郁乎文哉,吾从周。"⑤而儒家所确立的"礼之用,和为贵"的思想,对整个封建社会的司法制度都发挥着指导作用,可以说是古代社会解决民事纠纷的一项基本原则。自秦汉以来,特别是随着汉代儒家正统法律思想的确立,虽然"严刑峻罚"、"以刑止刑"的刑罚威吓主义仍然是封建司法的基本特色,但是对于民事纠纷而言,却始终奉行着"和为贵"的司法原则。而"和为贵"在司法上的具体体现就是以调解的方式解决民事纠纷。当然,封建社会对民事纠纷的司法解决注重采用调解方式无非是为了缓和社会矛盾,巩固封建地主阶级的政治统治,但是,如果从文化的层面来审视这一现象就可以看出:

---

① 《孟子·梁惠王上》。
② 《论语·学而第一》。
③ 张晋藩:《中国法律的传统与近代转型》,法律出版社 1997 年版,第 283 页。
④ 原文:"蔽芾甘棠,勿翦勿伐,召伯所茇。蔽芾甘棠,勿翦勿败,召伯所憩。蔽芾甘棠,勿翦勿拜,召伯所说。"据《诗·召南·甘棠》。
⑤ 《论语·八佾》。

纠纷的解决方式绝不单纯是一种功利主义的行为,而是有着深厚的历史积淀和传统因素的。

纵观中国古代的司法调解,大致有以下特点:

(1) 官府主持,强制调解。中国古代的调解分为官府调解和民间调解,由于中国古代行政权和司法权合二为一,其中的官府调解实际上就是司法调解。"官府调处又称诉讼内调处,是由州县官主持和参与的调处息讼。"①按照古代家族式政治的模式,地方官被视为"父母官",所以,在调解当中州官或县官具有很高的权威性,强制调解势在必行。当事人往往屈从于州县官的意志"遵命和息","依奉结得",还须保证不再滋事。由于农业经济的生产方式的限制,中国古代的社会组织是以相对稳定的宗法制为核心的,在这种组织结构中,"父权"是最高权威,"父"对"子"有生杀予夺的权利。而封建的大一统国家则是皇上的家天下,因此,社会成员对官府不仅深感畏惧,而且久而久之还会产生精神上的依附性,所谓"皇恩浩荡",皇上是子民的衣食父母,这种颠倒了的价值观在封建社会是极其正常的。所以,民间纠纷以"告官"为极限,而在"告官"以后,就必须(也是心甘情愿地)听从官府的安排;再说,古代的司法制度特别是民事纠纷的解决并没有严格的程序性,更谈不上什么诉讼权利,如果官府进行调解,哪有不从之理?如此看来,在官府主持下的强制调解也就在情理之中了。

(2) 调解先行,意在息讼。古代官府对于民事纠纷为什么热衷于调解呢?拿今天的话来说,原因之一就是司法官的利益驱动。封建社会考察官吏政绩的重要标准就是讼清狱结,而不稽延拖累,这就使得州县官力求息讼于公堂审讯之前,在实践中不经调处直接判决的案件是很少的。②但是,应当看到,除了这一功利性的原因之外,更为重要的是封建社会从上到下的"厌讼"意识的作用。孔子说:"听讼,吾犹人也,必也使无讼乎!"③孔子的"无讼",显然不是出于功利的目的,同时,也不能简单地说是为了维护统治阶级的利益,作为一位思想大师,"无讼"思想的包容性绝不是一言可以蔽之的。从统治者来说,大力推行调解的方式固然有实

---

① 张晋藩:《中国法律的传统与近代转型》,法律出版社1997年版,第284页。
② 同上。
③ 《论语·颜渊第十二》。

现其政治目的的意义,但是作为百姓来说,也并不是一味被动地顺应调解方式,他们甚至是由衷地赞成这样一种解决纠纷的方式的。张晋藩教授说得好:"在一个自然农业经济社会里成长起来的中国人,一方面表现为对自然的依赖,另一方面也形成了重视群体力量,借以同自然抗争的观念,由此而产生了中国人重和谐的内在要求。"①

(3) 礼教为准,辅以民俗。中国古代的法律结构以"重刑轻民"甚至"出礼入刑"为特色,因此,在民事诉讼中基本上没有自成一体的实体法规范可循。在处理民事纠纷时,主要是以封建纲常礼教为准则的。清代康熙皇帝的"圣谕十六条"明确要求:"和乡党以息争讼,明礼让以厚风俗"②,经过最高统治者的倡导,使调解制度获得了最权威的合法性根据,因而日趋制度化和普遍化。③调解作为一种解决纠纷的方法,其特点就是灵活、简易、直接,不须繁琐刻板的形式化过程和程序,而是由争议双方直接对话,直达实体性问题。在古代社会,所谓实体性争议的解决基本上是没有规范可循的,其最高的准则无非是封建的"纲常礼教",而"纲常礼教"也多是些抽象的教条,更遑言所有权、债权等现代民法规范。由于基本上没有规范的法律条规制约,在不出礼教的大框架之下,倒是给乡规民俗的大量适用留下了充足的余地。由于乡规民俗比较贴近与生活实际,易于为人们所理解和接受,因此,它对于顺利解决民事纠纷的功能是不可以忽视的。

从以上对古代司法调解的分析可以看出,司法调解在中国是有着深厚的历史渊源的。虽然古代司法和现代司法不可同日而语,但是从司法的伦理性和社会性的角度来看,其中有些因素客观上是无法割裂的。或许是由于中国的现代司法制度是随着封建制度的灭亡而建立起来的,又或许是因为"中华法系"偏重于治理国家而西方法律偏重于伸张权利,在当前的中国法学领域很有些"厚今薄古"的情绪。但是,应当看到,作为一种历史悠久的纠纷解决方式,它的影响却是实实在在的。

中国古代的司法调解方式作为一种司法智慧已经成为现代司法的重要组成部分。司法的过程是一项综合性的、复杂的社会工程,它不仅需要

---

① 张晋藩:《中国法律的传统与近代转型》,法律出版社1997年版,第295页。
② 《清圣祖实录》,康熙九年冬十月乙酉朔。
③ 张晋藩:《中国民事诉讼制度史》,巴蜀书社1999年版,第199页。

制度的支持,而且需要科学的理念和高超的运作技术。把调解方式引入司法,以调解的方式解决民事纠纷,应当说是中国古代的先行者们为人类做出的一大贡献。在调解特别是调解和司法的结合当中,蕴含着人类社会解决社会矛盾和纠纷的深层智慧,这种智慧不仅使得纠纷能够轻松地解决,而且为司法目的的实现提供了一条捷径。由于历史文化和行为方式的不同,西方国家并不具有司法调解的传统,他们追求的是司法的严谨性和程序性,但是,当他们发现司法调解这种"东方经验"的卓越功效以后,便以一种积极的态度认真地吸收其中的智慧,并把它改造成适合自己需要的方法;从盛行在美国的 ADR 方式和 20 世纪 90 年代发生在英国的司法改革运动当中就不难看出这种趋势。从调解方式被世界各国的司法过程广泛采纳的事实来看,可以说调解方式已经成为世界性的司法过程的重要组成部分。而且,在现代的以民主和法制为先导的司法制度的总体框架之中,司法调解正在从经验走向理性,从粗糙臻于完美,它必将赋予现代司法以新的内涵,并且具有十分广阔的发展前景。

此外,从古代社会传承下来的"息讼"观念以及以民间风俗和习惯作为解决纠纷的依据,也并非没有现实的价值。"息讼"可以说是解决民事纠纷的最高境界,拿今天的话来说就是"案结事了";而带有地方特色的乡规民约和风俗习惯对于弥补法律的滞后和缺漏也是很有益处的。这些观念和举措与现代司法制度的基本原理存在着逻辑上的内在统一,对于和谐社会的构建具有可行的现实意义,是很值得认真关注和研究的宝贵历史遗产。

(二) 现代调解机制的重构

现代社会的调解,通常来说,可以分为民间调解、行政调解、仲裁调解和诉讼调解。鉴于诉讼调解属于诉讼机制中的内容,且已在前文有过论述,而仲裁调解将会在本章第二部分"仲裁的定位与优势选择"中再作论述,所以,这里所要讨论的主要是民间调解和行政调解。我国目前规范意义上的民间调解主要是指人民调解组织的调解,简称人民调解;而行政调解则是依据法律和行政法规的规定由行政机关进行的调解。

1. 关于人民调解

根据我国《宪法》第 111 条的规定,城市居民委员会和农村村民委员会是"基层群众性自治组织",居民委员会、村民委员会设人民调解委员会,调解民间纠纷。这就说明,我国的人民调解委员会具有宪法上的法律地位,属于"法定"的"民间调解机构"。根据《宪法》这一规定,国务院于1989年颁布了《人民调解委员会组织条例》,该条例具体规定了人民调解委员会的组织形式、机构的产生办法、任期和任务等。特别值得注意的是,该条例还规定人民调解委员会在基层人民政府和基层人民法院的指导下进行工作;基层人民政府及其派出机关指导人民调解委员会的日常工作,由司法助理员负责。另外,司法部在2002年还发布了一个《人民调解工作若干规定》,该规定要求人民调解委员会通过调解工作宣传法律、法规、规章和政策,教育公民遵纪守法,尊重社会公德,预防民间纠纷发生;并且要向村民委员会、居民委员会、所在单位和基层人民政府反映民间纠纷和调解工作的情况。在人民调解委员会的机构设置方面,该规定第10条作出了更加详细的安排:(1)农村村民委员会、城市(社区)居民委员会设立的人民调解委员会;(2)乡镇、街道设立的人民调解委员会;(3)企业事业单位根据需要设立的人民调解委员会;(4)根据需要设立的区域性、行业性的人民调解委员会。在人员的组成方面,该规定甚至作出非常细致的规定,有人民调解委员会主任、司法助理员,还有懂法律、有专长、热心人民调解工作的社会志愿人员。更重要的是,调解委员既可以选举产生,也可以聘任:人民调解员除由村民委员会成员、居民委员会成员或者企业事业单位有关负责人兼任的以外,一般由本村民区、居民区或者企业事业单位的群众选举产生,也可以由村民委员会、居民委员会或者企业事业单位聘任。乡镇、街道人民调解委员会委员由乡镇、街道司法所(科)聘任。区域性、行业性的人民调解委员会委员,由设立该人民调解委员会的组织聘任。另外还要求:人民调解委员会的设立及其组成人员,应当向所在地乡镇、街道司法所(科)备案;乡镇、街道人民调解委员会的设立及其组成人员,应当向县级司法行政机关备案。

笔者以为,从以上关于人民调解委员会的有关法律和规范性文件的规定来看,至少存在以下两个可以商榷的问题:

其一,在宪法中规定"群众性自治组织"的具体机构设置及其任务是否妥当?

宪法是国家的根本大法,它所规定的内容应当是与国家的基本制度和与政府机关的设置和运作方式有关的内容,如立法、行政、司法机关的机构设置、职能和权限,公民的基本权利和义务,等等。对于非官方的社会组织和机构设置,特别是"群众性组织",一般来说不应当在宪法中作出规定,它们应当属于具体的政府管理职能的范畴。在我国,由于国体和历史的原因,"人民群众"这个概念有着比较特殊的含义,而"群众自治"又是一种传统的社会治理模式,比较符合我国的政治文化和传统观念,因此,在宪法中认定城市居民委员会和农村村民委员会这样的"基层群众性自治组织"是可以理解的。但是,既然是"群众性的自治组织",那么就应当充分体现其"自治"的特点,在群众性自治组织中应该设立什么样的组织机构以及这些组织机构的组成方式、运作方式、功能和任务等均应当由自治组织自行决定,国家的法律,特别是宪法却不应当对其作出过多的规定。否则,就与"群众性自治组织"这一定性发生了冲突。

其二,政府对"调解民间纠纷的群众性组织"是否干预过多?

或许由于《宪法》对人民调解委员会作出了具体规定,下位法对这一特殊的群众性组织也作出了相应的"回应"。如我国《民事诉讼法》第16条第1款规定:"人民调解委员会是在基层人民政府和基层人民法院指导下,调解民间纠纷的群众性组织。"这样一来,人民调解委员会就必须接受基层人民政府和基层人民法院的双重"指导",其群众性自治组织的特性被进一步削弱。不仅如此,国务院颁布的行政法规和司法部发布的行政命令还进一步规定了人民调解委员会的组织形式和运作方式,所谓的任职资格、任职期限、选举办法、工作任务和范围、应遵守的原则和规范,等等,不一而足,不仅充满形式化的繁琐,而且实际上也难以施行。或许为了提高制度的可行性和效率性,司法部发布的《人民调解工作若干规定》突破国务院的行政法规的局限,规定调解委员可以采取聘任制,其中的"乡镇、街道人民调解委员会委员由乡镇、街道司法所(科)聘任"尤其令人费解。要知道,司法所(科)是政府机构,而不是群众性组织,由政府机构聘任群众性组织的"委员",难免发生身份的错位。以上这些规定在实践中落实的情形如何不得而知,但是,人民调解的每况愈下却是一个不得不正视的事实,有学者将其描述为"组织庞大、力量不足,往往徒具虚名,民间调解处于半瘫痪状态"[①]。造成这种状况的原因是多方面的,但是,政府对人民调解的过分干预是其中的重要原因之一。虽然这种干预的出发点也许是好的,但是,它违背了事物本身的发展规律,扭曲了人民调解

---

① 何兵:《现代社会的纠纷解决》,法律出版社2002年版,第189页。

这种群众性自治形式的本来性格,反而限制了它的自我调节、自我发育功能。

2. 关于行政调解

行政调解是指由政府或者行政主管机关主持的调解。根据我国相关法律法规的规定,政府机关不仅有依法行政的职能,而且还有依法处理一定范围内的民间纠纷的职能,其处理民间纠纷的方式就是调解,这种调解就是行政调解。行政调解与人民调解不同,它不是专门的调解机构,而是其行政权力的衍生功能。其原理就在于,行政权是一种公权力,这种公权力不仅具有推行国家方针政策的强力功能,而且使行政机关因此而拥有了实质上的权威性,这种权威性对调解能够产生意外的效果。正如日本学者棚濑孝雄所言:"在调解者相对于当事者来说处于社会的上层,或者当事者在经济上对调解者有所依靠的情况下,调解者提出的解决方案对于当事者具有不可忽视的分量。"① 加之政府机关固有的管理职能,因此,由政府机关调解一定范围的民间纠纷是一个不错的选择。

在我国,大部分的政府机关都拥有调解纠纷的职能,同时,大部分政府机关的调解职能都不是一种义务性职能,并且,政府机关调解的结果也大部分都不具有强制执行的效力。这三个"大部分"构成了行政调解的尴尬局面,也是政府机关对调解持消极态度的根本原因。例如,我国《道路交通安全法》第 74 条规定:"对交通事故损害赔偿的争议,当事人可以请求公安机关交通管理部门调解,也可以直接向人民法院提起民事诉讼。经公安机关交通管理部门调解,当事人未达成协议或者调解书生效后不履行的,当事人可以向人民法院提起民事诉讼。"这就是说,在发生交通事故后,就赔偿争议当事人可以请求公安机关交通管理部门调解,但是,经公安机关调解达成的调解书生效后当事人也可以不履行,并有权转向司法救济,如此一来,公安机关的调解功夫也就白费了。再如,我国《治安管理处罚法》第 9 条规定:"对于因民间纠纷引起的打架斗殴或者损毁他人财物等违反治安管理行为,情节较轻的,公安机关可以调解处理。经公安机关调解,当事人达成协议的,不予处罚。经调解未达成协议或者达成协议后不履行的,公安机关应当依照本法的规定对违反治安管理行为人给

---

① 〔日〕棚濑孝雄:《纠纷的解决与审判制度》,王亚新译,中国政法大学出版社 2004 年版,第 13 页。

予处罚,并告知当事人可以就民事争议依法向人民法院提起民事诉讼。"这里的调解似乎是一种主动的调解,但其措辞也是"可以",并不是义务性质的。经调解后达成协议的,不予处罚,但如果不履行调解协议则"应当"处罚。由此来看,这种调解协议具有强制履行的意味,但是,这种强制履行是以行政性强制手段"不予处罚"为代价的,经行政调解达成的调解协议并不具有司法强制的效力。

鉴于政府机关拥有法律赋予的行政管理权,其强势的地位和有效的手段毫无疑问是解决纠纷的有利资源。立法者对此具有深刻的认识,在大部分相关的法律法规中都规定了行政机关的调解职能。但是,行政调解却并非一种刚性的纠纷解决机制,现行制度造成了当事人对行政调解满怀希望,而行政机关却作用有限,有时甚至消极推诿的矛盾现象,致使大量的纠纷不能及时解决,最终还是不得不去寻求司法解决。

3. 关于调解机制的重构

随着我国改革开放步伐的加快,社会的组织结构形式和政府的功能都在发生着变化,公民的权利意识和自主意识逐渐增强,在出现纠纷以后,他们更愿意按照自己选择的方式去解决纠纷。传统的调解方式仍然是大多数人乐于选择的纠纷解决方式,但是,调解机制所存在的某些问题却阻碍了他们寻求这种纠纷解决方式的步伐。从以上对人民调解和行政调解的分析不难看出,这两种最常见的调解方式实际上难以实现它们的真正价值。究其原因主要有两个方面,一方面是对第三者的身份限定过多,法律甚至对于发生了什么纠纷、应当由谁主持调解都作出了规定,从而使当事人的选择余地受到一定的限制;另一方面是调解的效力缺乏刚性,即使签订了调解协议,当事人却可以轻易地予以否定,不仅浪费了宝贵的资源,而且也使得当事人的权利不能得到及时的救济。

应当看到,针对上述情形,立法机关和司法机关在其职权范围内已经做出了一定的努力和尝试,试图将调解机制的价值最大限度地发挥出来。例如,立法对行业性调解的规定就是对传统调解模式的一个突破。根据我国《消费者权益保护法》的规定,消费者和经营者发生消费者权益争议的,可以请求消费者协会调解;根据我国《证券法》的规定,证券协会的会员之间、会员与客户之间发生的证券业务纠纷,可以通过证券业协会进行调解;根据我国《律师法》的规定,律师执业活动中发生的纠纷,可以由律师协会主持调解,等等。另外,为了保证调解协议的有效性,最高人民法院于 2002 年 9 月 16 日发布了《关于审理涉及人民调解协议民事案件的若干规定》,根据该规定,经人民调解委员会调解达成的、有民事权利义务内容、并由双方当事人签字或者盖章的调解协议,具有民事合同性质,这就大大提高了调解协议的可执行性。

除了立法机关和司法机关的积极推动之外,在许多正式的或非正式的场合,调解的方式也被广泛地运用于纠纷解决的实践之中。例如,许多商业行会都建立了自己的调解机构,对本行会会员之间或者会员与他人之间的纠纷进行调解,其中,中国国际贸易促进委员会调解中心就是一个典型的代表。再如,各地仲裁委员会在受理仲裁案件的同时,也在积极寻求通过调解来解决商事争议的可能。在仲裁委员会设立调解中心已经成为一个有益的尝试。有的当事人之间或者没有签订仲裁协议,或者虽然签有仲裁协议而希望采取更加快捷的方式解决纠纷,均不排除调解的可能。

显而易见的是,虽然在立法上和纠纷解决的实践中已经对传统的调解机制进行了某些改造和发展,但是,仍然存在一些令人难以释怀的疑虑:(1)经法律规定或认可的调解机构和未经法律确认的调解机构或者组织是否拥有同等的法律地位,例如,行会调解组织的性质和地位如何确认?(2)不同的调解机构调解纠纷所依据的原则和规范是否可以不同,只要有利于纠纷的解决?(3)调解协议的效力如何才能在公平的前提下得到法律的确认?下面将围绕这些问题从调解机制重构的角度展开讨论。

关于调解机制重构的命题已经有过不少学者进行研究探讨,关于具体的重构方案也是见仁见智。但在笔者看来,与其在原有格局上修修补补,不如彻底打破传统观念,进行全方位的重构。具体的设想如下:

(1)实行调解机构的社会化模式。

长期以来,我国的调解机制被人为地贴上不同性质的标签,主要有人民调解、行政调解、行业调解、仲裁调解、诉讼调解,等等。这种贴标签的方式虽然有利于相关制度的建立以及从理论的角度研究调解机制,但是,未必真实地反映了调解机制的实际运行规律。事实上,除了以上的调解机制之外,还存在着诸如社会团体的调解、公民个人的调解以及难以区分其性质的各种调解机制。而且,有些"非正式"的调解对于纠纷解决的效果也毫不逊色。调解作为一种纠纷解决的方式,主要是基于当事人的选择,当事人不仅有权选择调解的方式,而且应当有权选择由什么样的第三者来主持调解,法律不应当对当事人的这种选择权作出限制。从诸种调解机制来看,人民调解属于"法定"的调解机构,虽然理论上将人民调解定义为"民间性的纠纷解决机制",但是,它实际上具有"官方"的意味。不仅《宪法》赋予了人民调解以特殊的法律地位,而且,司法行政管理部门也将人民调解作为官方的一个解纷机构来对待。从目前关于人民调解组织的有关规定不难得出这一结论。如此一来,人民调解的民间性质已经被大大削弱,不少当事人对于人民调解抱有一种敬而远之的态度。至于行政调解,虽然它是由官方主持的,但是,这种调解的效力甚至还不如人民调解。根据最高人民法院《关于审理涉及人民调解协议民事案件的若干规定》,经人民调解委员会调解达成的、有民事权利义务内容,并由双方当事人签字或者盖章的调解协议,具有民事合同性质,而行政调解却并不具有这样的待遇。其实,这样的局面完全是人为造成的,并没有反映调解机制的自身特点。

以调解的方式解决纠纷主要是基于当事人的合意,而不是取决于由谁来主持调解。只要当事人能够形成解决纠纷的一致意见,由谁主持并不重要,作为国家的立法或司法机关应该对各种调解机构一视同仁,而不应当区别对待。因此,以人民调解为主、其他调解为辅的这种制度模式应当予以摒弃,使调解成为一种社会化的纠纷解决机制。具体地说,村民委员会、居民委员会可以设立调解机构,企业、事业单位、社会团体、行会组织、政府机关也可以设立调解机构,当事人还可以临时聘请公民个人作为调解人主持调解,还应当允许成立专门的从事调解服务的中介机构,从而形成调解机构的社会化模式。与这种社会化模式相适应,实行调解人员的资格认证制度,并制定相应的法律法规,以规范调解机构和调解人员的行为。当事人有权根据自己的具体情况,任意选择合适的调解机构或者调解人员来解决纠纷,经过调解达成的协议应当具有相同的法律效力。

(2)废除调解的自愿原则。

调解必须遵从自愿原则,或者说自愿原则是调解的第一原则,已经成为调解活动的根本要求。长期以来,调解自愿的原则无论是在立法当中还是在司法实践当中都成为毋庸置疑的第一原则,同时,也是研究调解制度的理论上的出发点。似乎没有自愿就不可能有调解,但凡调解就必须自愿。自愿原则于是就成为构筑调解制度的基石。但是,无论是从理论上说还是从实践中看,自愿原则都存在着难以克服的自身矛盾。

首先,完全的自愿不具有现实可能性。自愿作为一项原则,就应当意味着一切都要从当事人的意愿出发,不应当存在其他任何强迫的因素。显然,这是不可能的。一方面,调解活动虽然是一种"民间性质"的解决纠纷的活动,但是,它也不能不受到法律原则或法律规范的制约,并非一切都可以听从当事人的意愿。另一方面,调解当中的强制性因素是客观存在的,即使外界的公开强制可以受到最大限度的抑制,但来自当事人的内心强制是无法避免的,正因为如此,才会有"妥协",也正因为有了妥协,才会有形成合意的可能。在众多的调解案例中都存在一种共同的现象,即"说服",或者用比较中性的词汇,叫做"做工作"。说服也好,做工作也好,直率地说,无非是对当事人的意志施加某种影响,从而改变当事人从一开始所抱定的初衷,最终达到双方的和解。在这当中,当事人一方(经常是双方)是在权衡利弊之后,不得不接受了调解,是在作出了某种妥协之后才达成了和解。所以说和解往往是妥协的结果。

其次,是否属于自愿难以作出客观判断。自愿原则贵在自愿,那么,自愿的内容又是什么呢?如果不假思索,我们可以这样回答:"人民法院对民事案件进行调解的前提必须是双方当事人自愿,不能有丝毫的勉强。"[①]那么,什么是"勉强"?什么又是当事人的"自愿"?这种属于主体的内心活动及其感受的内容是很难确定一个客观衡量标准的。事实上,自愿原则属于主观意识范畴,难以形成客观的评判标准,是否属于自愿难以判断。通过调解达成的和解往往是妥协的结果,而妥协是需要付出代价的,作为追求利益最大化的当事人而言,为妥协而付出代价总是不情愿的,但是权衡利弊又不得不为之,这种情形也很难说是否属于自愿。说自愿亦可,说非自愿亦可,各有其理。

总之,自愿原则和它所对应的理论构想和实践环节已经发生了严重的脱节现象,它不仅不能指导实践,而且已经成为实践的障碍;作为一个原则,在实践中很难体现出它的理论上的价值。废除自愿原则有利于营造一个轻松自然的氛围,当事人及第三者不必因为担心违背对方的意愿而束手束脚;一旦当事人之间形成合意,也有利于结果的顺利实现,避免

---

① 常怡主编:《民事诉讼法学》,中国政法大学出版社 2002 年版,第 238 页。

一方当事人以违反自愿原则为由而轻易否定调解结果。而且,从国外关于调解的立法来看,鲜有强调自愿原则的。如日本的《民事调停法》是一部关于民事纠纷调解解决的专门立法,其中也看不到强调自愿的内容。其第1条所规定的"宗旨"就是:"当事人在相互让步的基础上,合情合理地解决有关民事纠纷为本法的宗旨。"①

必须申明,笔者主张废除自愿原则,但并不反对调解中的自愿。因为两者原本不是一个层面上的东西。具体地说,从立法技术的层面来说,诉讼调解的自愿性不必确立为一个原则;而从调解技术或方法来说,自愿又是不可或缺的。显而易见,离开了自愿性,调解就难以进行,也难以形成最终的和解。作为一种技术或方法来讲,调解中的自愿是理所当然的。换言之,自愿是调解的必然属性,言及调解,必含自愿,所以,自愿不必成为一种法律原则,而应当看作一种常识性的知识和技术在适当控制的前提下加以运用。可能会有人担心,在废除自愿原则之后,当事人如何控制调解的进程?当事人在调解中的权利如何保障?这种担心其实没有必要,因为废除了自愿原则并不影响调解的制度性规范的设置,当事人仍然随时可以提出终止调解或者不接受调解的意思,对于最终的和解方案,当事人也有权予以否决。毕竟调解不是判决,它的核心结构依然是当事人的合意,这一点始终是调解的固有特点。

(3)坚持以法律规范为主,以道德规范为辅,在维护法律前提下兼容其他社会规范的原则。

法社会学理论认为,社会学意义上的法律并不限于国家制定的法律规范,还包括社会公认的道德规范以及自治规范、乡规民约、宗教和习惯,甚至组织内部的规章制度都可以看作是法律。因此,法律是多元的,纠纷解决的依据也应当是多元的。对于这种"多元化"的观点笔者在前文已有评述,此不赘述,这里只想强调以调解方式解决纠纷特别需要注意的一个问题,这就是调解的规范依据的问题。

或许是受到法社会学理论的影响,有的学者主张不迷信国家的法律制度,在解决纠纷时实行"多元化"思维,社会道德规范、自制规范、乡规

---

① 《日本新民事诉讼法》,白绿铉编译,中国法制出版社2000年版,第197页。

民约、宗教和习惯等等都可以作为依据。①甚至可以"尽量不考虑法律进行调解,并且应当本着门外汉的圆满主义常识来处理"纠纷②,笔者对此却不以为然。在现代社会,国家法律是社会统一遵行的基本规范,即使有个别的民间规范还没有纳入法律的体系,但是,除非这些民间规范与法律规范不存在明显冲突,否则就不应当提倡民间规范而应当服从法律。法律和道德之间有一个层级关系,有法律明确规定的,必须服从法律,法无明确规定的,可以依据社会公认的主流道德,这才是法治社会的"常识"。至于自制性规范、乡规民约、宗教和习惯,在法律没有明确规定的前提下,如果不违反法律禁止性规定,不违反社会公认的道德,那么,当然也可以作为解决纠纷的依据。这种情形与首先强调遵守法律规范并不矛盾。如果一味强调规范依据的多元化,甚至置法律于不顾,刻意夸大民间习惯、乡规民约之类的所谓"社会性规范"的适用范围及其效力,那么就有可能淡化遵法守法的法治意识,甚至颠覆整个社会的价值观念,以至于误导社会发展的前进方向。

事实上,随着我国法律制度的逐步完善和法治意识逐渐深入人心,遵法守法、弘扬法律权威,反对和抵制违法行为,崇尚社会主义法治和社会主义道德已经成为整个社会的共识,那种落后于时代步伐的,甚至是封建社会遗留的个别传统观念和陋习已经成为社会主流意识的批判和摒弃之列。而国家的法律法规在这方面的精神也是十分明确的。例如,我国《人民调解委员会组织条例》第6条关于人民调解委员会的调解工作应当遵守的原则第1项规定:"依据法律、法规、规章和政策进行调解,法律、法规、规章和政策没有明确规定的,依据社会公德进行调解。"而司法部发布的《人民调解工作若干规定》第4条则更加明确地指出:"……法律、法规、规章和政策没有明确规定的,依据社会主义道德进行调解。"这里将"社会公德"明确为"社会主义道德",更加凸现了法律的规范意义和导向作用。笔者以为,这种以法律规范为主,辅之以社会主义道德的理念应当予以坚持。在解决纠纷的过程中,首先应当考虑法律,以维护法律权威为立足点,只有在法律没有规范可循的情况下才可以考虑社会主义道德规

---

① 范愉教授持此观点,参见沈恒斌主编:《多元化纠纷解决机制原理与实务》,厦门大学出版社2005年版,第432页。

② 转引自李纲主编:《人民调解概论》,中国检察出版社2004年版,第89—90页。

范,在这个大前提下,其他社会规范也不应一概排除,但是,不能与法律的精神和原则相冲突。

(4) 建立调解协议司法审查制度,赋予调解协议法律效力。

调解的最终结果是根据当事人之间的合意形成调解协议,这里就必然涉及调解协议的效力问题。如果调解协议不具有刚性的法律效力,那么,必然消减调解机制对于纠纷解决的应有价值。长期以来,调解协议的效力仅在当事人自觉履行的情形下才能够得以彰显,如果当事人拒绝履行,那么,经过千辛万苦所形成的调解协议便形同废纸。根据最高人民法院《关于审理涉及人民调解协议民事案件的若干规定》,经人民调解委员会调解达成的、有民事权利义务内容,并由双方当事人签字或者盖章的调解协议,具有民事合同性质,当事人应当按照约定履行自己的义务,不得擅自变更或者解除调解协议。这种将人民调解协议视作"民事合同性质"的协议的做法,可以说比原来没有对人民调解协议做出任何定性的情形是大大前进了一步,它至少使人民调解协议在法律上获得了自己的身份。但是,人民调解协议的这种身份应当说还是不够确切的。首先,民事合同是在合同当事人之间形成的,而人民调解协议是在第三者参与下,经过调解而形成的。根据《人民调解工作若干规定》,调解协议的形式要件不仅需要当事人签名,还需要调解主持人签名,并加盖人民调解委员会印章。如果说调解人、人民调解委员会可以被忽略,那么,当事人自己为了某个纠纷经过协商而达成的协议是否也具有民事合同性质呢?显然,在司法实践中,后一种情况是不被认可的,并不具有民事合同性质。其次,调解的过程蕴含着各种复杂的情理性因素,与民事合同的权利和义务的设定过程完全不同。调解人的反复劝说、引导甚至在某些问题上晓以利害,当事人作出让步和妥协的情形并不罕见,而这些情形很容易被认定为"强迫调解"或者"显失公平"、"重大误解"的情形,因此,调解协议很容易被认定为无效或者被撤销。因此,用处理民事合同纠纷的思路去处理人民调解协议并不妥当。

调解的过程是在第三者主持下解决纠纷的过程,第三者的说服、劝导、斡旋和调解技术的发挥往往对纠纷的解决起着关键的作用,这当中,不排除第三者的个人魅力以及其所拥有的优势地位的潜在影响。一个德高望重,甚至对当事人的社会关系具有直接或间接影响力的第三者作为调解人,显然比对当事人而言没有任何社会优势的第三者充当调解人更容易促成当事人之间的和解。所以,对调解中的第三者即调解人的地位是绝不可忽视的。正因为如此,《人民调解委员会组织条例》要求人民调解委员会委员应当由群众选举产生,《人民调解工作若干规定》第 27 条也规定:"人民调解委员会调解纠纷,根据需要可以邀请有关单位或者个人参加",这些措施无非都是为了加强当事人对调解人的认同感。因此,调解协议的形成不仅仅是当事人意愿的结果,而是当事人之间、当事人与调解人之间互动的结果。当然,最终的结果还是有赖于当事人的认可,如果当事人不认可调解的结果,就等于调解的失败,这正是调解与判决或者仲裁裁决的不同之处。话又说回来,既然当事人认可了调解的结果,而调解的过程也始终是在当事人的参加之下有序开展的,那么,对这样一个结果赋予法律效力就是理所当然的。

关于如何赋予调解协议以法律效力的问题,在世界各国(地区)都是一个尚待解决的难题。一般来说,作为诉讼程序的前置程序或者被称为审前程序的调解,由于是在法院的主持或者监督之下进行的,如果当事人直接达成和解,则该和解协议与法院裁判具同等效力。如日本的司法调停制度和我国台湾地区的审前调解制度。但是,如果是通过其他方式达成和解的,则一般不认为具有法律效力,司法机关也不会直接赋予这种和解协议以法律效力。例如,在美国,除非是在法院附设的 ADR 中达成和解,其他形式的 ADR 协议则不具有法律效力。"ADR 的效力较弱,不明确,大部分 ADR 不具备法律拘束力,与诉讼机制衔接不畅。这是 ADR 发展面临的重大障碍,也是制约当事人选择 ADR 的关键因素。"[①]对于人民调解协议,我国有学者曾提出各种赋予其法律效力的设想,如公证的方式、政府复核的方式、仲裁见证的方式,等等[②];但是,这些方式在纠纷的实际解决与当事人诉权的保障之间存在着难以解决的矛盾,不能因为单纯追求纠纷的解决而剥夺当事人的诉权,唯有司法解决才具有最终的法律效力是一个必须坚守的原则。鉴于这种考虑,笔者以为,将调解协议直接提交司法审查是唯一可行的办法。具体做法是,在调解协议形成之后,任何一方当事人可以向法院申请对其进行司法审查,法院可以传唤双方当事人及调解主持人核实调解的过程。经法院审查,认为调解协议是当

---

① 徐昕主编:《纠纷解决与社会和谐》,法律出版社 2006 年版,第 131 页。
② 参见范愉主编:《ADR 原理与实务》,厦门大学出版社 2002 年版,第 204 页。

事人的真实意思表示,不侵犯他人合法权益,也不违反法律强制性规定和社会公共利益,则应当赋予调解协议等同于判决的法律效力。申请费用由申请人承担。可以预见,如果施行这种司法审查制度,将会直接带来如下的良性效果:第一,可以切实提高调解方式的利用价值,充分释放调解这种传统的纠纷解决方式的效用和功能;第二,可以大大缓解司法机关的压力,有效地节约司法资源;第三,可以提高纠纷解决的效率和社会效益,为当事人节省大量时间和人力、物力,从而使其乐于利用调解这种方式解决纠纷。

二、仲裁的定位与优势选择

在我国纠纷解决的诸种方式中,仲裁方式是一种较为特殊的方式,同时也是一种引人关注的方式。仲裁的特殊,主要在于仲裁机关并非司法机关,但却拥有事实上的司法权,从而被人们称为"准司法"方式;仲裁之所以引人关注,是因为到目前为止它还没有摆脱"新生事物"的形象,它的有关制度和理念仍然处于不断的探索和完善之中,尽管仲裁方式迅猛发展的态势已经预示了它的辉煌前景。关于仲裁,议论最多的就是它的性质,以及与此有关的它在纠纷解决机制中的定位问题。虽然从理论上说这个问题似乎已经有了定论,但是,实践中的具体情况却一再提醒人们重新审视仲裁的身份;而诸如仲裁的优势在哪里、如何才能最大限度地发挥仲裁的优势这样的问题,对于中国的仲裁机构来说更是亟待解决的问题。

(一)仲裁的定位

仲裁是指当事人根据自愿达成的仲裁协议,将纠纷或争议提交第三者居中评判,并由第三者作出对争议各方均有拘束力的裁决的一种解决纠纷的制度或方式。由于仲裁与商事活动关系密切,所以也被称为商事仲裁。

仲裁这种解决纠纷的方式由来已久,早在古罗马时期人们就已经采用仲裁的方式解决纠纷。在罗马法《民法大全》"论告示"第2编中记载了古罗马五大法学家之一保罗的论述:"为解决争议,正如可以进行诉讼一样,也可以进行仲裁。"但仲裁作为一种正式的法律制度却始于中世纪。① 17世纪末,英国议会制定了第一个仲裁法案,正式承认仲裁制度,1889年制定了世界上第一部专门的《仲裁法》。瑞典则在1887年制定了第一个仲裁法令,1929年通过了《仲裁法》和《关于外国仲裁协议和仲裁裁决的条例》。1958年,联合国通过了《承认及执行外国仲裁裁决公约》(又称《纽约公约》),现已有140多个国家和地区参加了这一条约。1985年,联合国国际贸易法委员会又通过了《联合国国际商事仲裁示范法》。

中国的现代仲裁制度产生于20世纪初,1912年国民政府颁布的《商事公断处章程》被视为中国历史上第一个关于仲裁的专门规定。新中国成立后,在20世纪50年代设立了中国国际经济贸易仲裁委员会、中国海事仲裁委员会两个涉外仲裁机构;1986年,中国加入了《纽约公约》。1994年,《中华人民共和国仲裁法》颁布,中国的仲裁事业由此走上了一个新的发展时期。根据2007年全国仲裁工作座谈会公布的资料,全国185个仲裁委员会,2006年度共受理案件60844件,比2005年增加了12505件,增长率为21%;案件标的额共计725亿元,比2005年增加了71亿元,增长率为10%。全年人民法院撤销仲裁裁决124件,占受理案件数量的0.2%;人民法院不予执行仲裁裁决71件,占受理案件数量的0.12%。总体上看,全国仲裁工作继续保持了发展势头,但是,部分仲裁机构及区域案件受理数量和涉案标的额增幅较小甚至出现下降。②由此可见,中国的仲裁事业在《仲裁法》颁布以后发展迅猛,但也出现了某些有碍其健康持续发展的苗头。

作为一种历史悠久的纠纷解决方式,就世界范围来说,仲裁早已不是什么新鲜的事物,但是,仲裁事业对于中国而言可以说还处于初级阶段。我国《仲裁法》第14条明确规定:"仲裁委员会独立于行政机关,与行政机关没有隶属关系。仲裁委员会之间也没有隶属关系。"第15条规定:"中国仲裁协会是社会团体法人。仲裁委员会是中国仲裁协会的会员。"这就说明,我国法律对仲裁机构的定位是十分明确的,即仲裁机构属于"民间性"机构。但是,由于我国仲裁事业起步较晚,而且存在一个新旧

---

① 乔欣:《仲裁法学》,清华大学出版社2008年版,第3页。
② 法制网:http://www.legaldaily.com.cn/bm/2007-03/18/content_561986.htm,访问日期:2007年11月30日。

仲裁机构的转型和衔接问题,因此,在仲裁机构的组建和发展上还离不开政府的大力支持,《仲裁法》第10条也规定仲裁委员会由人民政府组织有关部门和商会统一组建。由此便出现了仲裁委员会在实际的组建和运作方式上的"半官方"状态,其民间性质实质上受到影响。并且,我国《仲裁法》和《民事诉讼法》对"国内"仲裁和"涉外"仲裁有区别对待的倾向,使得国内仲裁受到了更加严格的司法干预。①另外,《仲裁法》对于仲裁的类型仅仅规定了机构仲裁,对于临时仲裁没有涉及,而且对仲裁员的聘任条件也设定了过高的要求。在上述种种因素的影响之下,不能不引起人们对我国仲裁事业的发展前景产生种种疑虑,其中最为关键的问题就是仲裁究竟应当如何定位?

其实,关于仲裁的性质或定位问题,在世界仲裁发展的历史上一直存有争论。"自从仲裁诞生以来,中外学者对于仲裁性质的探讨就没有中断过。学者们立足于不同的角度对仲裁的性质进行阐释,但至今尚未形成为国际社会所普遍接受的统一观点。"②关于仲裁性质的理论可以说是众说纷纭,主要有司法权理论、契约理论、混合理论和自治理论。司法权理论强调国家对仲裁的控制权和调整功能,该理论认为,虽然仲裁来自于当事人之间的协议,但仲裁协议的效力、仲裁员的权力和仲裁行为以及仲裁裁决的承认和执行等,均需要国家法律权威的支持和调整。契约理论认为仲裁是一种契约,具有契约的属性和特征,仲裁的进行取决于当事人之间的协议,包括仲裁方式的选择、仲裁的地点和语言、仲裁庭的组成、仲裁程序的规则、仲裁适用的法律以及仲裁员的权力等都是根据当事人协议决定的,因此,仲裁最本质的特征在于它的契约性质。混合说认为,仲裁首先是基于当事人的契约,仲裁庭的组成、仲裁规则、仲裁审理时所应适用的实体法,均主要取决于当事人的意思表示;而对仲裁协议效力的认定以及仲裁裁决的执行,均需要相应法律加以调整,否则整个仲裁程序亦无法独立存在。自治说认为不能把仲裁决然分为司法的或契约的,仲裁也

---

① 例如,对于国内仲裁,根据我国《仲裁法》第58条第1款的规定,当事人提出证据证明"裁决所依据的证据是伪造的"属于应当予以撤销的仲裁裁决;根据我国《民事诉讼法》第217条第1款的规定,被申请人提出证据证明"认定事实的主要证据不足的"属于裁定不予执行的仲裁裁决。但是,对于涉外仲裁机构作出的仲裁裁决无此规定。

② 沈恒斌主编:《多元化纠纷解决机制原理与实务》,厦门大学出版社2005年版,第166页。

不是一种"混合制度",而是一种"自治体系"。自治说的实质是承认仲裁的非国内化及当事人对仲裁的无限意思自治。

近年来,我国学者对仲裁的性质也进行了积极的探讨,主要有准司法权理论、行政性理论和民间性理论。准司法权理论认为,仲裁制度与司法制度具有部分重合性,但又不同于司法制度,仲裁裁决与法院判决一样具有法律效力,具有可执行性,因此,仲裁是一种准司法手段,仲裁程序是准司法程序。仲裁的行政性理论实际上是从我国长期的仲裁实践中总结出来的一种理论。该理论认为仲裁具有行政性质,因为仲裁机构由行政机构组建,并受行政机构的监督;仲裁程序具有某些行政程序的特点,依靠行政权解决纠纷,仲裁裁决实质上是一种行政决定。仲裁具有民间性的观点,是近年来学者提出的一种理论。该理论的特点是从仲裁权性质的角度来看仲裁的性质。该理论认为,仲裁权产生于双方当事人的共同授权,而仲裁权之所以具有解决争议的功能,其根本原因就在于争议双方当事人对仲裁权的信任,从仲裁权的运作过程来看,对仲裁权的享有者——仲裁机构的选择、仲裁员的选任、仲裁庭的组成形式,仲裁地点以及提交仲裁的争议事项均由双方当事人合意决定,这些无不说明仲裁权的民间性和非国家强制性。因此,仲裁权是建立在社会公众信任基础上的一种民间性契约授权。①

笔者以为,尽管仲裁与国家的法律制度存在这样那样的联系,但是从本质上说,仲裁仍然是一种民间性质的纠纷解决方式。仲裁是根据私法自治原则而形成的一种解决纠纷的方式,因此,它充分体现了私法的精神。私法也是一种法律形式,只不过它是和公法相对而言的,它更多地体现了市民社会的私权性质。也就是说,仲裁方式是私法主体自主解决纠纷的一种方式,而不是借助公法上的诉讼方式解决纠纷的方式。它和诉讼不同,和民间的其他解纷方式也不同。诉讼方式的特点在于严格地适用法律,在诉讼程序上表现出典型的对抗性;而民间的其他解纷方式,如民间调解则是有第三方参与的协商方式,但第三方没有裁决的权力。所以,仲裁可以说是介乎司法解决和调解解决之间的解纷方式,它既有司法的确定性,又具有民间的自主性。这种特点使它获得了"准司法性"的评价。但是,司法是具有排他性的,"准司法"也不能说就是"司法";仲裁裁

---

① 参见乔欣:《仲裁法学》,清华大学出版社 2008 年版,第 10—14 页。

决之所以具有相当于司法决定的效力,并不是由仲裁制度本身的性质所决定的,而是由法律所确认的,这是一个显而易见的道理。所以,从本质上说,仲裁仍然是民间性的,不过在效果上它又具有司法的性质,所谓"司法性"是从效果上看的,而这个效果来源于法律的授予。

基于这样的理解,我们所应当树立的仲裁理念首先就是要坚持仲裁的民间性,在这个前提下还要注重仲裁的规范性。其中,民间性决定了仲裁的灵活性、自主性、便捷性,等等;规范性则要求仲裁遵循一定的规则进行,例如,当事人的平等性、保密性、时效性、仲裁员的中立性,等等。民间性是仲裁本身内在的性格,如果丧失了民间性,则仲裁的独立性就会受到威胁。

但是,实际上,不少人对这个性质的认识并不是很清楚,或者是不正确的。其表现呈现出两个极端化。一个极端是把仲裁解决与司法解决相混淆,分不清二者的实质区别。其中的认识干扰在于,这种方式和司法解决的方式具有紧密的联系,例如,仲裁员的审理和裁决权以及仲裁结果的确定性和可执行性。这些特点和司法审判似乎没有什么区别,正是由于这些特点的存在,致使不少人很难认同仲裁的民间性。具体表现如,有的仲裁员在仲裁活动中有意无意地充当了法官的角色,把仲裁庭当成了法庭,把仲裁的过程当作单纯适用法律规范的过程,强调仲裁程序上的正规性和实体上的合法性。而有的当事人则以消极的甚至是畏惧的目光看待仲裁,不能或者不知道充分行使自己的权利,把仲裁解决和司法解决同样对待,甚至认为仲裁较之于司法更为严苛,因为仲裁是一裁终局的,连个回旋余地都没有。另一个极端是把仲裁过程视作谈判过程,并由此导致了制度和规范的完全虚化,仲裁的过程变成了讨价还价的商业自由交易的过程。例如,有的当事人选择仲裁员着重考虑的是信任度问题,偏重于选择"自己人",而不是选择那些真正公道、正派而且具有一定专业水平的人。而有的仲裁员则不自觉地充当了当事人的代理人,不遗余力地为当事人争取利益。

以上这两个极端都是错误的,都是没有正确理解仲裁性质的表现。正确认识仲裁的民间性,就是要在仲裁过程中充分体现当事人的自主权。首先,必须特别强调当事人对仲裁规则的选定权和制定权。当事人对仲裁规则的选定权包括当事人选择仲裁规则和了解仲裁规则的权利。当事人可以选择他们所选定的仲裁委员会制定的仲裁规则,也可以选择其他仲裁委员会制定的仲裁规则；对于仲裁规则个别条款的含义和内容，仲裁委员会有义务作出明确的解释，以帮助当事人充分理解仲裁规则。当事人对仲裁规则的制定权，是指当事人有权自主约定仲裁规则，或者对仲裁委员会的仲裁规则作出适当变更。其次，在仲裁的过程中，只要当事人有约定或者经过当事人双方一致同意，可以随时对仲裁规则作出灵活变通，例如，在仲裁事项的范围、开庭的时间和地点、送达的方式、举证的方式等问题上，完全可以根据当事人的一致约定或者经当事人一致同意作出灵活机动的处理。当然，充分体现当事人的自主权不等于可以完全不考虑法律的规定，而是在法律没有指明具体的行为方式或者与法律的禁止性规定并不冲突的前提下的一种自治权的体现。

（二）仲裁的优势选择

仲裁不同于民间调解的一个重要特征是仲裁员拥有作出裁决的权力。一般来说，一个仲裁程序一旦启动，便朝着裁决的最终目标前进，而裁决的作出则意味着仲裁案件的终结。这种思维长期以来成为一个固定不变的法则，以至于法律的规定主要是以如何作出裁决以及如何确认裁决的效力为中心；而对于仲裁方式的宣示也多以"一裁终局"作为它的标志性特征。但是，一个不容否认的问题是，在仲裁实践中，对于所谓"一裁终局"这种特征，人们已经产生了种种疑虑。"一裁终局"作为权威性和效率性的优势组合的典范，已经被人们对仲裁裁决具有不可逆转性及缺乏纠错机制的担忧所取代。相比较之下，诉讼的机制在这一方面则要完备的多，上诉程序和审判监督程序为当事人试图扭转几成定局的不利局面提供了合法的机会和条件。那么，仲裁的根本优势究竟体现在哪里呢？

其实，当事人在仲裁中的自主性要远远高于诉讼中的处分权，法律在这方面已经留下了广阔的空间，倒是关于仲裁的某些自缚性思维导致了仲裁优势的减弱。首先，"一裁终局"作为仲裁的标志性特征的观念必须改变，仲裁员固然拥有裁决的权力，但是，仲裁的根本目的在于解决纠纷，而不在于作出裁决以终结案件。这里有一个价值导向的问题，以解决纠纷作为价值导向，则仲裁的过程就是解决纠纷的过程，为了使纠纷得到彻底的解决，任何与法律不相矛盾的方法或者手段都可以进行尝试；在这个过程中，当事人将获得更多的自己做主的机会。如果以作出裁决作为价值导向，则问题的重点就会转向仲裁员对案件事实的判断和认定以及对程式性规则的机械操作,而容易忽略一个决定对当事人造成的影响及其实际效果。因此,笔者认为,以仲裁方式解决纠纷,只有在各种方法或手段穷尽以后仍然无法使当事人达成谅解或得到和解的情形下才可以作出裁决,也就是说,仲裁裁决只是在不得已的情形下才作出最后了断。其次,仲裁作为一种民间性的纠纷解决机制,与民间调解机制具有一种天然的契合关系,它实际上是一种介乎"合意"与"决定"之间的一种纠纷解决方式。所以,在仲裁过程中充分发挥调解的作用,应当成为仲裁的一种特有优势。

以调解的方式解决纠纷早已不是什么新鲜事物,但是,将调解融入仲裁,甚至作为仲裁过程中的首选方式或者最优方式,却是一个有争议的话题。仲裁与调解的主要区别就在于仲裁员拥有作出最终裁断的权力,因而,仲裁中的调解,无论在理论上如何证明,始终摆脱不了"隐性强制"的意味。如何看待这一问题,关系到仲裁机制中引入调解方式的正当性与合理性。对于中国的仲裁制度而言,实际上是一个仲裁的优势选择问题。

仲裁作为西方国家的"传统"的纠纷解决方式之一,本来是不具有调解的机能的。它反而更像司法机关的运作方式:由当事人启动仲裁程序(申请仲裁),由第三方(仲裁员)主持程序的进行,最后作出权威性决定(裁决)。和诉讼不同的是,当事人申请仲裁必须要依据仲裁协议;并且,仲裁的结果不能排除司法审查(主要是程序审查)。按照西方人的传统观念,仲裁既然是当事人选择的解决纠纷的方式,仲裁员的身份就相当于法官,而法官是应当公正且中立的,这样他作出的裁决才具有权威性。因此,在仲裁的过程中进行调解就像在诉讼中由法官主持调解一样是不合情理的。而在中国,这样的关系似乎根本不成问题。审判者(仲裁员)同时作为调解的主持人并不存在观念上的障碍。而且,自20世纪80年代以来,调解方式在国际商事仲裁中的运用得到了迅猛发展,直至形成了一种商事争议解决方式的世界性潮流。联合国国际贸易法委员会于1980年12月4日通过的《调解规则》,以及该委员会于2002年11月24日通过的《商事调解示范法》,可以说是这个潮流的代表性文件。而在这一过程中,世界各国的民间式商事争议解决方式除了"传统的"仲裁方式之外,调解的方式逐渐取得了普遍的关注,各种关于调解的制度或规则纷纷出台,大有后来居上之势。例如,《美国仲裁协会商事调解规则》于1987年生效,《苏黎世商会调解和仲裁规则》于1985年出台,等等。应当注意的是,《美国仲裁协会商事调解规则》和《苏黎世商会调解和仲裁规则》虽然都肯定了调解作为解决商事争议的一种方法,但是,调解和仲裁的界限仍然是十分清楚的,即只有在调解不能成功的情况下才能启动仲裁,而在仲裁过程中是没有调解的。联合国国际贸易法委员会的《调解规则》和《商事调解示范法》,也同样体现了这样一种思维。例如,《商事调解示范法》中明确规定:"除非当事人另有约定,调解人不应当担任对于曾经是或目前是调解程序标的事项的争议或者由于同一合同或法律关系或任何与其有关的合同或法律关系引起的另一争议的仲裁员。"这种规定是否科学暂且不论,至少说明调解与仲裁原则上是不可以混合在一起的。这再一次说明了西方人重视程序的规范,而中国人更为看重实质的效用的思维习惯。从这个意义上说,将调解融入仲裁,或者表述为"仲裁中的调解",的确应当说是中国特色的调解制度,因此也可以说中国才是仲裁调解的真正发源地。①

事实上,中国的仲裁以及在仲裁中进行调解,始于20世纪50年代。1954年,中央人民政府政务院通过了《关于在中国国际贸易促进委员会内设立对外贸易仲裁委员会的决定》,该决定授权中国国际贸易促进委员会制定有关仲裁程序之规则。1956年3月31日,中国贸易促进委员会通过了《中国国际贸易促进委员会对外贸易仲裁委员会仲裁程序暂行规则》,该规则中虽然没有规定有关调解的事项,但是,自仲裁委员会成立之后,在仲裁实践中调解逐渐被提升到相当高的地位。"中国涉外仲裁机构在仲裁实践中从中国国情出发,从传统文化中汲取精华,创造性地发展了一套在仲裁中调解的实际做法,在实践中补充了1956年的《仲裁程序暂行规则》"。② 1988年9月12日,中国贸易促进委员会通过了第二套仲裁规则,该规则第37条第一次出现了"调解"的字样,为以后的仲裁与调解相结合的制度化、法律化奠定了基础。③从立法层面看,我国1982颁布的《民事诉讼法(试行)》即确定了"着重调解"的原则,1991年,我国《民事诉讼法》正式颁行,将"着重调解"修正为"根据自愿和合法的原则进行调解"。而1994年颁布的《仲裁法》则首次以法律的形式作出了在仲裁中

---

① 参见林义全、施润:《论"和谐"在仲裁调解中的价值作用》,载《西南民族大学学报》(人文社科版)2004年第1期。
② 王生长:《仲裁与调解相结合的理论与实务》,法律出版社2001年版,第112页。
③ 同上注书,第118页。

进行调解的规定。特别是该法第 51 条不仅规定了"仲裁庭在作出裁决前,可以先行调解",而且还规定仲裁庭可以根据调解协议制作调解书或者根据协议的结果制作裁决书。调解书与裁决书具有同等法律效力。从以上关于仲裁立法的产生过程可以看出,我国关于诉讼调解的立法对仲裁调解的立法无疑产生了巨大影响,这个过程有力地说明了调解方式在我国的法律制度(包括仲裁法律制度)中具有悠久的历史和牢固的基础。

就调解和仲裁的一般关系而言,如果分别加以研究并不是十分困难,见之于较为广泛的话题就是所谓调解与仲裁的"对接"的讨论和实践。例如,中国国际贸易促进委员会和中国国际商会调解中心及各地企业行会的调解机构的实践经验。①所谓"对接",是将调解和仲裁作为两个系统来看待的,其一般的模式是先进行调解,在达成调解协议之后再以仲裁的形式加以固定,从而将调解协议"转换"为仲裁裁决。②

另外,在调解与仲裁的结合这一命题下还有以下的几种模式:(1)调解——仲裁(Med-Arb),即先调解后仲裁,是指如果调解成功,仲裁员按照调解协议作出裁决(consent award,即"合意裁决"或"协议裁决");如果调解不成功,则由仲裁员根据仲裁过程所认定的事实作出终局裁决。(2)先仲裁后调解(Med-Post-Arb),其运作程序与先调解后仲裁恰好相反,即先启动仲裁程序,仲裁员听取双方主张,并允许双方为自己的主张举证,最终由仲裁员作出裁决。但该裁决暂时密封,而后开始调解程序。如果调解不成,仲裁员则会公布裁决。(3)仲裁中调解(Arb-Med),这种方式为我国仲裁机构普通使用。具体做法是,仲裁员在仲裁过程的任何

---

① 根据《中国国际贸易促进委员会中国国际商会调解规则》第 27 条的规定,双方当事人签订和解协议时,可以在和解协议中加入仲裁条款。该仲裁条款的内容如下:"本协议书对各方当事人均有约束力。任何一方均可将本和解协议提交中国国际经济贸易仲裁委员会,请求该会按照现行有效的仲裁规则进行仲裁。各方同意由仲裁委员会主任指定一名独任仲裁员,组成仲裁庭,进行书面审理。仲裁庭有权按照适当的方式快捷地进行仲裁程序,仲裁庭根据本和解协议的内容作出裁决书。仲裁裁决是终局的,对各方当事人均有约束力。"与此相对应,《中国国际经济贸易仲裁委员会仲裁规则(2005 版)》第 40 条第 1 项规定:"当事人在仲裁委员会之外通过协商或调解达成和解协议的,可以凭当事人达成的由仲裁委员会仲裁的仲裁协议和他们的和解协议,请求仲裁委员会组成仲裁庭,按照和解协议的内容作出仲裁裁决。"

② 由深圳外商投资企业协会联手中国国际经济贸易仲裁委员会华南分会成立的商事调解委员会将商事调解和仲裁有机地结合起来,成为我国商事纠纷解决机制的又一创新。其目标在于实现商事调解与仲裁的"无缝对接"。参见《深圳特区报》2007 年 7 月 28 日。

时候都可以进行调解,调解不成后再恢复进行仲裁程序。①

笔者所主张的调解与仲裁程序的"契合"与上述第三种模式即仲裁中调解(Arb-Med)比较类似。但笔者以为,这种模式仍然有进一步细化的必要。一般来说,在仲裁过程中,调解程序是由仲裁庭主持进行的,但是,按照机构仲裁模式,当事人的仲裁申请是向仲裁委员会提出,而不是向仲裁庭提出,仲裁委员会在受理仲裁申请之后才会组织仲裁庭。这里就有一个仲裁程序何时开始的一个界点问题。从广义上说,在仲裁委员会受理仲裁申请之后就应视为仲裁程序的开始,因此,在仲裁庭组成之前由仲裁委员会组织调解也应当是合乎情理的。此外,在仲裁程序的进行中进行调解也不一定要由仲裁员来主持,只要当事人同意,也可以由仲裁庭以外的人员来主持。这样,调解与仲裁就在仲裁程序进行的过程中真正被融为一体,使得调解的功能最大限度地被发挥出来。笔者注意到,这种方式已经在实践中得到了应用,并在仲裁规则中加以规定。例如,西安仲裁委员会2008年开始实施的仲裁规则中规定:"调解可以由仲裁庭或者首席仲裁员(以下称'调解人')主持调解;经双方当事人同意,也可以邀请有关单位或人员协助调解或者作为调解人主持调解。……调解人应当将调解协议提交仲裁庭,仲裁庭根据调解协议的内容制作调解书,或根据双方当事人的请求制作裁决书。""仲裁案件受理后,仲裁庭组成前,本会可以在当事人自愿的前提下先行组织调解。达成调解协议的,当事人可以撤回仲裁申请;当事人要求制作调解书或裁决书的,应当组成仲裁庭,由仲裁庭根据调解协议制作调解书或裁决书。"西安仲裁委员会的做法可以说将调解的功能发挥到了极致,对于调解契合于仲裁的模式的具体实践具有开拓性意义。

总之,调解方式与仲裁程序存在着互相融合的现实基础和逻辑上的可契合性。作为仲裁当事人,其拥有较为彻底的程序处分权,例如,对仲裁机构和仲裁员的选择、对仲裁范围的约定、对具体的仲裁程序的约定,等等。基于同样的原因,仲裁当事人也可以约定通过调解的方式解决纠纷,以及在什么时间进行调解、由什么人主持调解;如果当事人选择适用某一个仲裁委员会的仲裁规则,而该规则对于调解的方式作出了相应的

---

① 参见沈恒斌主编:《多元化纠纷解决机制原理与实务》,厦门大学出版社2005年版,第176—177页。

规定,那么,就应当视为当事人选择了该规则所规定的仲裁中的调解程序和调解方式。因此,在仲裁过程中,调解方式与仲裁程序的程序转换和具体适用具有合乎逻辑的灵活性。至于诉讼法上所追求的形式公正,从诉讼的理念来说当然无可非议,但是对于仲裁来说,随着当事人的程序主导权的实质化体现,这一理念的内涵也必然会出现相应的变化。

三、和解的机理与效力确认

在人类的纠纷解决历史上,"私力救济"曾经是一种主要的纠纷解决方式,而且这种方式大多以野蛮和暴力作为表现形式。随着人类社会文明程度的提高,特别是法律制度的出现和统一的社会规范的形成,私力救济被许多国家明令禁止,其主要原因就在于这种方式往往只是一种力量之间的较量,而缺乏平等性和公正性。但是,作为同样是发源于私力救济的另一种形式——通过谈判(协商)达成和解的方式却作为一种例外的遗产被人类所继承并发扬光大。时至今日,即使是在法治秩序十分发达的西方国家,谈判、和解的方式依然无可争议地被视为一种解决纠纷的有效手段。

(一) 和解的机理

和解作为一种纠纷解决机制通常被看作是纠纷当事人之间通过直接交涉达成一致意见,从而使纠纷得到解决的方式或者结果。如有学者认为:"和解是旨在通过双方当事人的相互协商和妥协,达成变更实体权利义务的约定,从而使纠纷得以消除的行为。从纠纷解决层面上说,谈判和协商的过程也就是和解的过程。通过谈判和协商,双方达成和解协议最终获得和解。"[1]进而言之,和解机制具有两方面的特征,一个是行为上的特征,另一个是结果上的特征。作为行为特征,和解是指纠纷当事人之间为了解决纠纷而进行的谈判或者协商行为;作为结果特征,和解是指纠纷当事人之间通过谈判或协商所达成的合意。

在这里,特别需要注意的是第三者的角色。一般认为,和解机制不应

---

[1] 沈恒斌主编:《多元化纠纷解决机制原理与实务》,厦门大学出版社 2005 年版,第 101 页。

当有第三者因素，而特别强调当事人之间的直接性，如果有了第三者参与，那么就不是典型的和解了。但笔者却不以为然。从理论研究的角度看，把有无第三者参与作为和解与其他纠纷解决机制的主要区别，固然有利于揭示和解的基本原理，从而建立关于和解的理论体系，但是，这种理论上的原理和体系却与实际的情形有所违背。事实上，和解并非是一种纯粹的"自力救济"行为，在很多情形下，反而是外力（第三者）作用的结果。正因为如此，和解才不是一种完全排他性的封闭式的解纷系统，而是与其他纠纷解决机制存在着密切的联系。例如，在调解、仲裁和诉讼机制中，和解的契机总是无所不在的。有趣的是，仲裁与诉讼作为典型的"决定性"纠纷解决方式①，在其制度设计中不仅不排斥和解，反而鼓励当事人进行和解。作为鼓励和解的措施之一，它们在诉讼费上一般都会给予优惠；但是，在这种情形下，诉讼费的免除却是极其少见的，这本身其实就已经说明：虽然和解是当事人自己的决定，但是第三者的功劳却是不可以抹杀的。我们通常还会见到这样的情形，正是由于第三者的直接"调解"或者间接影响，致使当事人不再一意孤行，而是十分"偶然"地转向和解的考虑，直至最后作出某种实质性的妥协。因此，笔者以为，在和解机制中不必刻意排斥第三者的作用，而是应当把着重点放在纠纷解决的结果性特征上。也就是说，和解的特点在于纠纷当事人的最终合意，纠纷解决的标志在于当事人的合意，而不是第三者的决定。而在和解机制的进行过程中，有无第三者参与并不重要。循着这样一种思路，我们可以将和解机制定义为：由纠纷当事人通过直接协商或者谈判或者在调解、仲裁和诉讼过程中达成合意的纠纷解决方式。

或许有人会提出这样的问题：如果和解不排除第三者作用，那么，如何区分和解与调解的界限？其实，和解与调解本身就存在着天然的联系，其内在的机理是大致相同的。在和解机制中，起决定性作用的是当事人之间的协商，经过协商以后如果能够达成一致，就会产生一个合意的结果。调解机制虽然有第三者参与，但是，在达成一致合意这一点上与和解机制是相同的，也就是说，如果没有当事人的合意，那么，调解也不会产生

---

① 日本学者棚濑孝雄将纠纷解决的过程用两条相互独立的基轴来表示，一条基轴按纠纷是由当事者之间的"合意"还是由第三者的"决定"来解决而描出，即"决定性——合意性"；另一条基轴则是以纠纷解决的内容是否事先为规范所规制为依据，即"状况性——规范性"。参见〔日〕棚濑孝雄：《纠纷的解决与审判制度》，王亚新译，中国政法大学出版社2004年版，第9页。

实质性的结果,因为调解人是没有最终决定权的。日本学者棚濑孝雄认为:"和解、调解等等,凡是最终以当事者的合意来终结纠纷的程序都是'合意'的例子。"①但是,在调解机制中,调解人的作用是不可忽视的,调解人的意见或建议往往对当事人达成最终合意会产生关键的影响。"不站在当事者任何一方的第三者居中说合,帮助双方交换意见,或者在明确纠纷真正对立点的基础上提示一定的解决方案,往往能够促进当事者双方形成合意。像这种第三者(调解者)始终不过是当事者之间自由形成合意的促进者从而与能够以自己的判断来强制当事者的决定者区别开来的场面,可以视为调解过程的基本形态。"②所以,如果要说调解与和解的区别,关键就在于第三者的参与能够促使当事人达成合意,而且,作为调解机制中的第三者(调解人)正是以促成当事人之间的合意为全部目的的。

与此有关的另外一个值得注意的问题是,如果把和解与诉讼机制联系起来,又如何划分自力救济与公力救济的区别? 如何保证审判过程的规范性? 这种问题实际上关系到诉讼机制中的和解的正当性问题,虽然大多数国家的立法以及司法实践对于诉讼中和解都持肯定态度,但是,在学术理论界对于诉讼中和解的正当性的争论却从未止息。笔者认为,和解机制与诉讼机制虽然并非同质性的纠纷解决机制,但是却存在着相互补充和相互依赖的关系;而且,二者的结合具有历史发展的必然性。

从人类社会的发展历史来看,纠纷解决的形式基本上是沿着从自力救济向着公力救济转化的路径发展的。自力救济一般被理解为一种简单的、野蛮的甚至是充满着暴力的救济方式,因此,在大多数法学家的视野中,自力救济是一种落后的应被抑制和抛弃的纠纷解决方式。梁慧星教授说过:"因私力救济易生流弊,弱者无从实行,强者每易仗势欺人,影响社会秩序。故国家愈进步,私力救济的范围愈益缩小。至于现代社会法律遂以禁止私力救济为原则,私力救济往往在民事上构成侵权行为,在刑事上成为犯罪行为。"③不仅如此,在有的立法中也明确禁止自力救济,如

---

① 〔日〕棚濑孝雄:《纠纷的解决与审判制度》,王亚新译,中国政法大学出版社2004年版,第8页。

② 同上书,第13页。

③ 转引自徐昕:《通过私力救济实现正义——兼论报应正义》,载《法学评论》2003年第5期。

我国澳门地区的《民事诉讼法典》第 2 条"自力救济之禁止"条款就明确规定:"以武力实现或保障权利并不合法,但在法律规定之情况及限制范围内除外。"① 但是,应当看到,自力救济作为一种纠纷解决方式并不是野蛮和暴力的同义词,即使是在人类早期社会,也并非全部都是通过暴力手段来解决纠纷的,协商和谈判的形式一直以来都是人类社会解决纠纷的重要形式。"在人类历史的发展长河中,协商作为纠纷解决的一种手段是历史最悠久也是最常用的。无论是原始社会的猎物分配还是现代的诉讼程序,协商总是无所不在的,每个人陷入纠纷时总会发现他最需要的就是关于协商的理论和实践知识。"② 美国弗吉尼亚大学社会科学教授唐纳德·布莱克把纠纷解决或冲突管理机制分为自我帮助、逃避、协商、通过第三方解决、忍让。他指出,协商是法律的替代形式,人们通过相互协商对冲突本身进行讨论,并寻求解决冲突的办法,也就是说是一个相互妥协的过程。协商的方式被广泛地应用到不同的社会情境中,是许多传统社会解决冲突的主要方式。③

随着人类社会文明的发展和进步,自力救济中的野蛮和暴力成分受到了抑制或者被禁止,而其中有利于纠纷解决的协商与和解的方式却得到了发扬光大,并日益与法律的机制融合起来,同时促进了法律制度的发展。日本学者棚濑孝雄认为:"合意过程不仅消极地确认规范,而且还可能积极地生产规范。在有些社会中,合意过程作为解决纠纷的唯一正当方式被承认和鼓励,而且在此过程中存在着一套精致的规范体系来制约人们的纠纷解决行为。在那里,一方面有了这套规范体系的支持,合意才得以有效地达成;另一方面合意过程的作用又不断地使这套规范体系得到再生产。"④

在现代法治国家,和解机制作为一种纠纷解决的常规机制已经成为

---

① 中国政法大学澳门研究中心、澳门政府法律翻译办公室编:《澳门民事诉讼法典》,中国政法大学出版社 1999 年版。
② Henry J. Brown & Arthur L. Harriott, *ADR Principle and Practice*, Sweet & Maxwell, 1999, p.103. 转引自沈恒斌主编:《多元化纠纷解决机制原理与实务》,厦门大学出版社 2005 年版,第 84 页。
③ 〔美〕唐·布莱克:《社会学视野中的司法》,郭星华等译,法律出版社 2002 年版,第 82—83 页。
④ 〔日〕棚濑孝雄:《纠纷的解决与审判制度》,王亚新译,中国政法大学出版社 2004 年版,第 33 页。

其法律制度的组成部分之一。例如,美国的民事诉讼制度曾经是司法消极主义的集大成者,其整个法律文化和法律体系最为推崇的是法官的绝对消极中立,与此相适应,美国对法官试行和解始终持保守的甚至反对的态度。但从 20 世纪 70 年代开始,由于民事案件数量大幅上升,通过判决来解决纠纷的方式已经弊端丛生,于是,美国法院开始试行和解制度,不想由此而一发不可收拾,竟至掀起了一场席卷欧美的 ADR(Alternative Dispute Resolution)运动。美国民事诉讼中的和解大多数情况下是通过双方当事人的律师进行,在审前准备程序中,法官也会通过和解会议鼓励当事人和解。由法官主持的和解会议被认为是联邦法院系统最常用的帮助当事人和解的办法,和解会议一般在法官的办公室召开,法官对当事人的请求做出评价并帮助他们了解诉讼中潜在的优势和劣势。美国有些州还存在和解要约程序,一方当事人在审前阶段提出载有明确数额的书面和解要约,如果该要约被对方当事人接受,和解即告成立;否则,拒绝和解的当事人必须偿付提出要约方继续进行诉讼的费用,除非拒绝和解者在审理中能够获得更有利的结果。[①]当事人达成和解并不妨碍任何一方再对争议提起诉讼,除非双方订立协议不再另行起诉。另外,当事人还可以以和解协议为基础,向法院申请做成合意判决,这种判决尽管事实上没有经过审理,但通常法院都会准许,合意判决对同一诉讼原因来说产生既判力。由于在诉讼解决的过程中和解越来越多地发挥着作用,通过和解解决纠纷呈现出积极的意义,如今美国的法官对待和解的态度也经历了由消极旁观到积极鼓励的过程。在今天,诉讼和解在美国的民事诉讼中占重要位置,其中 90% 以上的案件是以和解的方式解决的。[②]

而在日本的民事司法实践中,曾经有过把法官在审判中积极地寻求获得当事人合意来解决纠纷的做法视为"旁枝末流"的倾向,甚至流行过"勿做和解法官"的说法。但是,随着国际性 ADR 运动的发展及其不断壮大的势头,日本法学界逐渐认识到诉讼审判程序以及通过判决来解决纠纷的局限性,实务界排斥和解的倾向也大为改观。在 20 世纪 80 年代后期,日本法院在审判实践中创造了一种"辩论兼和解"的程序,在制定

---

① 参见〔美〕杰弗里·C.哈泽德、米歇尔·塔鲁伊:《美国民事诉讼法导论》,张茂译,中国政法大学出版社 1998 年版,第 127 页。

② 章武生、段厚省:《民事诉讼法学原理》,上海人民出版社 2005 年版,第 257 页。

新《民事诉讼法》时,又借鉴了美国的审前会议制度,并结合上述经验设立了辩论准备程序。按照该程序的设置,法官和双方当事人在开庭之前以非公开的方式,围绕着椭圆形的桌子,以书证为基础,当事人各自陈述案情和自己的主张,经过辩论,法官尽早地确定证据,整理当事人之间的争点,寻求时机促使当事人和解。①法官由过去的完全中立,不介入当事人的和解,转变为一定程度上介入当事人的和解活动,适时提出和解的建议,甚至提出和解方案。和解一旦达成,诉讼即告终止,和解记录具有等同于判决的效力。在日本的简易法院程序中,还有一种起诉前和解,日本新《民事诉讼法》第 356 条规定:"关于民事上的争执,当事人可以表明请求的意图及原因以及争执的实情,向对方当事人的普通审判籍所在地的简易法院提出进行和解的申请。"这种和解不以诉讼系属为前提,因而不属于诉讼上和解,但也发生在法院,要记载于法院笔录,而且有类似判决的效力,因此有学者将其与诉讼和解统称为裁判上的和解。②尽管美国和日本两国的法律文化传统与民事诉讼模式各不相同,但是都通过在诉讼中设立诉讼和解制度,比较成功的解决了各自面临的难题。诉讼和解把当事人自治解决纠纷的和解制度引入到诉讼轨道中来,使普通意义上的契约获得了如同确定判决一般的法律效力,产生了良好的社会效益,因此受到各国法院的推崇和当事人的青睐。

(二)和解的效力确认

和解这种解决纠纷的方式在我国的各种纠纷解决机制中得到了广泛的运用,相关的立法也对和解方式持肯定和鼓励的态度,但是,令人疑惑的是,这样一种最为常见也可能是最为有效的纠纷解决方式并没有一种被法律认可的实质性效力,致使和解机制的价值得不到应有的体现。例如,我国《民事诉讼法》第 51 条仅仅规定"双方当事人可以自行和解",至于和解的方式、程序和效力均无规定。根据最高人民法院的有关规定,当事人达成和解协议的,人民法院可以根据当事人的请求,对双方达成的和解协议进行审查并制作调解书送达当事人。在这里,和解协议的效力通

---

① 参见〔日〕兼子一、竹下守夫:《民事诉讼法》,白绿铉译,法律出版社 1995 年版,第 86 页。

② 同上注书,第 140 页。

过法院制作的调解书得到了确认,但是,发生法律效力的是法院的调解书而不是和解协议,因此,和解协议的效力还是没有直接体现出来。值得注意的是,在民事强制执行程序中,和解的效力在一定程度上得到了体现。我国《民事诉讼法》第207条规定:"在执行中,双方当事人自行和解达成协议的,执行员应当将协议内容记入笔录,由双方当事人签名或者盖章。一方当事人不履行和解协议的,人民法院可以根据对方当事人的申请,恢复对原生效法律文书的执行。"由此可见,在执行程序中,和解协议的效力是以当事人自觉履行的结果获得承认的,如果当事人没有履行和解协议,则这一和解协议就不具有任何效力,转而恢复对原生效法律文书的执行。此外,在仲裁程序中,和解的方式也受到了重视,我国《仲裁法》第49条规定:"当事人申请仲裁后,可以自行和解。达成和解协议的,可以请求仲裁庭根据和解协议作出裁决书,也可以撤回仲裁申请。"《仲裁法》作如此规定是可以理解的,因为,根据有关国际商事仲裁公约的规定,只有裁决书才会得到非仲裁地司法机关的承认和执行,而仲裁当事人之间的和解协议或者仲裁调解书是不具有这种效力的。但是,就国内仲裁而言,当事人之间的和解协议可以说和诉讼上的和解协议大致相同,都不具有直接的法律效力。另外一个需要指出的问题是,和解协议虽然一般不具有实质意义上的法律效力,但是它却可以引起程序的变更。如当事人可以在达成和解协议之后选择撤诉,在撤诉之后以同一诉讼请求再次起诉的,人民法院还应当受理。

从以上我国的有关法律规定可以看出,和解在纠纷解决中的作用主要限于两个方面:一方面,和解被作为形成有执行效力的法律文书的基础或者条件,如法院根据和解协议制作的司法调解书,仲裁机构根据和解协议制作的仲裁调解书或者裁决书。在这种情形下,和解协议的性质实际上发生了蜕变,变成了一种类似于调解所形成的合意,当事人在和解中的自主性被淡化,而对和解很少影响甚至没有任何影响的第三者却成为"促成"当事人之间合意的一个角色。换句话说,和解在不知不觉中被调解所取代,第三者因其拥有司法资源而理所当然地介入了当事人之间自主形成的合意。这种蜕变的结果是,和解与调解的界限变得模糊不清,和解机制的价值因此而受到了贬抑;然而,作为名义上的调解者而言,却并没有因为这种蜕变而取得无需任何代价的"意外收获",他既是名义上的调解者又是实质上的担责者,所以他还不得不对当事人之间的和解协议进行必要的审查,以便制作被法律所认可的司法性文件。

另一方面,和解实际上成为法律程序正当化运作的一个动因或者理由。例如,当事人因和解的达成而撤诉,在获得法院准许的情况下,诉讼程序就会因之而终止;而在民事强制执行程序中,当事人达成和解协议的,就会引起执行程序的中止。但是,应当看到,和解虽然能够引起法律程序运作上的变化,却不能从实质上获得法律的认可,而只是把它作为一种可选择性的因素对待。因此就有了这样的结果:当事人撤诉以后以同样的诉讼请求再次起诉的,人民法院还应当受理;在民事强制执行程序中,一方当事人不履行和解协议的,人民法院还可以根据对方当事人的申请,恢复对原生效法律文书的执行。

以上关于和解的作用的两方面表现说明了一个共同的问题:在纠纷解决的过程中,和解并不具有自己独立的地位,和解的效力始终要依赖于一种外力的作用才能显现出来。由此,和解作为一种纠纷解决的独立机制的地位就不能不令人产生疑问。这种状况不仅在有第三者参加的纠纷解决机制中有所表现,对于纯粹由当事人直接交涉而达成的和解而言更是如此;对于后者,法律从来没有赋予强制性效力,完全依靠当事人自觉履行,如果和解协议没有得到履行,并不妨碍任何一方当事人寻求其他救济方式。那么,和解是否应当具有自己的独立地位呢?和解协议是否可以以自己的名义获得一定的法律效力呢?

笔者以为,和解作为一种普遍存在的纠纷解决方式,经过必要的制度化规制以后,应当而且完全有可能使其在实质上发挥解决纠纷的功能,赋予和解协议以法律效力,不仅是必要的而且是具有合理性的。

首先,和解虽然主要表现为当事人之间的直接交涉(协商、谈判),但是,其仍然会受到社会公认的普遍性规则、习惯甚至是法律规范的制约。在现代法治社会,离开了这些社会公认的规则、习惯和法律规范,就不可能发生纠纷主体之间的自主交涉,也就不会产生合意的结果。"自决不是完全依据当事双方力量对比而进行的简单化处理,不是当事人可以随心所欲处置的纯粹的'私事',它同时体现着社会对自决本身的程序和实体的认同,体现着社会的意志。自决的结果,一般不可能是纯粹的'弱肉强食'的结局,而是与相对公平的正式规范存在相当程度的重合性或趋同性。"① 日本学者棚濑孝雄认为："在现实的合意过程中,总存在规范性的契机","如果把所有根据合意的纠纷解决都看作建立在当事者自由合意基础上的一种交涉过程,就会导致忽视这种纠纷解决过程中内在的规范性契机的错误。"② 因此,从一般意义上说,当事人之间所达成的和解协议应当被看成具备合法性特征的"契约",而对于"契约"的保护本来就是法律实施的目的,所以,当事人之间为解决纠纷所达成的协议应当被纳入法律保护的范围。当然,不可忽视的一个问题是,在某些情况下,和解协议也有可能与法律规范发生冲突,例如,当事人不适当地在和解协议中作出了为法律所禁止的约定或者侵犯了他人的合法利益,这些内容的协议当然应当被排除在法律保护的范围之外。

其次,赋予和解协议一定的法律效力,不仅是和解协议自身的性质所决定的,而且也是和解协议当事人的迫切愿望。作为纠纷当事人,之所以选择和解的方式解决纠纷,无非是希望纠纷能够以最为低廉的成本得到迅速解决,如果和解协议能够得到顺利的履行,那么就无需向第三者寻求其他的救济方式,纠纷的解决表现为纯粹的"私事私了"的形式；但是,在和解协议未能顺利履行的情况下,或者在当事人希望和解协议能够被赋予一定的强制性效力的情况下,向第三者寻求和解协议的法律效力就成为当事人的迫切愿望。因此,虽然从理论上说和解是当事人之间直接交涉的结果,外力一般不应当进行干预,但是,在和解协议达成之后,为了保证和解协议的顺利履行,在必要的情况下,外力的干预是具有正当性的。

最后,在现实的纠纷解决实践中,虽然法律法规对和解协议的效力尚缺乏明确的规定,但是,和解协议的法律效力实际上是有所体现的。如前所述,根据我国《民事诉讼法》的规定,当事人在诉讼的过程中以及在执行的过程中均可以进行和解,虽然这种和解并不能直接产生法律效力,但是,由于是在诉讼的过程中发生,公权力的潜在影响已经为和解协议的实现提供了保障,这也是"诉讼上和解"与诉讼外和解的重要区别之一。此外,法律对于通过和解方式解决纠纷总体上持肯定的和鼓励的态度,虽然没有明示和解的法律效力。如我国的《合同法》、《物权法》等法律法规均

---

① 左卫民等:《变革时代的纠纷解决——法学与社会学的初步考察》,北京大学出版社 2007 年版,第 27 页。
② 〔日〕棚濑孝雄:《纠纷的解决与审判制度》,王亚新译,中国政法大学出版社 2004 年版,第 11 页。

规定当事人可以通过和解的方式解决纠纷或者争议。由于对于和解的效力缺乏明确规定,一般当事人在和解协议不能履行时会依法寻求司法解决,而在司法解决的过程中,和解协议的存在也可能会成为司法裁决的重要基础,在这种情形下,和解协议的效力便通过司法裁决得到了间接的体现。

鉴于以上的原因,笔者认为,和解这种解决纠纷的方式具有独立的应用价值,应当获得直接的法律效力,而不必将其转换为另一种表现形式(如调解书)。在具体做法上,可以将和解协议作为一种特殊的合同来对待,如果一方当事人没有履行和解协议规定的义务,另一方当事人可以依据和解协议的约定寻求相关途径确认和解协议的法律效力,并通过司法手段执行和解协议。之所以说和解协议是一种特殊的合同,是因为和解协议是为了解决当事人之间的纠纷或者争议而产生,因此,它往往不具备一般的民事合同所具有的对待给付的特点,在权利义务关系上或许会呈现出非对等关系。这是由于这个原因,如果和解协议未得到履行而发生诉讼,则司法者一般不会依据和解协议作出裁决,而是重新审查纠纷发生的原因和事实,依据法律作出裁决。在这种情况下,原有的和解协议便会丧失效力。如果将和解协议作为特殊合同对待,则和解协议可以获得一定的法律效力,在和解协议未能履行而当事人诉诸司法时,可以直接依据和解协议的内容作出裁决,而不必重新审查纠纷发生的原因和事实。当然,一旦当事人因和解协议未履行而提起诉讼,也应当对和解协议的合法性进行必要的审查。为此,制定一部"民间和解法"是有必要的。在这一方面,最高人民法院《关于审理涉及人民调解协议的民事案件的若干规定》对人民调解协议的定位可以作为很好的参照。根据这个规定,"经人民调解委员会调解达成的、有民事权利义务内容,并由双方当事人签字或者盖章的调解协议,具有民事合同性质"。人民调解协议的基础实际上也是当事人之间的合意,在这一点上,人民调解协议与当事人之间的和解协议并无本质区别,既然人民调解协议具有民事合同性质,也就间接承认了和解协议的合同性质。我国《合同法》第 124 条也规定:"本法分则或者其他法律没有明文规定的合同,适用本法总则的规定,并可参照本法分则或者其他法律最相类似的规定。"在《德国民法典》中,和解则直接被表述为"以相互让步的方式消除当事人争执或者不确定性的合同"。①因此,和解协议实际上也是一种民事合同,当事人为了达成和解所进行的协商或谈判过程实际上也是民事合同的意思自治的体现;依据契约自由原则,和解协议理应被赋予一定的法律效力。

---

① 〔德〕迪特尔·梅迪库斯:《德国债法总论》,杜景林、卢谌译,法律出版社2004年版,第218页。转引自沈恒斌主编:《多元化纠纷解决机制原理与实务》,厦门大学出版社2005年版,第101页。

第五章 纠纷解决的司法中心结构

一、基本理论框架

如果说法律是"世俗"的,那么,纠纷的解决就是一种世俗的法律实践。从某种意义上说,法律实施的目的之一就是为了解决形形色色的纠纷,而为了解决纠纷,人们也会自觉或者不自觉地寻求法律的指引和规制。博登海默认为,对秩序的需求是人类的天性,这种需求源于两种欲望或冲动:第一,人具有重复在过去被认为是令人满意的经验或安排的先见取向;第二,人倾向于对受瞬时兴致、任性和专横力量控制的情形作出逆反反应,而追求一种权利义务对等的合理稳定的控制关系。[①]于是,法治的理想便因为人类的秩序需求而获得了自身价值的内在依据。但是,"徒法不足以自行",在法律和秩序之间还需要一系列能动的孕育机制,其中,最为重要的机制就是司法。在各种纠纷解决机制的制度化运作中,司法机制从来都是"制高点",然而,由于司法的权威性具有极易导致恣意和专横的负面效应,人们对司法的积极功能的认识便也随之模糊起来了。但事实上,司法在纠纷解决的过程中发挥着超乎人们想象的关键作用。司法在纠纷解决中的核心地位不是人为造就的,而是一种客观存在。

(一)司法中心主义的重提

在我国法治建设的进程中,人们的关注点曾经一度集中于立法而不

[①] 〔美〕E.博登海默:《法理学:法律哲学与法律方法》,邓正来译,中国政法大学出版社1999年版,第226页。

在于司法;通过制定详尽完美的法典以规制一切社会活动,并且供司法者用以解决各种各样的纠纷案件,成为人们所追求的法治社会的一种理想境界。这种思路和立场被称为"立法中心主义"。然而,社会实践的经验很快使人们认识到这种观念的局限性。首先,立法者毕竟是人,即使具备足够的智慧和严谨,也不可能不受现实社会的各种"干扰因素"的影响和制约,要想使法律达到天衣无缝、无懈可击几乎是不可能的;其次,法律规范不可避免地滞后于社会的发展,在一定情形下,如不及时作出修正甚至会成为社会发展的阻力;再次,也是最为重要的,法律制定出来以后,如果不能很好地贯彻实施则"与无法等"。有鉴于此,人们对"立法中心主义"提出了怀疑。诚如陈金钊先生所指出的:"如果我们仅拘泥于立法中心主义立场,也会形成对法律的片面认识。从我国现实情况出发,我们应关注立法者立场的研究,法学研究的立法中心主义向司法中心主义的转移,不仅意味着研究立场的转向,从研究的内容来看,研究者应关注法官的活动;关注成文法向判决转换的过程和方法。"①

与立法中心主义相对的概念是司法中心主义。可以说,司法中心主义是伴随着对立法中心主义的批判产生的。司法中心主义在形成的初期正是顺应了"依法治国"理念的诉求,其基本的内容就是大力弘扬法治理念,力图将法律作为治理国家和规范人的行为的最高准则,做到"有法必依,执法必严,违法必究"。然而,物极必反,当一种理论被推向极端之时,就可能会出现事与愿违的情形。20世纪80—90年代,随着司法权的不断强化,司法中心主义不再是简单地强调"司法"之于"立法"的重要性,而是进一步强调司法在纠纷解决中的中心地位,并一度将这种中心地位理解为绝对的垄断地位,从而使诉讼成为纠纷解决机制中的"霸主"。纠纷的解决方式因此出现了单一化倾向,大量的纠纷案件涌向法院,诉讼被看成是首选的纠纷解决方式,而其他纠纷解决方式则不被重视;与此同时,审判方式也出现了"纯化"倾向,传统的调解方式受到排斥,"一步到庭","当庭下判"的做法受到鼓励。②据统计,1989全国人民调解委员会合计有调解员5937110人,当年调解纠纷3741030件;1998年计有调解人

---

① 陈金钊:《法学的特点与研究的转向》,载《求是学刊》2003年第2期。
② 参见刘桂明:《民事审判方式改革:热潮中的冷思考——陈桂明教授访谈录》,载江平主编:《民事审判方式改革与发展》,中国法制出版社1998年版,第4页。

员 9175300 人,当年调解的民事纠纷 5267200 件。10 年间,调解人员增加了 54.5%,但调解的纠纷数量却下降了 28.2%。而与此同时,1989 年到 1998 年 10 年间,法院总收案持续上升,裁判质量下降并造成上诉案件增长率高于一审案件增长率,积案居高不下。①事实表明,在"国人对司法正义的渴求达到了'饥不择食'的地步"②这一大背景下,司法中心主义的理论已经发生了扭曲,甚至背离了其着重纠正立法中心主义观念的初衷。

21 世纪以来,随着历史新纪元的开始,社会万象更新,我国的社会主义法治建设也呈现出一派推陈出新的景象。在纠纷解决领域,和解、调解、仲裁等民间方式重新受到重视,纠纷解决机制的"多元化"模式成为人们热议的焦点之一;与此同时,纠纷的司法解决方式却受到了多种诘难,诸如司法效率的低下、司法腐败的滋生等,从而产生了一种对司法权威的担忧甚至怀疑的情绪。

然而,应当看到,在这种对"多元化机制"的关注热潮中,司法的地位和价值却始终占据着显要地位。对于司法在纠纷解决中的中心地位,无论赞成的也好,反对的也好,都无法否认司法对于纠纷解决的重要意义。范愉教授认为:"毫无疑问,法治和现代化的司法制度应该成为我国社会发展的目标,然而,实现这一目标应是一个循序渐进的过程,不可能一蹴而就。20 世纪 80 年代以后,我国纠纷解决机制发展战略的重要失误,集中体现在对司法的片面倚重以及对非诉讼纠纷解决机制的忽略,由此,造成了社会纠纷解决生态的破坏。"③既然如此,我们所应当克服的就是"对司法的片面倚重",而朝着法治现代化和司法制度进一步科学化、合理化的目标迈进,而不是将司法重新推向一种"可有可无"的变相虚化的境地。围绕着司法在纠纷解决中的地位问题,也有学者从正面阐明了自己的观点,主张从各种可能的极端化走出来,以一种更为全面的观点看问题。何兵教授指出:"国家在纠纷解决机制重整过程中,应着重考虑纠纷解决权社会化这一重要课题,将国家通过法院垄断的纠纷解决权(实际上一直未实现也不可能实现)逐步地向社会回归,实现纠纷解决机制从国家到社会的总体演变,在法院的周围组织培养多种形态的纠纷解决机制,构

---

① 参见何兵:《现代社会的纠纷解决》,法制出版社 2003 年版,第 55 页。
② 田平安、杜睿哲:《当前民事审判方式改革反思》,载江平主编:《民事审判方式改革与发展》,中国法制出版社 1998 年版,第 74 页。
③ 范愉:《纠纷解决的理论与实践》,清华大学出版社 2007 年版,第 299 页。

造出一套'以社会为依托、以法院为核心'的纠纷解决系统。作为纠纷解决的最终和最高机构，国家所要掌握的应该是最终解决权而不是最先解决权，这应成为纠纷解决机制整体重构过程中的基本原则。"①

应当承认，司法权作为一种以国家和法律为背景的具有强制性的公权力，如果控制不当，极易导致恣意和专横，而司法的腐败也是后果最为严重的一种社会危害现象；然而，同样不得不承认的是，在各种纠纷解决机制的制度化运作中，司法机制从来都是"制高点"，离开了司法的机制，其他纠纷解决机制要想正常运作是难以想象的。因此，重要的问题在于如何抑制与克服司法权运行中的负面现象，保证司法权的正常运作，而不是"因噎废食"般地否认司法所应有的积极功能。我们今天重提司法中心主义，绝不是对历史的简单重复，而是在总结历史经验的基础上所得出的一种理性的结论。即在各种纠纷解决机制中，司法机制始终应当处于中心的地位，其他纠纷解决机制应当是在司法机制的保障、示范和引导之下各自发挥其解决纠纷的功能，从而形成一个复合性、开放性、多样性的解决纠纷的体系。具体而言，纠纷解决的司法中心结构包括以下三个层面的含义：

第一，在纠纷解决机制建构中，应坚持多样性的纠纷解决机制同时并存、共同发展的原则，避免司法机制的垄断现象，使不同性质、不同强度的纠纷都能循着适当的途径得到救济。和解、调解、仲裁、诉讼这几种纠纷解决机制各有特色，其解决纠纷的方式和运行机制各不相同，而纠纷现象也是色彩纷呈，表现各异，因此，为不同的纠纷提供不同的解决方式就应当成为纠纷解决机制建构的基本理念。无论是民间的纠纷解决组织机构还是司法机关，都应当在纠纷解决的便利性、及时性上下功夫，努力提高解决纠纷的能力和水平，营造一种为公众乐于接受的社会氛围。只有在社会具备了健全的措施和完善的制度的条件下，纠纷当事人才能"择优而从"，既能使纠纷得到及时合理的解决，又能够保持当事人的尊严和体面，从而实现和谐社会的基本宗旨。

第二，努力提高司法机关的整体水平，保证司法权的纯洁性和权威性，真正发挥司法机制的保障、示范和引导功能。司法解决是纠纷解决的最后手段，也是最具有权威性的方式，司法机关代表着国家公权力，同时

---

① 何兵：《现代社会的纠纷解决》，法制出版社2003年版，第191页。

也是法律权威的维护者,因此,在建设社会主义法治国家的进程中,司法机关的地位和作用是不言而喻的。司法机关在行使司法权解决纠纷、维护社会法律秩序的同时,也必须不断地加强自身的建设;同时,司法机关只有不断地纯化司法队伍、提高司法水平,才能更好地发挥解决纠纷、维护社会法律秩序的作用。在当前形势下,司法机关应当着重解决司法效率低下、个别司法人员素质不高的现实问题,将"司法为民"、提高司法能力的要求落到实处,努力塑造司法机关的崇高地位,维护司法机关的威信,使司法真正成为法律的守护神、正义的捍卫者。

第三,打破不同纠纷解决机制相互之间的壁垒,在保证各种纠纷解决机制的独特性的前提下,建立一种有分有合的立体交叉式的纠纷解决体系,为纠纷的解决提供一种高效率良性运作的综合机制,而在这种综合性机制中,司法机制始终应当处于核心的地位。目前在纠纷解决机制的建构中存在着一种不同的机制之间互相排斥、各自为政的倾向,甚至有的纠纷解决机构不惜为了自己的利益而争夺案源,将商业竞争的气息带入纠纷解决领域。纠纷解决的宗旨是为当事人排忧解难,营造和谐有序的社会秩序,而绝不应当以谋取利益为目的。事实上,各种纠纷解决机制之间如果没有适当的合作也不利于纠纷的解决,同时也无法保证高效、健康的运作和发展。例如,调解机制,我国《民事诉讼法》明确规定了人民调解组织与人民法院的关系,确立了人民调解的法院指导原则;而最高人民法院所发布的《关于审理涉及人民调解协议民事案件的若干规定》也为人民调解协议的法律效力的确认提供了有力的支持。再如仲裁机制,在证据和财产的保全、仲裁裁决的效力确认和执行等方面,必须要依赖法院的司法功能,而司法对仲裁的支持和监督又进一步保障了仲裁的正常运作,增强了仲裁的可信度和可靠性。反观法院,在诉讼过程中也充分利用了调解的方式,使司法机制更具有活力,更有利于纠纷的彻底解决;而法院的诉前机制也为纠纷的解决留下了广阔的发展空间。凡此种种,都说明不同纠纷解决机制之间不可能是一种截然对立的关系,而是一种有分有合的交叉结构;在这种结构中,司法机制应该处于核心的地位。

(二)司法中心结构下的纠纷解决机制

在纠纷解决的历史发展过程中,司法解决是作为对人类社会早期的纠纷解决方式的替代物而出现的,这一替代过程标志着人类社会文明发展的程度,是人类社会进步的表现。

司法同法律一样,是社会生产力发展到一定历史阶段的产物。在人类社会早期,纠纷的解决主要依靠反映人们力量对比关系的自力救济方式,或者是通过超自然权威(神明审判)来实现,血亲复仇和同态复仇被视为天经地义。① 随着社会的发展,特别是在国家和法律产生以后,权利保护意识和正义观念逐渐渗入意识形态,人们开始向法律寻求自身利益的实现与保护,期待以法律权威替代原始的自身力量对比规则。由此,人们对法律的依赖和信仰普遍生成,司法作为法律实施的表现形式取得了崇高的社会地位。在近现代社会,随着国家力量的加强,公权力逐渐渗入私人领域,对私人纠纷的解决成为国家机关对社会实施控制和管理的职能体现;而作为私权利的主体,一方面,在力量的对比上无法与国家力量抗衡,另一方面,司法的效率性和权威性为纠纷的解决提供了十分有力的保证,因此,司法在纠纷解决中便顺理成章地居于主导地位,而其他纠纷解决的方式则趋于衰弱。以西方国家为例,由于法律文化的历史背景使然,正义理念成为司法的核心理念,中立性、独立性、公正性成为司法的基本价值标准,人们由于对正义的追求进而形成了对司法的依赖,致使纠纷的司法解决方式在很长一段时间占居着垄断地位。

然而,随着社会纠纷的类型和规模的发展,纠纷解决的司法机制自身的局限性亦逐渐显现出来。一方面,司法资源的短缺造成了司法的供求失衡,即便是效率最高的司法程序也无法完全满足社会的需求,于是"诉讼爆炸"不可避免地出现了,纠纷案件的积压严重地影响了司法的效率;另一方面,司法自身的程序性、技术性和专业性要求使得诉讼的成本高居不下,诉讼不仅需要付出一定的时间和经济成本,而且具有鲜明的对抗性、道德成本和对双方关系的破坏作用。② 由于司法自身的局限性和社会纠纷解决的需要,自 20 世纪 70 年代开始,替代司法的纠纷解决机制(ADR)在西方国家应运而生。"自 20 世纪 80 年代以后,当代世界进入了一个 ADR 的高速发展期。各国在不同程度上对 ADR 运动采取了积极认同的政策并进行了各种尝试。其中,美国、英国、日本、澳大利亚以及西欧和北欧等国家和地区都形成了具有个性特点的发展模式并初见效果,可

---

① 参见林榕年主编:《外国法制史》,中国人民大学出版社 1999 年版,第 52 页。
② 参见范愉:《纠纷解决的理论与实践》,清华大学出版社 2007 年版,第 243—244 页。

以毫不夸张地说,ADR 运动已经构成世界性的时代潮流。"①

由此可见,在纠纷解决的历史长河中,纠纷解决的机制经历了一个否定之否定过程:从原发性的社会性机制到强势的司法机制,再由强势的司法机制走向现代的社会性机制。然而,问题在于,这种否定之否定究竟是一种简单的"回归"现象,还是一种螺旋式上升的发展过程?司法在纠纷解决机制中到底处于什么样的地位以及有着怎样的表现?

不可否认,在现代社会中,随着民主意识和权利意识的增强以及司法自身的局限性的客观存在,在纠纷解决方面,准司法的或民间的方式日益受到人们的青睐,诸如传统的调解方式、仲裁方式、和解方式以及盛行于西方国家的 ADR 方式越来越受到重视。相比之下,诉讼方式的垄断地位已经或正在发生着变化。但是,更值得注意的是,其他纠纷解决机制的崛起并不是其自身力量造就的结果,而是得益于司法机制的谦抑和让渡。司法机制犹如一首乐曲的主旋律,而其他纠纷解决机制则属于丰富多彩的变奏曲,而且,就纠纷解决机制的整体而言,司法只能处于中心的地位。具体而言,以司法为中心的纠纷解决机制具有以下几个方面的理论支撑:

第一,法治理想。法律实践的共同目的就是为了法治理想的实现,纠纷的解决也是以实现法治理想作为最终目标的。我们知道,诉讼的功能不仅局限于解决纠纷,还包括权力制约、公共政策形成以及法治理念的培育等功能,其中,权力制约是法治的基本目标,而公共政策的形成和法治理念的培育则是通向法治的必要条件。纠纷的解决可以说是诉讼的直接目标,目的是通过解决纠纷恢复社会的有序状态,为实现法治理想创造必要的社会基础。那么,司法以外的其他纠纷解决方式是否也是如此呢?一般而言,诉讼外的纠纷解决方式的主要功能是解决纠纷,并由此使人产生一种错觉,似乎诉讼外的纠纷解决方式除了解决纠纷以外不再具有其他的功能。其实不然。纠纷的解决一方面在于恢复既有的社会秩序,另一方面则有可能创建一种新的秩序以促进社会的发展,而这种新的社会秩序正是以法治理想、弘扬法律权威为基本导向的。因此,诉讼外的纠纷解决方式与诉讼方式的最终目标在法治理想的实现方面达到了完美的统一。

第二,法律程序。纠纷解决的过程实际上也是法律实施的过程,而诉

---

① 参见范愉:《纠纷解决的理论与实践》,清华大学出版社 2007 年版,第 165 页。

讼本身就是一个彰显法律程序的过程,程序性、强制性和最终性是诉讼的固有特征。作为诉讼外的其他纠纷解决方式,虽然并不具有诉讼之于法律程序的直接联系,但也是在法律的总体框架内进行运作的,其间接的效果也是法律程序的体现。例如,在调解方式中,调解人的选择、当事人意愿的自由表达,包括调解协议的达成,无不蕴含着程序的意味。在仲裁方式中,仲裁规则所体现的程序性原理与诉讼程序具有更多的相似之处。即使是在和解方式中,当事人之间合意的达成也大多表现为"和解协议",和解协议不仅是实体上合意的体现,而且也具有解决纠纷的程序性意义。在现代社会,程序正义的观念已经深入人心,法律意识的有无、强弱在很大程度上体现为法律程序意识。因此可以说,任何一种纠纷的解决,如果没有一定的程序规范,或者有程序而不遵守,而是凭着个人喜好为所欲为,那么只能呈现一种混乱局面,在这种情形下要想使纠纷得到合理的解决是难以想象的。

第三,司法权威。司法作为纠纷解决的核心机制,其价值显现主要是权威性和最终性,其权威性主要表现为司法决定的不可争议性,也就是判决所具有的最高效力特性;所谓最终性则意味着纠纷救济手段的极限,它所产生的结果是不可扭转的。但是,权威性和最终性其实并不能完全概括司法的价值,如果从不同的层面看问题,司法的价值还可以有其他的间接表现,而正是这些间接的司法价值确立了司法在纠纷解决机制中的核心地位。有日本学者将当事人之间的谈判描述为"审判阴影下的谈判"或者"以审判为意向的谈判",他们认为:"可以独立于现实进行的审判在观念上给正义下定义,正因为如此,它也能够成为指导审判的理念,但实际上,这样把正义作为理念来进行的审判本身就是作为正义通用的。这样的'审判'又进一步通过各种媒介被信息化,并传递给一般的纠纷当事人。因此,当事人只要能够得到这个信息,不必花很高的成本也能够自力实现审判和正义。"[①]其实,当事人之间的谈判如此,诉讼以外的其他纠纷解决方式的运作原则也是如此。无论是调解、仲裁或者和解,无不是在"诉讼的阴影"下展开的。一方面,诉讼为其他纠纷解决方式树立了程序的典范;另一方面,诉讼也为其他纠纷解决方式的有效运行提供了潜在的

---

① 〔日〕小岛武司、伊藤真:《诉讼外纠纷解决法》,丁婕译,向宇校,中国政法大学出版社2005年版,第12页。

保障。尽管人们可能基于各种原因而选择非诉讼的方式解决纠纷,然而对其所选择的解决方式的解纷结果仍是以诉讼作为参照的。

总之,纠纷的解决以司法为中心并非是一种理论上的假设命题,而是历史发展的必然归宿,也是被纠纷解决实践所证明了的客观事实。从司法对于纠纷解决的垄断到以司法为中心的纠纷解决机制的形成,不仅是纠纷解决方式在更高层次上的否定之否定,而且也是司法机制自身的一次纯化和改良;司法中心结构正是在这种改良的基础上完成了自身的科学构建。只有以司法为中心,各种纠纷解决机制才能获得社会的认可和法律上的正当性,也才能实现其自身机制的不断完善和良性运作。为了更加形象地说明司法中心结构下的纠纷解决机制,我们不妨想象一下宇宙中的天体运动,假如诉讼机制是一颗恒星,那么其他机制就相当于行星,行星在自转的同时必须围绕恒星公转,它们相互之间既有吸引又有排斥,从而形成了一个完美的自在格局。当然,在这个格局中,诉讼以外的机制并非完全有序化的排列,它们有时会出现前后交错的情形,但诉讼机制的中心地位是不可改变的。(如图)

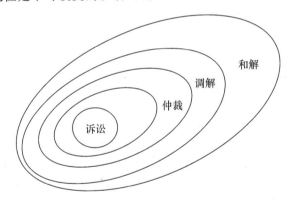

(三) 司法中心结构与一元化和多元化的界限

范愉教授在论述多元化纠纷解决机制时对"一元论"的观点进行了分析和批判,她指出:"在法治现代化过程中,很多国家都曾希望尽可能把纠纷解决统合到国家权力之下,出现过试图由司法垄断纠纷解决和法律适用的一元化倾向,表现为:国家限制各种民间社会团体参与纠纷解决;对民间自治性纠纷解决方式及'私力救济'的作用原则上予以否定。这种倾向,一方面来源于对国家权力的迷信,认为只有国家权力机关、特别是立法机关制定的法律规则才是至高无上的;另一方面,则是出于对法律机制及司法机关的权威和能力的过高预期。"而对于建立多元化纠纷解决机制而言,"首先需要有一个理念的转变,即从一元论到多元论、从单纯的法律视角到法与社会互动视角的转变"。①

应当说,在纠纷的解决方面,司法一元化的倾向确有对法律机制过高预期的问题,但是,造成司法一元化倾向的原因还不止于此,对纠纷现象的复杂性以及其他纠纷解决机制的潜在功能的估计不足也是其中的重要原因。纠纷现象的复杂性和纠纷解决的司法手段的单一性之间存在着目的和方法不相协调的矛盾,有些纠纷需要通过正规的诉讼程序、适用规范的证据规则及辩论方法加以解决,而有些纠纷对于司法程序而言却完全不能适应,过于正规的司法程序不仅不能迅速、合理地解决纠纷,反而成为当事人的一种额外负担。而作为司法以外的其他纠纷解决机制,特别是民间性质的纠纷解决方式,却可能会轻而易举地将纠纷化解,不仅纠纷得到了迅速的并且在当事人看来是合理的解决,而且最大限度地控制了由纠纷的解决所带来的负面效应。但是,不可忽视的是,由于司法以外的纠纷解决方式主要是从实用主义方法寻求纠纷的解决,极易导致非理性的或者非正义的实际结果,所以,如果一味强调这些纠纷解决方式的积极功能,又容易造成纠纷的解决和国家法律的规范之间的紧张关系。

司法中心结构之所以不同于一元化结构,就在于它并不排斥诉讼以外的纠纷解决方式的地位和功能,同时,它还强调将非诉讼的纠纷解决方式纳入法律实施的总体框架之内。这样一来,既能解决非诉讼方式的实用主义倾向,抑制非理性和非正义的结果出现,又能缓解其与法律实施之间的紧张关系。而作为纠纷解决的非诉讼机制,正如前文所述,也能够在"诉讼的阴影"之下充分施展自己的特有功能,并朝着更加科学更加规范的方向健康发展。

司法中心结构下的纠纷解决机制既不同于一元化的机制,与纠纷解决机制的多元化也有所区别。如果说一元化的问题在于对国家权力的迷信及对司法权威的过高预期,那么,多元化的失误恰恰就在于对法律的泛化理解以及对司法权威的认识不足。

本书在第二章对"多元化纠纷解决机制"这种提法已经有所分析,相

---

① 范愉:《纠纷解决的理论与实践》,清华大学出版社 2007 年版,第 232—233 页。

同的观点及相关论述此处不再赘述。需要特别强调的是,从社会学的"法律多元"并不能导出纠纷解决机制的多元性,因为,所谓"法律多元"是指构成法律内容的规范来源应该是多元的,而不是单纯的"国家法",如果将"法律多元"理解成不同性质的法律,那么,就会使法律失去了统一性和普适性,在纠纷的解决中就会出现多重标准,人们就会无所适从,最终造成社会生活的混乱局面。

建立在"法律多元"理论基础之上的多元化纠纷解决机制理论同时也强调了诉讼外纠纷解决方式的优越特点:"诉讼需付出相当大的代价,即诉讼成本,包括公共和私人的直接(经济)成本以及道德成本和错误成本等,同时其对抗性和公开性对于当事人的关系也会带来一些副作用。相对于此,许多非诉讼方式则尽量发挥当事人在纠纷解决中的自主性和功利主义的合理性,采取常识化运作程序、争取作出接近情理的解决,并以节约成本、追求效益最大化为基本目标。"①在这里,诉讼外纠纷解决机制的"优越性"是与诉讼方式相比较而体现出来的,这种"田忌赛马"式的理论固然巧妙,但却未必客观。诉讼的最大特点就在于程序的规范性和结果的权威性。诉讼的对抗性和公开性是诉讼程序正当化的基本表现,正是在对抗的过程中,当事人的诉讼权利才得以彰显,证明责任才得以落实;而公开性则是程序公正的基本保证,所谓"看得见的正义"正是程序公开的意义所在。不仅如此,诉讼程序的根本价值体现还在于公正价值和效率价值,"如果说公正是诉讼程序的最高价值的话,那么,效率或许应被视为诉讼程序的第二位价值"②,公证价值与效率价值相互结合,构成了诉讼程序的权威性依据。而作为非诉讼的特别是民间性质的纠纷解决机制,基于"常识化"的实用主义运作过程,要想保证程序的公正和效率是缺乏理论上的根据的。虽然,在实际的纠纷解决过程中,非诉讼机制的确可以以迅速和简化引起当事人的兴趣,但是,对于纠纷解决的整体性过程而言,这种迅速和简化或许只是一种可能性。因为,其一,经济成本、时间成本、道德成本和错误成本并非只是在诉讼方式中才会出现,非诉讼方式未必能够杜绝这些成本;何况,"常识化"只是一个相对的概念,在一方当事人看来属于常识化的道理,在对方当事人却可能被看成一种偏见,由

---

① 范愉:《纠纷解决的理论与实践》,清华大学出版社 2007 年版,第 225 页。
② 汤维建主编:《民事诉讼法学》,北京大学出版社 2008 年版,第 38 页。

此带来的道德成本和错误成本可能更难把握。其二,诉讼作为纠纷的"最终解决"途径,使当事人在做出利用诉讼的决定的时候就做好了"最后一搏"的心理准备,他可以利用诉讼程序提出上诉、申请再审,但是,绝不可以再次提出诉讼。而非诉讼方式则不同,或许当事人选择调解、和解只是一种尝试,即使是仲裁,如果符合法律规定的情形,还有可能寻求诉讼的救济。如此一来,非诉讼方式的迅速、简化的优势便有可能走向反面,被不确定性和非规范性所抵消。

当然,我们指出非诉讼方式的不足,并不是为了证明诉讼方式的优越,反之,诉讼方式的存在的不足,也不能说明非诉讼方式就绝对可靠。卢曼指出:"一个在功能上已实现了分化的社会,不可能为其各个功能子系统提供替代物。所有功能上的对应物都正是作为功能子系统的那个部分,因为它们都是因其功能而组建起来的。"①诉讼方式和非诉讼方式作为纠纷解决机制体系中的两个子系统,其作用和功能是有所区别的,从一定意义上说,甚至是不可取代的。但是,这并不妨碍我们对它们相互之间的关系作出小心的求证。笔者也注意到,多元化纠纷解决机制理论并不否认诉讼机制在纠纷解决中的核心地位,范愉教授明确指出:"在当代法治国家,毫无疑问,司法诉讼制度在多元化纠纷解决机制中占据最重要的核心地位,……司法诉讼制度是非诉讼机制存在、运行和发展的基础与前提。"②但是,多元化纠纷解决机制将诉讼机制和非诉讼机制看成是并列的、分离的甚至是对立的关系;而且,司法对多元化纠纷解决机制还存在着"依赖"关系③,这种观点却是难以令人接受的。在笔者看来,实际的情形应当是:正是诉讼机制的开放性、包容性造就了非诉讼机制的正当性依据;在纠纷解决机制的整体结构中,诉讼机制处于核心地位,而非诉讼机制则处于诉讼机制的外围形成一个不规则的场域,它们既各司其职又在一定条件下相互依存,这才是完整意义上的纠纷解决机制的本来面貌。

二、司法的功能与价值

鉴于纠纷解决的司法中心结构是以司法作为基本概念要素而展开

---

① 〔德〕卢曼:《法律的自我复制及其限制》,韩旭译,载《北大法律评论》2000 年第 5 期。
② 范愉:《纠纷解决的理论与实践》,清华大学出版社 2007 年版,第 242 页。
③ 同上注书,第 243 页。

的,所以,对司法的认识程度如何决定着司法中心结构的理论进路,为此,有必要对司法的基本概念及其功能与价值作一番探讨。

(一) 司法的概念

关于"司法"一词的界定,在理论界可谓众说纷纭。沈宗灵教授主编的《法学基础理论》一书中对司法一词的含义有典型性表达:"司法通常是指国家司法机关根据法定职权和法定程序,具体应用法律处理案件的专门活动。"①此后许多教材都基本沿用了这一定义,并对"司法"的内涵有了进一步考究。

由于对"国家司法机关"理解的不同,司法也便有了广义和狭义之分。广义的司法是指享有司法权的人民法院、人民检察院根据法定的职权和程序处理案件的专门活动,而狭义的司法则仅指法院的裁判活动。但也有学者对司法作了更为泛化的解释,如熊先觉先生认为:"司法制度不仅是指审判制度和检察制度,也不仅是审判制度、检察制度、侦查制度和监狱制度,而且还包括了律师制度、调解制度、仲裁制度和公证制度等等,这就是最广义上的司法制度,最广义上的司法制度概念,是国家司法机关和法律授权的社会组织适用法律处理诉讼案件和非诉案件的制度。"②但也有学者认为严格意义的司法也即狭义的司法所具有的中立性、被动性、终极性、独立性、专业性和程序性在一定程度上被广义的司法和最广义司法冲淡了,认为有必要严格区分司法与立法、执法和其他的法的适用概念,如张文显教授主编的《法理学》一书中认为:"日常生活中,人们习惯于将公安机关、司法行政机关及监狱机关等也称为'司法机关',这是一种不正确的认识,因为它们属于国家行政机关的组成部分,称之为广义的'政法机关'尚可。"③王利明教授也认为:"司法和行政机关的活动必须分开。尽管公安机关也享有对具体刑事案件立案侦查的权力,但依据我国法律公安机关并没有享有司法权而只是人民政府的职能部门,属于行政机构,其执法活动在性质上也属于行政执法,按照行政和司法必须分开的原则,公安机关的活动不应属于司法的活动范围。"④

---

① 沈宗灵主编:《法学基础理论》,北京大学出版社 1988 年版,第 373 页。
② 熊先觉主编:《司法制度与司法改革》,中国法制出版社 2003 年版,第 5 页。
③ 张文显主编:《法理学》,北京大学出版社、高等教育出版社 1999 年版,第 307 页。
④ 王利明:《司法改革研究》,法制出版社 2001 年版,第 6 页。

由此可见,人们对于司法概念的认识分歧较大,这种分歧已经不能简单地用狭义、广义的两分法来统一。笔者以为,如果从词义上解释,鉴于"司"这个字具有执掌、管理、执行等含义,所以,只要是涉及与实施法律有关的此类行为,都可以说是司法行为或者司法活动。因此,法院的裁判行为、检察院的法律监督行为、仲裁机构的仲裁活动、公证机构的证明行为以及公安机关的部分行为(如行政处罚行为)都可以说是司法行为或者司法活动。甚至像"以法院审判为核心向外呈放射状具有复合性、开放性的'多元一体'的司法概念体系"这种表述也未尝不可。然而,显而易见的是,如果仅仅从词义上理解司法的含义,恐怕不仅难以从理论上对如上的这些"司法行为"或者"司法活动"作出准确的定位,而且在实践中也容易引起混乱。所以,我们既不能望文生义地对司法作出泛化理解,也不能随心所欲地将某种行为或者某种活动称为司法。

尽管法律的实施可以有多种表现,但是基本上无出两个大类,一类是法律推行,另一类是法律评判;法律的推行是落实法律规范的范畴,法律的评判则是对落实法律规范的行为作出评价和裁判的范畴。因此,司法权从本质上说是一种评判权,而不具有一般意义上的推行法律的属性。从这个意义上说,司法就应当是对法律的执行或者落实行为进行评价并作出裁判的活动。就纠纷的解决而言,司法主要是指法院审理诉讼案件并作出裁判的活动。因此,所谓纠纷的"司法最终解决"也可以理解成"诉讼解决";而由法院主持的诉讼活动,相应地也可以解释为司法活动。本书正是从这个意义上界定司法,并且一以贯之地遵从这一司法概念的。

(二)司法的功能

抽象意义上的"功能"是指"属于总体活动的一部分的某种活动对总体活动等所作的贡献。一种活动之所以持续下来,是因为它对整体生存是必要的"①。具体到社会科学中,功能是指一定组织或体系所发挥的作用,以及为发挥这种作用而应该完成的一整套任务、活动与职责。就司法的功能而言,主要表现为政治功能和社会功能两个方面,其中社会功能又可分为直接的社会功能和间接的社会功能。

---

① 〔美〕J. 威尔逊:《功能分析介绍》,罗述勇译,载《国外社会科学》1986 年第 10 期。

1. 政治功能

如前所述,司法并非是在人类社会形成之初就有的,而是和法律一样在人类社会出现了私有制并且在社会逐步形成阶级对立以后才出现的。早期的司法与立法、行政并没有严格区别,在专制主义政治体制下,立法、行政和司法基本上成三位一体的态势,司法作为统治者手中的权杖,是统治和压迫被统治阶级的工具。随着人类社会的进步,特别是立法、行政、司法"三权分立"的政治格局确立以后,司法便从统治者手中解放出来,成为权力制衡的社会机制。司法的政治功能,主要包括社会控制的功能和权力制约功能。

社会控制是指通过法律、宗教、道德等手段,对人们的行为进行安排,对社会关系进行调整,以维护社会秩序,以服务于特定利益群体的社会调整方式。"在社会控制机制中,司法的功能在于它凭借政治上组织起来的力量和权威将抽象的法律规范转化为现实的对人们的行为的控制,这种控制是对个别行为的直接控制和普遍行为的张力控制的有机结合。"[①]司法的社会控制功能主要是通过法律评判行为,将抽象的法律规范转化为现实的对人们的行为的控制,并最终达到法治性整合的目的。无论是什么性质的司法,其社会控制功能的实质都在于维护社会秩序的政治权威,只是各自对政治权威的界定不同而已。通过司法而实现社会控制的这种政治权威可以被称为司法权威。在现代社会,司法权威是法律权威的基本表现形式,如果说法律具有社会控制的功能,那么,这种社会控制功能就是通过司法功能表现出来的。

现代司法与古代司法在政治功能方面最大的不同就在于权力制约功能,它不再是少数统治者手中的工具,而是人民据以制衡权力和维护权利的保障。资产阶级革命的启蒙思想家们针对封建专制国家司法、行政不分,封建君主独揽立法、行政和司法大权独断专行的情况提出了"三权分立"的主张,其代表人物孟德斯鸠认为:"从事物的性质来看,要防止滥用权力,就必须以权力制约权力"[②],即立法、行政、司法三种权力不但要独立,而且应该互相制约。司法的权力制约具体体现在两个方面:第一,司法审查。即法院通过司法程序来审查和裁决立法和行政机关制定的法

---

① 程竹汝:《司法改革与政治发展》,中国社会科学出版社2001年版,第193页。
② 〔法〕孟德斯鸠:《论法的精神》(上册),张雁深译,商务印书馆1982年版,第154页。

律、法规以及行使国家权力的活动是否违反宪法的一种权力。司法审查制度首创于美国,美国的司法审查制度,理论上来源于资产阶级革命时期的"三权分立"、"宪法至上"思想,实践中则得益于三权分立的政治体制。司法审查权作为现代司法权的精髓,其在司法的权力制约功能方面的意义是不容忽视的。第二,行政诉讼。行政诉讼可以称得上典型的公民权利与国家权力相抗衡的形式。行政主体与行政相对人之间的关系决定了两者之间的纠纷不能由双方自行解决,而只能以"民告官"的行政诉讼方式解决。"民告官"式的行政诉讼严格地限制了对行政自由处置权的专断和滥用,使司法的权力制约功能得到具体的体现。

2. 社会功能

司法的社会功能可分为直接功能和间接功能。

司法的直接的社会功能是指司法在现实社会中所表现出来的实际效用或者实用价值。司法的直接社会功能是司法的基本特征的表现,这就是司法的法律评判功能,即它具有对个人行为或者实体行为的合法性进行评价并作出裁判的功能。纠纷的解决就是司法直接社会功能的体现,法院作为司法机关,通过审理案件、作出裁判的诉讼形式将司法的直接社会功能表现出来,使人们对司法形成直接的感受和体验;正是从这个意义上说,纠纷的诉讼解决也就是司法解决,法院所作出的裁判也就是司法决定。当然,除了解决民事纠纷以外,司法的直接社会功能还表现在对刑事案件和行政诉讼案件的处理。但无论是处理什么样的案件,都属于其法律评判的基本特征的表现。

司法的间接的社会功能是以其直接的社会功能为前提和依托的,它是指司法通过法律评判功能排除法律运行中的障碍,以维护法律的权威,保证法律的正确实施,促进社会法治秩序的实现。法律具有维护社会秩序、保障社会正义的实现等价值,"法的这些价值对人类社会具有整合功能,即以一定的价值标准引导社会个体的社会行为,使其实然行为模式与应然行为模式相一致,保证人类社会共同体的协调运行与发展。但法的价值所具有的这种整合功能只有在法的运行中才能实现从观念层面向现实层面的转变"①。司法作为"法的运行过程"中重要的环节,通过其固有的法律评判功能为公共政策的形成提供了直接的依据,不仅如此,法院的

---

① 孙万胜:《司法权的法理之维》,法律出版社 2002 年版,第 31 页。

裁判本身就是一种法律理念的具体体现,因此它能够在一定程度上影响并指引人们的意识和行为。这是从这个意义上说,司法具有公共政策形成的功能。而这项功能对于培育人们的法律意识和法治理念至关重要,同时也是维护法律权威、保证法律实施的重要前提。

（三）司法的价值

关于"价值"这个概念,一般以马克思的一个著名论断作为理解的依据,即"价值这个普遍的概念是人们对待满足他们需要的外界物的关系中产生的"[1]。价值"是人们所利用的并表现了对人的需要的关系的物的属性","表示物的有用或使人愉快等等的属性"[2]。由此可知,价值这一概念至少包含两层意思,其一是指客观事物对于主体的有用性,即它可以满足主体的某种需要的属性;其二是指主体对待客观事物的态度,即主体对于客观事物的主观感受。从本质上说,价值属于主观事物的范畴,是主体对客观事物的自我感受;但是,价值也具有客观性,某种事物对主体是否存在有用性以及在多大程度上能够满足主体的需要并不是完全由主体的主观感受所决定的。所以,价值观的表现也具有唯心主义和唯物主义的分野。

从一般意义上说,司法的价值也就是司法这种客观事物能够满足主体的某种需要的属性,以及主体对司法的这些属性的主观认识。但这种过于抽象的命题显然并不足以揭示司法的真正价值。从人类社会的发展历史来看,司法是伴随着法的产生而产生的,有了法才有了司法,因此,司法的价值和法的价值之间必然存在密切的联系。但是,司法作为一种独特的社会现象,必然有其自身的运动和发展规律,同时也存在着只有司法本身才能够体现出来的某些价值,如果对司法的价值没有一个清醒的准确的把握,也就无法对司法在社会生活中的地位作出客观的判断。

一般来说,法律的价值主要体现为秩序、效益、自由、平等、人权、正义、等等[3],但是,法律作为一种静态的理性思维的结果,其自身是无法实现其既定的价值的,所谓"有法不行与无法等",因此就有了法律实施的

---

[1] 《马克思恩格斯全集》第19卷,人民出版社1963年版,第406页。
[2] 同上注书,第26卷,第139页。
[3] 参见葛洪义主编:《法理学》,中国政法大学出版社1999年版,第57—78页。

客观诉求。法律的实施是一个巨大的系统工程,它包括对法律的理解和适用以及执法、遵法、守法、法律监督等各个环节。从广义上说,司法也应当属于法律实施的一个环节,但是,司法的主要功能并不在于推行法律,而是对法律实施过程的效果、措施以及不同的利益关系作出最具权威性的评价,并通过司法决定将抽象的法律规范融入具体的社会生活之中。因此,从某种意义上说,司法实际上就是法律的活化,是法律与实际的社会生活之间的媒介,如果没有司法,法律就只能是死的东西,法律的生命力就在于司法。"司法裁判最完全地按照法律来实现正义,它比任何其他裁判形式更好地把确定性和灵活性两者都具有的各种可能性结合起来"。① 同时,"以裁判所进行的诉讼、审判活动为中心,包含着法的规范、法的程序、法的解释以及从事这些法的主产活动的法学家主体等要素,司法又意味着一个有独立性的、自律的所谓法的空间得以形成和维持。这个法的空间既相对独立于国家和社会,同时又将这两者有机地结合起来,发挥着一种媒体的作用"②。但是,司法毕竟不能和法律等同看待,它之所以能够发挥使法律活化的功能,就在于它具有自身的独特构造和运行过程,从主体的角度进行观察,也就是是司法的价值体现。

  关于司法的价值理解,理论界的看法并不一致,大体上说,多数学者赞成司法的公正价值和效率价值。如有学者认为,所谓司法的公正价值,是指在司法过程中,当事人之间的程序权权利义务与实体权利义务的合理分配关系。如果当事人之间的这些权利义务的分配是合理的,则表明司法是公正的;否则,司法就是不公正的。司法公正属于个别公正的范畴,它是指少数人各得其所的一种合理的分配关系。并且,司法公正还包括司法的实体公正和程序公正两个方面,前者表明通过司法使当事人之间的实体权利义务的分配处于合理状态,后者表明在司法过程中当事人之间的程序性权利义务的分配处于合理状态。③ 所谓司法的效率价值包括司法结果的效率价值和司法过程即司法活动本身的效率价值,前者要求判决符合效率原则,后者要求司法过程符合效率原则。"自罗马法诞生以来,在很长的历史时期内,公正或曰正义一直被法学家认为是法律的唯

---

  ① 〔美〕庞德:《通过法律的社会控制、法律的任务》,商务印书馆1984年版,第91页。
  ② 〔日〕谷口安平:《程序的正义与诉讼》,王亚新、刘荣军译,中国政法大学出版社1996版,第10页。
  ③ 刘敏:《当代中国的民事司法改革》,中国法制出版社2001年版,第30页。

一价值,效率游离于法律价值之外,与法律无缘。效率引入法律领域成为法律制度包括司法制度的价值目标,归根结底是由社会经济发展所决定的。然而,经济学与法学的互相渗透,尤其是法律经济分析学说或曰经济分析法学的诞生对效率价值在法律领域中的引入起了至关重要的作用,可以说,效率价值在法律中的确立是与法律经济分析学说的产生是同步的。"①

笔者却以为,以公正性和效率性概括司法的价值并没有反映司法的根本价值,特别是以公正性作为司法的价值是很值得商榷的。如前所述,价值是主体对客观事物的自我感受,价值的评判标准是由主体的立场和意识所决定的,而司法的特征在于在于它并非是一种具有特定表现形态的客观存在,而是一种法律评判机制,其评判的结果对于不同的主体来说可能会产生不同的感受。例如,就一个案件而言,在原告看来是公正的裁判,在被告看来却可能是不公正的。虽然从理论上说,司法的决定"应当"是公正的,但如果选择了这样的命题,那么,就等于说司法公正只是一种不确定的期待的目标,而并非是一种现实的存在。以一种期待的目标作为事物的价值体现显然是不符合价值判断的规律的。此外,司法公正固然是司法的本质要求,从语意学的角度来看,正义一词与司法和法律有着密切的关系。英文中把大法官称为 justice,该词又具有正义、公正的含义。而在一些民族的语言中,司法、法官、法院、执法公平等与正义使用了一个词汇或具有同一个词根。但这并不等于司法的价值就在于公正,只能说公正是司法追求的根本目的。②博登海默把正义描述成"普罗透斯似的正义之面",他认为:"古往今来的哲学家和法律思想家不过是提出了种种令人颇感混乱的正义理论。"③按照博登海默的观点,从一种"覆盖了整个研究领域的更为广义的理性观念"去研究正义,"要比那种把理性视为是对必然真理进行识别的狭义观点更为可取",因为,"如果我们采纳广义的理性观念,我们就为理性地研究正义问题打开了大门。这些研究可能会围绕着两组不同的问题而展开。它们所关注的有可能会是对有关经验事实的问题进行讨论和确定,因为这些事实问题关系到对规范的正

---

① 刘敏:《当代中国的民事司法改革》,中国法制出版社 2001 年版,第 57—58 页。
② 参见王利明:《司法改革研究》,法律出版社 2001 年版,第 13 页。
③ 〔美〕E.博登海默:《法理学:法律哲学与法律方法》,邓正来译,中国政法大学出版社 1999 年版,第 257 页。

义问题的解答。它们也可能致力于研究价值论问题,而这要求人们在相互抵触或可能会相互抵触的社会秩序的价值之间作出选择。"① 笔者认为,对于司法的价值的研究,也应当从这种"广义的理性观念"出发,因为,价值的问题更多的是"有关事实经验的问题",而不单纯是一种理性的选择。从这一方法论的角度去考虑,司法的价值就在于它的权威性。毫无疑问,司法的权威性是其与生俱来的根本属性,正因为如此,它才具有法律评判功能,才能够确保在法律运行过程中居于裁判者的地位。以往人们对司法的价值的认识所存在的一个重大误区就是将公正性作为司法的根本属性,其失误之处就在于这种认识先验地要求司法的结论一定是或者必须是公正的结论,其结果必然导致司法决定总是处于一种不确定的状态。关于这个问题,在本书第三章有详细的论述,此处不再赘述。

但是,应当特别说明的是,确定司法的权威性价值,并不等于否认公正性和效率性之于司法价值的意义。这里涉及司法的应然状态和实然状态的问题。司法应当是公正的、高效的,这个命题属于或然性命题,在这个命题中,我们只能将司法的公正和效率作为一种价值目标去努力实现;而司法是最具有权威性的纠纷解决方式,这个命题属于确然性命题,是毋庸置疑的客观事实。另外,司法的权威性的来源之一就是它的公正性,如果司法是不公正的,那么必然损害它的权威性价值。因此,司法如何才能做到公正才会成为司法价值体现的重要课题。所谓司法公正就是指在司法机关在形成司法决定的过程中严格遵循和依据法定程序,同等对待案件当事人,公平正确地确认和分配具体的权利义务。大多数学者将司法公正分为实体公正和程序公正,但也有的学者认为将司法公正分为实质的公正和形式公正更为恰当。② 如果说实质公正与实体公正并无太大的差异,那么程序公正与形式公正还是有着相当差距的。确切来说,形式公正包括程序公正但又不限于程序公正,它还包括司法的理念和具体过程、方法以及法官的形象等等内容。例如,"司法为民"这一提法就不仅仅是一句口号,而且也是关系到司法形式公正的问题;再如,我们之所以要求法官在司法过程中保持超然的地位,也是为了保证法官能够公正地审理

---

① 〔美〕E. 博登海默:《法理学:法律哲学与法律方法》,邓正来译,中国政法大学出版社 1999 年版,第 260—261 页。

② 参见陈灿平:《司法的改革及相关热点探索》,中国检察出版社 2004 年版,第 5 页。

案件,公正地作出裁判。总之,只有处理好司法的实质公正和形式公正的关系,才能将司法公正落到实处,也才能有效地维护司法的权威性价值,使司法在法律实施的过程中真正发挥它的应有作用。

三、司法中心结构的运行方式

作为一种纠纷解决的体系或者机制,除了理论上的证明之外,还应当具有实践上的可行性。鉴于司法中心结构与司法之间的密切关系,可以说,如果对司法的特性缺乏足够的认识,那么,就无法把握这一结构的精神实质;但是,仅仅认识司法的功能与价值还是远远不够的,因为,作为纠纷的解决而言,最为关键的环节还是它的实践运作方式。作为纠纷解决的最基本形式,诉讼、仲裁与调解历来受到人们的高度关注,除此以外,作为替代性纠纷解决方式(ADR)的范畴,例如,谈判、法院微型审判、初期中立评估、审前会议等形式,基本上也是在诉讼、仲裁与调解的基础上演变出来的。至于和解这种方式,一方面它与调解的方式关系密切,在运作方式上与调解有相似之处;另一方面,它与司法的距离相对遥远,所以,它不属于司法中心结构着重研究的现象。但这并不等于和解的方式与司法毫无关系,它仍然属于司法中心结构的有机组成部分。

(一)司法权的强化

在纠纷解决机制的构建中,围绕着司法权的议论主要集中于两个问题,一个是司法究竟应当处于什么样的地位?或者说在纠纷的解决中是应当鼓励人们积极地接近司法还是尽量寻求司法以外的其他解决方式?另一个问题是司法本身应当怎样运作?是要求法官积极地行使权力还是机械地推进诉讼程序?在笔者看来,这两个方面的问题集中到一点,其实就是司法权到底应当强化还是弱化的问题。关于这一问题,西方国家进行得如火如荼的司法改革运动或许能够给我们带来重要的启示。

在西方,从20世纪70年代到90年代,有许多国家遇到了"诉讼爆炸"的危机,虽然这种比喻多少有些夸张,但是,由于诉讼成本的高昂和诉讼程序的迟延而造成案件大量积压,致使司法的效率大大降低、司法的威信受到严重损害却是不争的事实。牛津大学阿德里安 A.S.朱克曼教授在其主编的《危机中的民事司法》一书序言中写道:"民事司法制度不能满足社会的需求已成为一个普遍现象。这一现象似乎超越了国家和文化的疆界,出现在许多不同的国度——无论是普通法国家还是大陆法国家。进入司法/获得正义(acess to justice)受到诉讼的高额成本和长期拖延的不利影响如此之强烈,以至于很多法院不再能够为那些寻求权利保护或谋求纠纷解决的人们提供充分的救济场所。毫不夸张地说,许多国家的民事司法制度都在经受着某种危机。"①这种"民事司法的危机"究竟属于什么性质的危机,是法院的司法能力不足拟或是社会矛盾空前激化、纠纷数量剧增的结果还有待于深入地考察,但是,几乎是在这种危机出现的同时,另一个与司法有关的现象同样不能不引起人们的关注,这就是西方国家的民事司法改革运动。

根据范愉教授的研究,在 20 世纪,西方国家围绕着怎样更好地保障社会成员利用司法的权利进行了持续的努力,迄今已经历了三个阶段的改革,亦被称为"三次浪潮"。其中,第一阶段是通过创立具有实际效果的法律援助和法律咨询制度,为经济能力较低的当事人提供接近司法审判的途径和保障。第二阶段是努力为少数民族、残疾人、妇女、老人、消费者、环境污染受害者等弱势群体提供一种利益,包括在涉及公益的领域以提供法律服务的方式帮助当事人提起集团诉讼;这一运动改变了传统的诉讼模式,将众多个别当事人集合为集团的力量,并将其目标直指政府的决策。但是,由于第二次浪潮无法解决民众的纠纷解决和司法利用的问题,接踵而至的第三次浪潮,通过 ADR 运动,开始推动司法融入多元化纠纷解决机制。范愉教授还进一步指出:"利用司法的'第三波'的基本理念是:一方面,通过程序的简化和便利,曾加民众利用司法的机会;另一方面,将正义与司法(法院)区分开来,重新理解和解释正义的内涵,通过司法的社会化,使公民有机会获得具体而符合实际的正义,即纠纷解决的权利。"②

那么,从西方国家出现的"民事司法危机"到司法改革运动这两种历史现象之间究竟存在着什么样的内在契机呢?它们相互之间究竟是否存在某种必然的联系呢?按照范愉教授的观点,作为司法改革"第三波"浪

---

① 〔英〕阿德里安 A. S. 朱克曼主编:《危机中的民事司法》,傅郁林译,中国政法大学出版社 2005 年版,序言第 1 页。
② 范愉:《纠纷解决的理论与实践》,清华大学出版社 2007 年版,第 168 页。

潮的 ADR 运动和司法危机的出现不无关系："当代 ADR 的发展与司法改革在一定程度上不谋而合,并推动着改革的继续深入。毫无疑问,ADR 作为诉讼之替代,首先是直接针对诉讼的固有弊端、局限性和司法能力不足乃至司法危机应运而生的。"① 但是,与此同时,范愉教授又特别指出:"值得注意的是,目前国内一些 ADR 的研究中存在明显的单一化倾向,其特点是:基于法律中心和司法中心的立场,仅仅以司法的需要作为发展 ADR 的动机。"② 这的确是一个重要的因果关系问题,同时也关系到司法的地位及以 ADR 为标志的"多元化纠纷解决机制"的正当性问题,因为:"一旦诉讼爆炸的事实被否定,ADR 的价值和必要性也会随之受到质疑。"③

然而,无论是否存在"诉讼爆炸"拟或 ADR 的价值何在,在西方国家的司法改革中所贯穿的一个基本理念是不容忽视的,这就是"接近司法"(access to justice)。关于"access to justice"的含义,范愉教授有着独到的解释,她认为,以往在西方社会的概念中"justice"被等同于正义、司法和法院,其内在逻辑被解释为:正义 = 法院 = 诉讼。按照这一逻辑,法院外的纠纷解决或多或少地意味着非正义或至少是非法律的,由此,其正当性也就难以为社会认同;从更为完整和更深刻的意义审视这一理念,"接近正义"或"获致正义"、"达致正义"的语义表达或许更符合其最终目标。④ 笔者以为,判断"access to justice"的含义,如果仅仅从词义上进行分析,则难免见仁见智,容易走入各取所需的境地,最好还是联系这一词组的产生背景与其特定指向来加以理解。

徐昕教授在《英国民事诉讼与民事司法改革》一书中为我们展示了从 19 世纪到 20 世纪末英国民事司法改革的发展历史。英国在 20 世纪 90 年代所推行的民事司法改革的基本背景是诉讼迟延、费用高昂、程序复杂、诉讼结果的不确定等诸多弊病。1994 年 3 月,英国司法大臣兼上议院议长迈凯勋爵(Mackay)委任伍尔夫勋爵对英格兰和威尔士民事法院的现行规则和程序进行全面评审,其目的简而言之就是简化诉讼程序、改革诉讼规则、简化专业术语、消除诉讼拖延、降低诉讼成本、增加诉讼的

---

① 范愉:《纠纷解决的理论与实践》,清华大学出版社 2007 年版,第 184 页。
② 同上注书,第 177 页。
③ 同上。
④ 同上注书,第 166 页。

确定性、强化公正审判、促进社会公众对司法的接近。伍尔夫勋爵的审查就是后来著名的《接近司法》(access to justice)之调查报告。①在英国民事司法改革中的一个较为引人关注的变化就是对当事人主义诉讼模式的评价和变革。当事人主义诉讼模式是普通法国家民事诉讼的特有标志,伍尔夫勋爵在《接近司法》中期报告中指出:"当事人主义可能鼓励一种对抗式的文化,以至于常常使诉讼程序退化为战场的氛围,而不是适用法律规则的场所","对抗式诉讼制度不应有不必要的好斗",而要执行其建议就需要"激进地变革有关法律文化",而变革民事诉讼文化的主要措施就是强化法院对诉讼的司法干预,如包括:促进纠纷的诉前解决,加强法院对案件的管理,法官对诉讼的开庭审理前阶段进行司法干预,对案件审理过程进行干预,由法院对证人进行询问,限制交叉询问的时间,限定开庭审理的时间长度,将证人证言作为直接证据(evidence in chief),建立证人证言交流制度等等。②

不仅英国的民事司法改革昭示了"接近司法"的真实理念,而且,西方其他国家的民事司法改革基本上也是循着这一思路而展开的,关于这一点,朱克曼教授主编的《危机中的民事司法》一书中的相关内容可以作为有力佐证。该书中以"民事司法改革:接近司法·成本·效率"或"民事司法改革:接近司法·诉讼成本·诉讼迟延"为题分别展示了德国、日本、法国、希腊、荷兰等多个国家的司法改革景象。这些国家的司法改革运动的主旨实际上是如何强化司法在纠纷解决中的作用,而不是削弱司法的地位和作用。解决诉讼成本过高和诉讼迟延这两大弊端的直接效果就是提高诉讼的效率,使司法机制重新焕发生机,更加易于为当事人所利用。之所以会如此,不仅是由于西方的文化传统的因素所致,而且也是由司法在社会生活中的特殊地位所决定的。西方人的"好讼"或者"好斗"几乎是一种普遍的现象,美国是世界公认的"诉讼超级大国",而德国人也是"作为一个好斗的民族著称于世。按照比率而言,德国的法院比世界任何地方法院的利用程度都要更高。虽然这证明了法院水平很高,而且

---

① 参见徐昕:《英国民事诉讼与民事司法改革》,中国政法大学出版社2002年版,第426—427页。
② 同上注书,第438—439页。

市民对法院抱有信任。但是我们仍然希望抑制德国人的诉讼热情"①。汤维建教授在分析美国的"诉讼爆炸"、"诉讼王国"现象时精辟地指出:"这种描述毫无疑问能够说明美国法律文化的确滋养着诉讼的倾向性。诉讼案件多或者说它堆积如山,从前面的理论分析来看,这也是协调的、自然的。在这样一个重视个人权利和依赖法律的国度,如果说'以讼为耻'或者诉讼案件量极低,那反而倒是不正常的。"②

和西方国家的司法改革理念不同,在我国法学理论界却出现了一种抑制或者弱化司法权的倾向。这种倾向主要表现在两个方面:一方面,在诉讼程序中鼓吹当事人主义诉讼模式,极力倡导法官坚守中立的、消极的角色,并将其说成是司法公正的内涵之一。如有学者认为,职权主义容易导致诉讼的不公正,其原因如下:(1)有可能损害诉讼的民主性。在民事诉讼中,法院权力过于宽泛,过多干预,就意味着对当事人意志的不尊重,因而也就会损害诉讼的民主性;(2)有可能助长法官专横,损害法院形象;(3)有可能影响案件事实的调查认定;(4)有可能降低诉讼效率。因此,"鉴于职权主义诉讼模式的不足,针对我国的现状,我们认为在我国民事诉讼中应适当弱化法院的职权,适当强化当事人的责任"③。弱化司法权的另一种表现就是鼓吹"多元化"的纠纷解决机制,"反对由司法机关和法律职业垄断纠纷解决;主张为公众提供更多的可供选择的解纷方式,以满足不同的需求和价值偏好,更好地解决各类纠纷;通过国家与民间社会、法律与社会机制、正式制度与非正式机制、现代文明与传统文化、公共治理与私人自治以及多元价值之间的协调互补,达到一种纠纷解决和社会控制的生态平衡,建立一个和谐的社会。"④

固然,对于纠纷的解决而言,司法并不是万能的,指望将所有的纠纷都纳入司法解决的范围,排斥一切诉讼以外的纠纷解决方式,这不仅是不现实的,而且也是违背司法的宗旨以及纠纷解决的客观规律的。司法弱化论的问题并不在于在纠纷解决中提倡当事人的自主性以及以非诉讼的方式解决纠纷,而在于将司法的积极性与纠纷解决的实效性对立起来,认

---

① 〔英〕阿德里安 A.S.朱克曼主编:《危机中的民事司法》,傅郁林译,中国政法大学出版社2005年版,第213页。
② 汤维建:《美国民事司法制度与民事诉讼程序》,中国法制出版社2001年版,第12页。
③ 常怡主编:《民事诉讼法学》,中国政法大学出版社2002年版,第71页。
④ 范愉:《纠纷解决的理论与实践》,清华大学出版社2007年版,第318—319页。

为司法权的强化会造成妨害社会公正的实现及阻碍纠纷适当解决的后果。在这种观念的影响之下,司法权将被置于一个与纠纷的迅速、有效、合理地解决的目标相隔离的境地,从而将司法权的介入看作纠纷解决的不利因素。而在实践当中,这种弱化司法的观念已经在不知不觉中侵蚀着我们的司法制度,影响着人们对司法的期待和信心。例如,对司法腐败和司法不公以及诉讼效率低下、成本高昂这些"诉讼的弊端"的过分夸大的估计,个别司法人员打着"程序正义"的旗号,过于消极地或者机械地理解法律程序,而对司法的功能缺乏深刻的理解和积极的实践。

苏力教授在《送法下乡——中国基层司法制度研究》一书"导论"中这样回答"为什么司法"的问题:"中国应当实行法治,中国正在走向法治,无论当代中国人对中国社会的政治法律现状或走向如何评价、作什么样的预测,'法治'已经变成了一种公众的信仰,就如同先前中国人对'革命'、如今对'改革'的信仰一样。尽管其中已经有了某些迷信的成份,但这种信仰和追求还是有一定道理的;并且,从历史的发展来看,似乎也将如此。"①如果这一论断是不错的,那么,就应当说,中国的司法权只能向着不断强化的方向而不是相反的方向迈进;特别是在中国的法律制度"先天不足"的历史条件下,增强法治观念、健全法律制度、强化司法权威就应当成为我们努力的基本方向。日本学者高见泽磨在分析"替代性纠纷解决论"时尖锐地指出:"'替代性纠纷解决论'的基本出发点,是关于民事诉讼的法令、制度、法律职业已经有了一定程度的完备的基础,对当事人而言,对社会全体而言,诉讼的成本都已经是很高了。而在这一点上,当我们议论中国的现象时,在某种程度上就会出现将日本的情况硬性嫁接到中国去的后果。"②因此,"替代性纠纷解决机制"在中国是否存在现实的运行基础的确值得谨慎对待。然而,无论如何,中国的纠纷解决机制中最为突出的问题恐怕还是"司法性"不足的问题,对这一问题的理论反思以及相关制度的加强和完善应当是当前和今后相当一段时间内的工作重心。

事实上,在我国的司法实践中,为了强化司法权威而进行的司法改革

---

① 苏力:《送法下乡——中国基层司法制度研究》,中国政法大学出版社 2000 年版,"导论"第 1 页。

② 〔日〕高见泽磨:《现代中国的纠纷与法》,何勤华、李秀清、曲阳译,法律出版社 2003 年版,"序论"第 7 页。

已经引起了社会各界的强烈关注。自从20世纪末(1999年)最高人民法院发布《人民法院五年改革纲要》以来,中国的司法改革的脚步就一直没有停歇。2004年底,中央司法体制改革领导小组发布了《关于司法体制和工作机制改革的初步意见》,涉及诉讼制度、收费制度、检察监督、司法鉴定、律师制度、劳改劳教、司法经费保障等10个方面、35项内容;紧接着,最高人民法院又发布了《人民法院第二个五年改革纲要2004—2008》及《关于依法保障法官权利的若干规定》。在"二五纲要"的基本目标和任务中,明确提出了"实现司法公正,提高司法效率,维护司法权威"、"改革和完善司法审判管理和司法政务管理制度"、"加强法官职业保障,推进法官职业化建设进程"等具体要求,并且将"坚持公正司法、一心为民的指导方针,实现司法公正,方便群众诉讼,尊重和保障人权;坚持科学发展观,遵循司法客观规律,体现审判工作的公开性、独立性、中立性、程序性、终局性等本质特征"作为改革的基本原则。可以说,反映在以上的几个文件中的理念和要求,正是强化司法权威的必要内容,其中有的内容可以作为一个时期内的量化目标,而有的内容却需要作出长期的努力。总之,只有真正认识到司法在社会生活中的重要地位,切实、稳妥地推进司法改革,才能将司法的公正和效率落到实处,充分发挥司法在解决纠纷和实现社会控制功能方面的应有作用,确保在法治前提下达致和谐社会目标的实现。

(二)积极司法的推进

司法权强化的目的并非只是为了满足某种政治的需要,而是实现司法对于纠纷解决和社会控制功能的客观要求。从表现形态上来看,司法权的强化应当是一种积极的价值诉求,而不是一种消极的思维取向。说直白一些,司法权的强化所追求的目标是积极的司法而不是消极的司法,即司法权应当在纠纷的解决和社会控制功能的实现过程中积极地、主动地发挥自己的能动作用,以充分显示司法对于实现社会正义的重要价值。

积极司法主义从字面上看其含义似乎并不难理解,但是,追根溯源,这个概念与美国的宪政历史却存在着极深的渊源关系。积极司法主义或者司法能动主义曾经是美国宪政发展史上的一个概念,其最初的含义是指司法部门对于联邦法律不是一味消极地执行,而是拥有司法审查的权利。司法部门审查法律的依据是宪法,而对于宪法的最终解释权也是为司法部门所拥有,司法部门有权判定最高行政当局的行为和行政命令是否违宪,有权对行政当局的违宪行为和命令予以制裁或撤销。所以,"最高法院不仅拥有了司法审查权,而且在某种意义上拥有了'最终立法权'。美国学者梅森(Alpheus T. Mason)认为,与英国王权相比,美国最高法院不仅仅是权威的象征,而且手握实权,'它能使国会、总统、州长以及立法者俯首就范'。"①通过著名的"马伯里诉麦迪逊"一案的裁判,联邦首席大法官马歇尔奠定了他在美国宪政史上的显赫地位,马歇尔传记的作者史密斯(Jean E. Smith)赞扬说:"如果说乔治·华盛顿创建了美国,约翰·马歇尔则确定了美国的制度。"②汤维建教授则进一步指出:"马歇尔对于美国的宪法和美国的民事司法制度的建构与完善作出了历史性的贡献。"③虽然如此,对于民事司法制度而言,美国宪政史上所表现出来的积极司法主义只能说是一种理念上的革命,它也是美国现实主义法学带给人们的重要启示。根据现实主义法学的观点,法官在审理案件时,除了考虑法律规则以外,还要考虑具体案件的事实、法律原则、案件的社会影响、道德、伦理、政策等因素,在综合平衡的基础上作出最后的决定。正如博登海默所指出的:"现实主义法理学运动最主要的特点或许是它的代表人物倾向于把法律的规范性因素或规定性成份降到最低的限度。对现实主义的法学家来说,法律只是一组事实而不是一种规则体系,亦即是一种活的制度,而不是一套规范。法律现实主义者认为,法官、律师、警察、监狱官员实际上在法律事务中的所作所为,实质上就是法律本身。"④

与积极司法主义相对立的是消极司法主义,消极司法主义要求法官在就某一案件作出判决时,应该并且只能以法律规则和原则为依据,而不需要考虑建立于有关道德或者公共政策基础上的"外部的"价值。按照消极司法主义的理解,法律规则是作出法律裁判的绝对中心,法官裁决的过程只是发现事先存在的法律,将其通过形式逻辑的方式运用于具体的案件从而得出判决的过程。从某种程度上说,消极司法反映了大陆法系

---

① 任东来等:《美国宪政历程:影响美国的 25 个司法大案》,中国法制出版社 2004 年版,第 38 页。
② 同上注书,第 39 页。
③ 汤维建:《美国民事司法制度与民事诉讼程序》,中国法制出版社 2001 年版,第 131 页。
④ 〔美〕E.博登海默:《法理学:法律哲学与法律方法》,邓正来译,中国政法大学出版社 1999 年版,第 153 页。

的司法原则,而积极司法则反映了英美法系的司法原则。"大陆法是从规范出发来对待诉讼,而英美法是从事实出发来把握诉讼,正是两者思维出发点的不同,导致了两者在制度层面上的众多差异。……大陆法系诸国都有完整的成文实体法体系,而在诉讼以前这些实体法是发挥着社会规范的机能。当实体法规定的权利或法律关系难以实现时,权利人就向法院提起请求实现该权利的诉讼,因此大陆法系诉讼制度的目的在于保护当事人的权利。英美法系各国不存在成文的实体法,而在诉讼之前也不存在由法所认可的权利。当发生侵害社会正义的事件时,人们为请求法院发现事件中应有的正义或法而提起诉讼,故而这种诉讼制度的目的就是为了恢复正义、解决纠纷。"①

由上可见,积极司法主义与消极司法主义无论是在原始的意义还是在引申的意义上都处于尖锐对立的状态,其思维路经与价值取向是截然相反的。时至今日,积极司法与消极司法的命题之所以重新受到人们的关注,与"司法审查"制度其实并不存在直接的联系,而是一种反映在司法理念上的差异。积极司法主义要求法院在诉讼过程中以一种积极能动的态度管理并推进诉讼程序,在案件事实调查上采取积极的职权探知主义以及事实认定上的自由心证;在法律的理解和适用方面进行积极的价值权衡,以实现社会实质正义为最终的价值目标,在法律规则出现空缺或者漏洞的情形下通过司法权的能动性"创制"法律。与之相对应,消极司法主义却主张法官在诉讼过程中秉持"消极、中立"的态度,以当事人主导诉讼程序,机械地理解证据结果主义原则和法律适用方面的严格规则,奉行司法程序的"形式正义"。

积极司法与消极司法作为两种截然对立的司法理念既有久远的历史根源而且在长期的对立和争论中也一直难分伯仲。而在我国,由于历史上的职权主义诉讼模式所带来的种种弊端,围绕着当事人主义和职权主义的争论也相持不下。然而,诉讼模式的实际运行状态却并非像论者所想象的那样泾渭分明,"最为一致的信念之一是这样一个观点,即大陆法程序从整体上是纠问制的或者说是法官控制的,而普通法程序则是对抗

---

① 〔日〕中村英郎:《新民事诉讼法讲义》,陈刚、林剑锋、郭美松译,法律出版社2001年版,第20—21页。

制和当事人控制的。这一观点在理论层面上肯定是错误的。"① 在当今的世界,英美法系与大陆法系的融合已经成为一个不可逆转的趋势,而在民事司法领域,"从不同国家的陈述中呈现的一个最明显的趋势是对民事程序实行司法控制的普遍倾向。普通法国家和民法法系国家都展示了一种向法官对民事诉讼进程实施更有力的控制的方向移动的现象"②,"向民事程序的司法主导方向的发展代表着一种诉讼机制上的变化,它包括一种程序的新哲学的发展。"③ 显而易见,随着西方国家以"接近司法"为主旨的司法改革运动的推进,一个具有时代特征的、或许是具有永恒价值的现象已经在世界范围内蔓延开来,这就是积极司法主义的全面复兴。

美国学者劳伦斯·M. 弗雷德曼说过:"司法制度的巨大威力在于,它能使一项请求变成一条受保护的权利,[装甲的权利(an ironclad right)]。据此,就使得请求变成了人们自觉的意识。另外,将请求变成权利也使得法院的最终判决罩上了正当性的外壳(the mantle of legitimacy)。更重要的是,将统治权力隐蔽在了法院判决的背后。诉讼当事人必须执行法院发出的命令,即使是总统也不例外。"④ 正因为司法能够将当事人的请求变成"装甲的权利",所以它才能够成为权利救济的权威性机制;司法的权威性不仅来自于国家权力的强制性,而且也有赖于其自身的积极运作过程。

在我国,虽然消极司法主义最初只是作为一种诉讼程序的运作方式而在理论上加以论证,但是,由于和历史上的职权主义诉讼模式形成了强烈的参照效应,致使其迅速在理论界和实务界获得了广泛的认同,从而成为与当事人主义诉讼模式互相呼应的一种盛极一时的司法理念。其影响所及,不仅在民事诉讼程序中法官的表现以"消极"性为基本取向,在证据的调查、调解的尝试等诉讼进程中草率行事或者单纯追求文牍式审判,而且,在整个的纠纷解决机制构建中弱化或者排斥司法管辖权,甚至有意无意地滑向法律虚无主义。这种倾向在学术界也有所表现,从"送法下

---

① 〔英〕阿德里安 A.S. 朱克曼主编:《危机中的民事司法》,傅郁林译,中国政法大学出版社 2005 年版,第 41 页。
② 同上。
③ 同上注书,第 42 页。
④ 〔日〕小岛武司等:《司法制度的历史与未来》,汪祖兴译,法律出版社 2000 年版,第 28—29 页。

乡",关注司法权向社会最基层的农村延伸,到"自组织权利救济"这种自给自足的权利救济意念的提出,看起来是一种巧合,但是,它恰好反映了学术界在法律和司法的功能和价值的认识上所存在的巨大差异。① 这不能不说是一种足以令人担忧的现象。

　　不可否认,民事纠纷的解决并不能单纯地依赖司法,甚至对于某些纠纷而言,经过诚恳的对话或者谈判,或者经过民间调解机构的调解就能够轻易地得到解决;如果存在着更为便捷的方式而不去利用,反而去寻求更为正规的司法解决方式,无疑和经济、效率的原则是相违背的。事实上,这种对司法的"过度依赖"并不符合当事人的利益和愿望,一旦发生纠纷,提起诉讼往往并不是当事人的第一选择。但是,问题在于,从这种具有"实证"意义的纠纷解决方式,是否能够得出司法在纠纷解决中就应当处于"消极"地位,甚或可以忽视司法存在的意义呢? 笔者以为,这里其实有一个"视角"选择的问题:如果以纠纷解决的整体机制为视角,则司法的地位显然是不容忽视的;如果以纠纷解决的具体运作过程为视角,则完全可以从不同的角度作出实证性的分析和论证。尽管司法解决的方式并不是在任何情况下对于任何性质的纠纷都是最合适的方式,但是,司法却应当具备这样一种可以被利用的可能性,以便当事人在需要司法救济的情况下能够无障碍地"接近司法";并且,一旦司法程序被启动,它就应当以一种积极的姿态促进纠纷的解决。如果司法不具有便于利用的条件,司法程序也一再被"消极"地拖延,就不仅不符合现代司法的宗旨,而且也会损害当事人对司法的期待和信心。如果说超职权主义模式的问题在于法官过度操纵和控制庭审活动,致使当事人的诉讼权利形同虚设,那么,极端的当事人主义模式则又过度弱化了法官的职能,这两种极端性的模式所造成的结果都是司法的消极因素的膨胀。积极的司法应当不仅仅是司法程序的公正性和效率性的体现,而且也是对司法效果的一种价值评判。因此,唯有倡导积极司法才符合司法运作的客观规律,也才能够充

---

　　① 苏力教授在 2000 年出版了《送法下乡——中国基层司法制度研究》(中国政法大学出版社 2000 年版)一书,其主旨是利用"本土资源"将"法治"的理念向最基层推进。《自组织权利救济——多元化纠纷解决机制的新视角》是邵华博士的博士论文(中国法制出版社 2007 年版),根据书中的解释,"自组织应该是人们自主、自发的以结构和有序的组织方式构建的,独立于政府强制性组织方式(他组织)之外的,一种自愿和自治的社团组织。从社会地位来看,就是独立于政府和市场的第三部门或非政府组织的一种。"(第 20 页)关于自组织权利的救济方式,全书看不出与法律和司法有什么关系。

分体现司法在整体性纠纷解决机制中的应有地位和作用。

(三) 理念、制度与运作

实践是检验真理的唯一标准。任何一种理论都应当是在对客观事物进行分析、判断的基础上所形成的逻辑体系,而这个逻辑体系的正确与否最终还须得到实践的证明。纠纷解决的司法中心结构固然是在逻辑思维规律的引导下所形成的一种理论体系,但是,归根结底,客观存在的纠纷解决方式及其运作过程的实际情况才是这一理论的根本依据。

如前所述,司法在社会生活中的功能和价值是多维度的,绝不仅限于纠纷的解决,但是,唯有正确地把握司法在社会生活中的功能和价值,才能理解司法在纠纷解决中的地位和作用。如果说司法在实现社会有序化治理的过程中只是权力结构的一极,那么,对于纠纷解决而言,司法则应当处于中心的地位。这种以司法为中心的纠纷解决机制的结构在纠纷解决的基本理念、相关制度的设立及其实际运行中都有着具体的体现。

1. 理念

理念作为一种意识形态,它所反映的是主体对于某种事物的基本态度和基本价值取向。理念是一种抽象的思维形式,但同时也表现在具体的行动当中,因为,任何一种理念都必须要外化为具体的行动才能表现出来;同时,任何一种特定的行为都要受到特定的理念的支配。纠纷解决作为一种行动范畴也不能例外,它必然要受到某种理念的支配。那么,这种理念的根本内容何在就成为一个必须回答的问题。

按照一般的理解,纠纷解决所要达到的目标就是化解矛盾或者冲突,对损害进行救济,以恢复正常的社会关系。但是,目标的确定只是理念的内容之一,而并非纠纷解决的终极理念。作为纠纷解决的理念,不仅应当包括纠纷解决的目标,而且还应当包括实现这个目标的意义和价值以及为实现这个目标所应当遵循的原则。

纠纷的解决固然最经常地表现为对立的双方当事人之间的利益博弈,对于"局外人"来说往往不会产生直接的影响;但是,人的社会性因素又决定了纠纷的当事人不可能完全地游离于具有普适性的"游戏规则"之外,他们必然会自觉或不自觉地将共同体的一致信念和利益与自己的个体利益联系起来,因为,只有这样,纠纷的解决才获得了现实性和可能性,也才能够取得一个具有实际意义的纠纷解决方案。这个所谓共同体的一致信念和利益,无非就是最具有共同性的正义理念,它的具体内容也就是法律准则。有日本学者在研究诉讼外纠纷解决方式的基本理念时指出:诉讼外纠纷解决的理念"一个是正义,另一个是自律","前者之'正义'是指遵照法律解决纠纷即为正义,它要把诉讼外纠纷解决方式的最终基础确定为'这样做是正确的'的道德观念。而且这和哲学基础无关,人们解决纠纷就是为了追求正义,这一点也是它的依据。"[①]正是这种理念的支配下,才使得纠纷的非诉讼解决能够在"审判的阴影"下发挥实现正义的功能,因为审判本身就是作为实现通用的正义理念的方式。[②]在这个问题上,博登海默也有着相似的论述,他指出:"人们可能会提出这样一个问题,即是否由于仲裁和调解程序具有极大的灵活性和非正式性,所以,它们的存在本身就意味着法律有效范围的缩小。然而我们知道,由于仲裁者和调解者在作裁定时是受法律的基本规则和原则支配的,所以我们不能因此而简单地说法律的有效范围缩小了。我们可以假定,在许多情形中他们都是受法律指导的,特别是当上述基本规则同时又反映了该特定社会中占支配地位的正义观念的时候就更是如此了。"[③]现代社会应当是一个法治的社会,或者是以法治作为发展方向的社会,因此,以法治理念作为社会共同体的共同理念是理所当然的,特别是在与社会秩序和行为标准密切相关的纠纷解决领域,对法律规则的参照和遵守就更应该成为每一个社会成员的自觉行动。事实上,无论是纠纷的司法解决或者是非司法解决,对法律规范的参照和执行都是一个客观存在的现象。然而,特别应当指出的是,对法律的参照和执行的根本原因和理由,对于司法机关和非司法的纠纷解决机构或者民间的纠纷解决组织而言是有所不同的。司法机关是法律的执行者和维护者,依法审判和依法裁决是司法机关的性质所决定的,因此,可以说司法机关在纠纷解决中对法律的参照和执行是一种内部自觉的行为;而非司法机构和民间纠纷解决组织却不具有这种内部自觉的必然性,它们对法律的参照和执行在很大程度上是外

---

① 〔日〕小岛武司、伊藤真:《诉讼外纠纷解决法》,丁婕译,向宇校,中国政法大学出版社2005年版,第12页。
② 原译文有这样一句话:"这样把正义作为理念来进行的审判本身就是作为正义通用的",结合上下文的意思,笔者理解"通用的"在这里应当做"正义理念"的修饰词,故表达为"审判本身就是作为实现通用的正义理念的方式"。同上注。
③ 〔美〕E.博登海默:《法理学:法律哲学与法律方法》,邓正来译,中国政法大学出版社1999年版,第401—402页。

部灌输和制度约束的结果,因为无论是纠纷的解决者或者是纠纷的当事人都应该明白,完全脱离法律的行为或者意愿是不具有正义性的,因此也就没有实现的保障。尽管在法律有所疏漏的情况下,民间习惯、道德规范、乡规民约甚至宗教教义实际上也能发挥行为标准的作用,但是,作为纠纷的解决而言,如果这些行为标准不具有法律上的正当性,也很难获得共同体的认同,难以达到解决纠纷的效果。更何况,某些民间的所谓"风俗"或者"习惯"不过是一些陈腐的、落后的东西,本身就在应被革除之列。

通过以上分析不难看出,在纠纷解决的过程中对法律规则的参照、遵守和执行是一种必然的趋向,司法机关的性质决定了它在这个过程中的中心地位,从而对其他纠纷解决方式发挥着规制、引导和示范的作用,这样的一种趋向和结构共同构成了纠纷解决的正义理念的基本内容,体现着它的实质性的价值和意义。

2. 制度

"所谓制度,通常是指为人们制定或认可并予以遵守和维护的规则和体制。它有着不同的层次:广义上是指社会形态,如资本主义制度;一般意义上包括各种具体的社会制度,如军事制度、教育制度、司法制度等。……司法制度作为一种制度文明,它影响着人类对公正的追求,牵涉到国家解决社会冲突和矛盾的有效性,关系着国家和社会的稳定,因此,司法制度健全与否意义重大。"[①]对于制度这一概念的理解和解释并不统一,但是,在制度是被社会广泛认可的一种规则体系(体制)这一点上基本上是一致的。这种规则和体制反映了客观存在的现实社会关系,同时也体现了人的理性思维的成果,因此它才能够成为人们一体遵行的行为规范和行动标准。司法制度作为一种与纠纷解决的效果和社会秩序的形成关系密切的社会制度,也必然反映着纠纷解决过程中的现实社会关系以及合理化、有序化的理性诉求。但是,由于人们对"司法"的性质和范畴理解的不同,关于司法制度的含义也多有分歧。狭义的理解认为司法仅指司法机关的执法活动,而广义的理解却将与司法有关的所有社会活动都纳入司法的范畴。如"一般认为,调解、仲裁是半民间活动,不应属于司法制度。这虽然有一定道理,但我们认为,它们也应属于司法制度的范畴,

---

① 左卫民主编:《中国司法制度》,中国政法大学出版社 2001 年版,第 1 页。

将其纳入司法体系,正足以显现司法制度的特色"①。

对于上述这种泛司法化的观点笔者并不赞同,正如本书第四章所分析的,调解组织和仲裁机构虽然也具有依照法律规范解决纠纷的职能,但是从性质上说它们只能是民间性的,通过调解所达成的协议或者通过仲裁所作出的裁决所具有的"法律效力"不过是法律或者通过法律程序确认的结果,而不是它们自身的性质所决定的。这一点,正是司法机关和非司法组织或者机构,或曰纠纷解决的司法方式或者非司法方式之间的分水岭。但是,值得注意的是,泛司法化的观点却在无意当中揭示了纠纷解决的司法中心结构的制度性原理,即纠纷解决的司法中心结构反映到制度层面,便形成了司法机制和非司法机制之间的密切关系,如果没有这种密切关系的存在,则司法中心结构也就失去了相对稳定的状态。

如前所述,制度所反映的应当是客观存在的现实社会关系和人的理性思维的成果,司法中心结构的制度性原理也是来源于司法机关和非司法组织或者机构之间在客观上存在的密切关系,而连接它们之间的密切关系的纽带不是别的,正是法律。试想,如果没有法律的确认,仲裁裁决或许只会被作为一种"民间协议",而不具有强制执行的效力;而通过调解所达成的调解协议则也会丧失"民事合同"的性质。②类似这种制度性原理在有关的法律法规中还有多方面的体现。如我国的人民调解制度,虽然人民调解组织被定位于"民间调解机构",但是,法律、法规对于这种"民间性"的纠纷解决方式几乎给予了无微不至的关照,甚至已经令其蒙上了"官方"的色彩。③虽然这种情况不尽合理,但是,从制度性原理来说却是有必要的,它至少说明了司法与调解的密切联系,说明了即使是民间调解也只有在司法的"庇荫"下才能获得其自身的正当性。说到这里,不能不提日本的调停制度。日本的《民事调停法》所规定的民事调停制度虽然与我国《民事诉讼法》所规定的诉讼调解制度相类似,但是,两者的区别还是十分明显的。我国的诉讼调解制度从本质上说还是一种审判活

---

① 左卫民主编:《中国司法制度》,中国政法大学出版社2001年版,第4页。
② 根据最高人民法院于2002年9月16日发布的《关于审理涉及人民调解协议民事案件的若干规定》,经人民调解委员会调解达成的、有民事权利义务内容、并由双方当事人签字或者盖章的调解协议,具有民事合同性质。这就意味着调解协议效力的提升,人民法院有权对调解协议的效力作出裁决,而不必对全部事实重新进行审查。
③ 关于我国的人民调解制度,详细的情况及笔者的观点请参见本书第四章。

动,其"调解"的性质并不突出,而日本的民事调停制度则正好相反,其审判的性质被降到了最低,而"调停"的意图则极为明显。日本提倡调停(法)的"谦抑主义","其中的一个内容就是主张抑制对诉讼法过度的理论性加工",甚至要求法官"在适用调停法的时候暂时忘记诉讼法";但是,调停一旦成立,便具有和生效判决同样的效力。① 十分明显,日本已经将调解的方法完全纳入了司法的范畴,尽管从调解运作的方式上说尽量保持了"民间调停"的原貌,但是,法律已经为它提供了充分的司法保障;也就是说通过法律制度使调解获得了"司法性"。

再以仲裁制度为例。仲裁协议效力的审查、仲裁程序中的财产保全和证据保全,特别是仲裁裁决的强制执行,都与法院的支持不可分离。另外,司法对于仲裁除了支持的一面之外还有监督的一面,如法院对仲裁裁决所拥有的予以撤销的权力和不予执行的权力;正是这种既有支持又有监督的机制才彰显了司法的特有地位和作用,即无论是支持还是监督,都是司法中心结构的应有之义。但也有学者认为,司法对于仲裁已经形成了某种障碍,并且将其分为消极的对待和积极的对抗:"消极对待仲裁是法院以不作为的形式对待仲裁,对仲裁机构依法向法院提交的保全申请以及当事人向法院申请执行仲裁裁决持消极态度。所谓积极对抗是指法院出于自身的利益或者其他原因,以积极的行为对抗仲裁。如以挑剔的、吹毛求疵的眼光审查仲裁裁决,随意撤销仲裁裁决。由于仲裁机构无执行权以及其他强制措施权,只能仰仗法院鼻息生存。一旦法院消极对待甚至直接对抗仲裁,仲裁机构将难以生存。"② 笔者却以为这种担心实属多虑。一方面,由于各种复杂的原因,在制度的执行过程中难免存在不尽如人意之处,但这些"问题"并非制度性弊端,随着司法水平的提高,是有望加以解决的,在这个问题上不应过于悲观;再说,即使是制度不合理,也可以通过制度的改造和完善逐步解决。另一方面,假如司法对仲裁放松必要的监督,对仲裁裁决不作认真的审查,一律积极地执行,那么,不仅会带来纠纷解决机制自身体系结构的混乱,而且也不利于仲裁事业的健康发展。正如徐昕教授指出的那样:"现实中,权力腐败的弊病渗入社会生活

---

① 参见[日]小岛武司、伊藤真:《诉讼外纠纷解决法》,丁婕译,向宇校,中国政法大学出版社 2005 年版,第 31 页。
② 何兵:《现代社会的纠纷解决》,法制出版社 2003 年版,第 207 页。

的各方面,包括仲裁领域,当事人收买仲裁员、仲裁员索贿受贿、徇私舞弊、枉法裁决之类的情形并不少见,仲裁腐败已成为影响仲裁公信力、制约仲裁事业发展的重大障碍。"①因此,制度虽然在某些时候可能会表现出"软弱"的一面,但是,从长远的和全局的角度来看,它仍然具有维持并发展人类社会秩序、持续地造福于人类的强大机能。纠纷解决的司法中心结构不仅是一种客观事实,而且也表现为一种制度原理,它对于纠纷解决的理念的贯彻和纠纷解决的整体机制的科学构建和健康运行,以及保证纠纷的正当合理的解决都具有十分重要的意义。

3. 运作

纠纷解决的司法中心结构的运作过程并非仅仅是就法院审判活动自身的运作方式及其效果而言,甚至从某种意义上说更多的是指法院的审判活动以外的纠纷解决方式的运作过程,包括仲裁、调解以及被称为ADR(替代性纠纷解决方式)的运作过程。就这些诉讼外的纠纷解决方式的运作而言,调解的方式适用最为广泛,也最具有代表性。

日本学者棚濑孝雄以"根据合意的纠纷解决"与"根据决定的纠纷解决"(合意性——决定性)作为纠纷解决过程的一个基轴,而以"状况性的解决"和"规范性的解决"(状况性——规范性)作为另一个基轴建立了他的"从制度分析到过程分析"的理论体系。②其中的"合意性"主要就是通过调解而达成的结果。棚濑教授将调解分为四种类型:"判断型调解"、"交涉型调解"、"教化型调解"和"治疗型调解"。这四种调解的类型各有特色,但是,最能代表"法制化社会的调解模式"的是判断型调解:"把发现法律上是正确的解决作为调解应该贯彻的第一目标,同时在与审判比较的意义上把降低发现正确解决所需要的成本作为调解固有的长处,就得到了近似于判断型的调解类型。"③相比较而言,交涉型调解模式的前提是把成本的节约放在第一位,而认为"发现法律上正确的解决完全属于审判的任务",为了节约成本而不惜降低达到法律上正确的要求④;教化型调解则以发现调解自身特有的正义或者所谓另一种正确的解决作为自

---

① 徐昕主编:《纠纷解决与社会和谐》,法律出版社2006年版,第117页。
② 参见[日]棚濑孝雄:《纠纷的解决与审判制度》,王亚新译,中国政法大学出版社2004年版,第一篇"纠纷解决过程的理论框架"。
③ 同上注书,第54页。
④ 同上注书,第60页。

己的任务,而不去谋求审判的再现。棚濑教授称之为"以实现某种社会连带作为目标"的调解,他指出:"这种衡平性、连带性,本来是在人们之间有密切关系的小范围的共同体里才作为秩序形成和维持的第一原理而发挥作用。在这样的共同体及其连带性已经或正在消失的现代社会中,强调恢复连带性的调解很容易带上复古的色彩。"①"教化型的调解因为所依靠的共同体本身在日本社会中已渐渐失去存在的条件,也不得不逐渐地把重心移到法的解决,向审判看齐。"②最后,治疗型调解是以追求一种完全独特的纠纷解决方式为目的的模式。这种模式基本上把纠纷视为人际关系的一种病理现象,试图通过广义的人际关系调整方式来治疗病变,使其恢复正常。③显然,根据棚濑教授的分析,"把发现法律上是正确的解决作为调解应该贯彻的第一目标"的判断型调解应该是现代社会的具有典型意义的调解方式,这种调解的类型说明了调解与法律之间的紧密关系,而不是强调它的"民间"属性。换言之,调解作为一种解决纠纷的民间方式,在具体运作的过程中也是以法律规范或者能够获得法律的认同作为一般目标的;也只有在这个前提下,纠纷才有可能获得真正的解决。

无独有偶,在美国以充分的灵活性作为特色的 ADR(替代性纠纷解决方式)中,对调解的法律规制也在不断地加强,截至 2002 年,涉及调解的州法规和联邦法规已经超过了 2000 部,2002 年,美国律师协会和统一各州法律的全国委员大会还通过了《统一调解法》。④这些法律的制定,目的就在于规范调解的运作过程,以期提高调解的质量。如对调解人的入门要求,如教育资格;调解人的责任规定,如有约束力的职业道德规范、调解人的民事责任、项目资助要求以及调解人甚至偶尔要承担的刑事责任;与调解相关的程序,如当事人获得的专家协助、将一些案件排除在调解的适用范围之外以及对调解协议的司法审查,等等。经过这样的规制以后,调解这种方式实际上被纳入的"司法体系"的范畴,其运作方式也成为一种"准司法"的运作。

---

① 参见〔日〕棚濑孝雄:《纠纷的解决与审判制度》,王亚新译,中国政法大学出版社 2004 年版,第 63 页。
② 同上注书,第 65 页。
③ 同上注书,第 66 页。
④ 参见〔美〕斯蒂芬·B.戈尔德堡等:《纠纷解决:谈判、调解和其他机制》,蔡彦敏等译,中国政法大学出版社 2004 年版,第 171 页。

在我国,调解的类型一般被分为诉讼上的调解、人民调解、民间调解、行政调解,等等,但是,在调解的运作方式上并没有一套严格意义上的法律规范;虽然如此,调解的实际运作方式仍然与司法制度存在着密切的联系。下面的一则调查不仅反映了这种关系,而且也暴露出实践中存在的诸多问题,笔者将在这个实例的基础上作进一步分析。

调查主题:西北政法大学法律援助小组关于基层调解实践的调查。

调查时间:2008 年 4 月 18 日。

调查地点:陕西省韩城市昝村镇司法所。

调查人员:西北政法大学法律援助小组成员谭××等 3 人。

调查对象:司法所所长史××。

问:昝村镇人民调解制度的基本情况如何?

答:我镇的人民调解制度目前由两大块组成,一是镇政府里的司法所,另一个就是村级的村民委员会。司法所主要负责调解下面村里难以调解的问题,当然村民有纠纷也可直接来找我们。对于村内的调解,村民可以找队长、治保主任或是村长都可以,村领导都有责任为村民纠纷担当调解人。

问:请介绍一下人民调解制度的机构设置、机构数量、工作人员数量以及日常管理情况。

答:把乡镇和村两级负责调解的机构都计算在内的话,机构设置主要有镇司法所和 13 个行政村的村民委员会共计 14 个机构。镇司法所的工作人员有 3 名,13 个行政村的村长和治保主任都计算在内的话就有 26 名。在日常的管理上,司法所较为正规,按时上班并及时调解村民的纠纷,当然,司法所的工作还主要是听从镇政府的安排,在镇政府遇到某一方面工作较重时,司法所还要及时地去帮忙。

问:村级调解机构是如何运行的?

答:坦白的讲,村里目前并没有形成制度化的调解(机构),村长和治保主任的调解工作也主要是基于一种习惯和责任,并没有制度化,村民有纠纷更多的是私下调解,私下调解不成,一般要找村长解决,如果村长也调解不了,也就放弃不管了。村民此时要么选择来镇上寻求帮助,要么就直接去法院起诉了。当然,上访也是村民习惯于选择的一种方式,从韩城有开往北京的直达车,因此"上访"在韩城市还是较为突出的一个问题。总之,目前的村级调解还是属于自发性质的,并没有制度化,也很难将其划入人民调解的范围。

问:人民调解员的法律素质、调解依据以及调解效率如何?

答:司法所的三名工作人员中新来的两位都是学过法律的本科生,至于下面的村干部就谈不上法律知识了,但是这个并不是很大的缺陷,因为在调解村民纠纷时重点不是法律问题,而是要搞清楚争论的焦点和把握双方和谈的尺度,我们不会拘泥于法律条文,涉及更多的是当地的习惯。我们的任务重在解决纠纷,而不是像法院必须形成合法有效的判决。我们的调解效果还是很好的,但是有些棘手的问题根本无法调解,就是让法院去判也只能得到一个程序上公正的结论,双方当事人还是可能感到不公平。因此说,大部分问题都能合理解决,并且执行较好,但遇到少量的村痞耍赖,我们也很难调解下去。

问:最近十年处理案件的整体情况怎样?

答:我们每年实际调解的案件并不多,这也与我们司法所还没有从镇政府中独立出来有关,上年我们共调解案件 16 起,以前的详细数据现在没有,但每年都差不多,一般十多起。对于处理的案件,大多都能得到合理的解决。农村的事情涉及的金钱不多,但有个别案件却很难解决,这主要是由于村民不注重证据保存,很难确定案件事实,这种情况就是去法院(由于)缺乏证据也很难判决。①

上面这个调查所反映的情况大致可作如下归纳:

第一,机构设置不合理,工作责任范围不明确。根据我国《宪法》的规定,城市居民委员会和农村村民委员会是"基层群众性自治组织",居民委员会、村民委员会设人民调解委员会,调解民间纠纷。国务院也于1989年颁布了《人民调解委员会组织条例》,具体规定了人民调解委员会的组织形式、机构的产生办法、任期和任务等。根据规定,人民调解委员会是居民委员会、村民委员会下设的职能机构,属于"调解民间纠纷的群众性组织",在基层人民政府和基层人民法院的指导下进行工作。但实例

---

① 本次实践调查系由西北政法大学组织,本资料由西北政法大学2006级诉讼法学硕士研究生崔玲玲提供。

中是由司法所和村民委员会负责调解工作,并没有设立人民调解委员会;而且,司法所作为政府的派出机构,实际上主要承担了直接的调解工作,而不是"指导"调解委员会的工作。

第二,调解过程几乎不讲程序,过于随意化。村长和治保主任的调解工作主要是基于一种"习惯和责任",村民有纠纷更多的是"私下调解",私下调解不成,再找村长解决,村长也解决不了,"也就放弃不管了"。这种"私下调解"的方式显然谈不上什么程序,实际上也不符合有关人民调解的制度性规范。根据司法部发布的《人民调解工作若干规定》,人民调解委员会应当建立案件的登记受理制度、指定调解人、确定调解的时间和地点、实行回避制度,等等。实例中反映的做法显然是很不到位的。

第三,法律引导缺失,过度倚重习惯。不认为法律知识的缺乏是个缺陷,调解主要倚重当地习惯,这种认识显然并不符合有关规定。我国《人民调解委员会组织条例》、《人民调解工作若干规定》都规定了调解应当依据法律、法规、规章和政策进行调解,法律、法规、规章和政策没有明确规定的,依据社会公德进行调解。实例反映,调解人员对这种规定显然理解不深。

第四,调解运作不畅,成功率不高。实例反映,虽然设有调解机构,但是"上访也是村民习惯于选择的一种方式",也是一个较为突出的问题。而且,一个镇每年实际调解的案件并不多,才16起。这反映了调解机制的运作存在问题,成功率不高,影响了群众寻求调解解决纠纷的热情。

以上四个方面的问题,在当前我国的某些农村地区还是比较普遍的。有学者指出,人民调解的每况愈下是一个不得不正视的事实,其"组织庞大、力量不足,往往徒具虚名,民间调解处于半瘫痪状态"[1]。看来此言确实不虚。那么,造成这些问题的原因何在呢?如果从理论上追究,可以溯及的原因恐怕难以尽述;在笔者看来,主要的原因还是调解机制的定位不当。所谓调解机制的定位是指调解这种纠纷解决的方式在整体性纠纷解决中的地位和性质以及运作方式。关于调解机制的地位和性质问题,在本书第四章已有详细论述,此处仅就调解机制的运作方式作一简要阐述。

调解作为民间性的纠纷解决方式,首先,应当体现民间机构的特色,而不应当对其有过多的干预,特别是政府的干预。目前我国的人民调解

---

[1] 何兵:《现代社会的纠纷解决》,法律出版社2002年版,第189页。

组织基本上是名存实亡,原因就在于政府干预过多,政府的派出机构,如司法所,实际上取代了人民调解组织,致使群众眼中没有人民调解委员会,而只有司法所。如果将调解机构放开,不限于"人民调解"这种形式,将市场机制引入调解领域,那么,很可能在调解机构之间形成竞争之势,必然有利于调解机制的繁荣和发展。其次,必须将法律规制与调解机制紧密结合起来,实行法治化的调解,而不是单纯的民俗化调解。如前所述,现代社会的纠纷解决的总体模式应当是以司法为中心的结构,在这种结构中,从理念到制度再到具体的运作过程,都应当是以法律的规制为依据的,而不应当随心所欲,或者刻意夸大"地方习惯、乡规民约"的规范作用。在这里,有一个理论导向和价值选择的问题,应当引起理论界的注意。

季卫东教授早在20世纪90年代就曾提出:"如果回顾一下这十年来中国法制建设的历程,就会发现遵从法律和侧重调解之间的纠葛。是将其视为一种制度上的对立,还是政策上的悖论,看法各有不同。如果采用前一种立场,迟早会得出两者择一的判断。反之,后一种视角却有可能促使我们反思以往的思维模式和理论的缺陷,激发我们寻求新的解释。"而"探讨法制化与调解之间的联结点和连贯性"则属于这种新的解释的进一步深化。[①]在今天看来,季教授所提出的问题仍不减其针砭时弊之锋芒。在法治与调解的关系上,我们的确长期存在"思维模式和理论的缺陷",致使调解这种具有民族特色的宝贵遗产在国家法治建设的进程中长期踟蹰不前,甚至有濒于没落的危险。目前,理论界围绕纠纷解决机制构建的命题议论纷纷,真知灼见不时呈现,或许是破解这一历史性难题的时候了。

---

① 强世功主编:《调解、法制与现代化:中国调解制度研究》,中国法制出版社2001年版,第1页。

第六章 法治、权威与纠纷解决

一、法治与纠纷解决

有位哲人说过这样一句话:"人是需要一点精神的!"一句看似偶然、随意的话,却蕴含着深刻的哲理。人需要精神,如果没有精神,人就会萎靡颓废,茫然无措,迷失前进的方向。精神不仅仅停留在自我的层面,它还会随着人的活动范围的扩大而蔓延开去,影响到一切与人有关的事物。纠纷的解决是一种与人有关的活动,它必然反映着人的精神和人所追求的基本价值,而这种精神和价值的社会意义无非就是为了一种能够给人带来文明、进步和幸福的秩序。

(一) 法治理念的缺位

法治这个概念在现今的中国可以说已经是"家喻户晓"了。然而,在20世纪80年代初期,围绕着"法治"和"人治"这个古老的话题,在全国上下(并不仅限于法学界)竟然还掀起过一场规模不小的讨论。直到1997年9月中国共产党的"十五大"把"依法治国"确定为国家治理的基本方针,提出了"建设社会主义法治国家"的奋斗目标,这场争论才算偃旗息鼓;1999年3月,第九届全国人大第二次会议通过的宪法修正案明确写入了"中华人民共和国实行依法治国,建设社会主义法治国家",从而正式把这一治国方针以国家根本大法的形式确定下来。在这段时间,法学界以"法治"为直接指称的文章和著述纷纷问世,其中有两部令人印象深刻的著作至今读来仍有清新之感,一部是苏力教授的《法治及其本土资源》(1996年),另一部是季卫东教授的《法治秩序的构建》(1999年)。时光荏苒,转眼又过去了十多个年头,而历史已然跨入了一个新的世纪。随着国家改革开放的深化和法制建设的发展,法学的理论研究也在不断地向广度和深度拓展,其中一个引人瞩目的领域就是纠纷解决理论的研究。有学者尖锐地指出:"要断言中国已建立纠纷解决的理论,甚至体系,则为时尚早。纠纷解决理论的建立,须具备如下要素:有一批从事理论研究的学者;有考察社会纠纷的平台;有契合社会现实的理论成果。从中国现实看,这三个要素都不完全具备。"①依笔者愚见,目前理论界关于纠纷解决研究方面存在的问题还不止于此,其中最根本的问题还在于基本方向的模糊。

目前我国谈论纠纷及纠纷解决的文章和著述可谓层出不穷,各种观点和学说也纷纷呈现,然而,关于这一理论研究的基本出发点及其学术方向却没有一个基本的脉络。单纯从学术的繁荣的角度来说,这种现象当然无可非议,但是,对于纠纷解决这种特定的研究对象而言,却不能说是一件好事。因为,纠纷的解决虽然不是国计民生的大事,却也是关乎社会秩序安定、人民幸福快乐的举措,甚至关系到国家法律制度的发展前景的重大问题。对纠纷解决的研究如果不是从中国的实情出发,没有一个明确的前进方向,则难免有误入歧途之虞,甚至出现错误的理论导向,造成人们思想认识的偏颇和社会秩序的紊乱。苏力教授在阐述"变法、法治及本土资源"一文的主旨时写过这样一段话:"从历史经验上看,我们似乎就可以提出本文的结论,同时也是本文试图论证的命题,中国的法治之路必须注重利用中国本土的资源,注重中国法律文化的传统和实际。尽管这个观点曾以多种形式为人们所重复,但其实问题还很多。……人们需要理论,是因为他可以据此来说服别人,更重要的是说服自己。因此,对于当代中国法学界和法律界,我们不仅要指出依据和利用本土资源建立法治的范例,而且要从理论上说明为什么要借助本土资源。"②这段话所体现的学术方法对于今天纠纷解决理论的研究亦是很好的参照。一个是符合实际的问题,另一个是理论方向的问题,如果这两个问题处理得不好,则无法说服别人,也无法说服自己。

---

① 刘荣军:《纠纷解决理论缺失及其代价》,载徐昕主编:《纠纷解决与社会和谐》,法律出版社 2006 年版,第 21 页。
② 苏力:《法治及其本土资源》,中国政法大学出版社 1996 年版,第 6 页。

中国的实际情况是什么情况呢？自改革开放以来，法制建设的确取得了显著的成果，但是，一个显而易见的问题是，法律的施行还很不尽如人意，人们的法律意识、社会的法治秩序还远没有达到理想的状态，在某些边远贫穷的地方，落后的思想观念和生活方式还在继续，甚至根本不知法律为何物；即使是在经济发达地区，人们的法制观念依然有待加强。在这种情况下，弘扬法治理念、加强民主和法制建设依然是我们面临的艰巨任务，而不是向法制以外寻求"新的"纠纷解决方式。有的学者认为目前在我国形成了"传统模式、权威模式与法制模式并存"的局面，"一方面，在广大农村，随着生产队等的解体及村社基层政权组织的弱化，已经销声匿迹许久的宗族、家族组织逐渐复苏，风俗习惯、传统道德在被主流意识形态压制多年后也开始发挥作用，由此导致了忍让、'私了'、宗族与家族调解等传统纠纷解决方式的重新复活并成为化解农村社会纠纷的重要力量。"①笔者不禁要问：这种现象难道是一种值得提倡的好现象吗？它究竟是体现着社会发展与进步的积极的力量，还是一种消极的因素？在这个问题上如果没有一个恰当的定位，那么，很难说对这种现象持肯定态度的观点是一种正确的学术判断。类似这种观点或者倾向，在有关纠纷解决的论著中并不罕见。这种现象说明，在关于纠纷解决的研究中，西方国家的有关实践和理论在我国的实际情况前面形成了一道幕帐，它并没有反映我国的实际。而我们的相关理论研究，由于对实际情况判断的错位，在指导原则上难免出现偏颇，其中最大的问题就是法治理念的缺位。法国法学家达维德针对中国的法制状况说过这样一段话："要真正实施这些立法条文，只有等到法院、审判员与律师的数目大大增加，尤其是传统上敌视法律严格性的心理状态有所改变时才能做到。因此，法制原则与法能否在这个大国发挥其传统上在西方各国所起的作用是很值得怀疑的。"②看起来，达维德的怀疑不无道理。

范愉教授对ADR（替代性纠纷解决机制）有着精到的研究，她敏锐地意识到："我国仍处于法制现代化和社会转型的进程中，确立司法权威、发

---

① 左卫民等：《变革时代的纠纷解决：法学与社会学的初步考察》，北京大学出版社2007年版，第5页。
② 〔法〕勒内·达维德：《当代主要法律体系》，漆竹生译，上海译文出版社1984年版，第498页。

挥司法功能是时代的需要。"① 范愉教授所坚持的仍然是法治主义前提下的"多元化纠纷解决",下面这段文字可以说是她的这种思想的集中表述:

> 法与社会不可分割,法治本身包含着对社会道德和自治的尊重,因此,国家法与民间规范理应在法治秩序下寻求共存,在纠纷解决的过程中,二者甚至可以达到高度融通。然而,这并不意味着法治只能一味被动顺应习惯,对社会生活和秩序的建构和发展无所作为。实际上,剧烈快速的社会变迁已经使传统的乡土社会在不同程度上开始解体,法律对人们的生活观念、行为准则的引导和规范作用是巨大和显而易见的。同时,民间规范存在着许多固有局限和弊端,面对由此可能导致的社会问题以及多元社会规范之间的冲突,在自治、自律和协调机制不能奏效之时,只能通过法律求得统一。因此,社会在法治化进程中,在尊重社会和民间规范的同时,必须强调法治的统一和权威,维护国家法和司法的公信力,以法治文明改造社会、移风易俗,求得公平与效率。研究国家法与民间社会规范的关系,必须关注法治对后者的制约。②

必须说明,对于 ADR(替代性纠纷解决机制)在我国的可行性和必要性笔者是存在疑问的,基本的观点在本书有关部分已经作出表述,但是,在坚持法治主义这一点上与范愉教授并无二致。对现代法治社会的追求可以说是我国广大人民群众和仁人志士长达一个世纪以来为之不懈努力和探索的伟大梦想,而只有在今天这种社会条件下才有可能使之变为现实。当然,前进的道路可能还会蜿蜒曲折、荆棘丛生,但是,这种理念和信心是不能有丝毫动摇的。因此,无论是从事实际的社会治理和纠纷解决工作还是从事有关的理论研究,都应当坚持法治理念,"强调法治的统一和权威,维护国家法和司法的公信力,以法治文明改造社会、移风易俗,求得公平与效率",这样才不至于迷失前进的方向。

(二) 法律秩序的价值

法治的推行总是意味着秩序的形成,这种由法治而达致的秩序从根

---

① 范愉:《纠纷解决的理论与实践》,清华大学出版社 2007 年版,第 318 页。
② 同上注书,第 622 页。

本上说还是法律秩序的体现。法律本身就是"秩序与正义的综合体"①，但是，法律属于静态的事物，它必须借助于法治才能够变成现实社会的秩序和正义。因此，法治就成为法律和秩序的媒介，最终还是为了法律秩序的实现。所以，从社会秩序的意义上讲，应当讲法律秩序，而不是法治秩序。但是，法治这个概念又具有综合优势，它包含了立法、执法、司法、守法以及法律监督等与法律的形成和实施有关的各个环节，所以，人们习惯上将法律秩序与法治等同看待，不分彼此。

在人类历史的长河中，虽然从哲学意义上说秩序无所不在，但是，与人类文明有关的秩序却总是伴随着法律的成长而逐渐地形成和完善起来，从一定程度上说，没有法律就没有文明和秩序，法律和秩序是密不可分的。康德就旗帜鲜明地提出，文明社会就是由法律来规范人们外在行为的社会，"他不但论证一个民族必须建立法治的社会来保证个人的权利，而且从全世界范围来说，各民族也要建立一种法律秩序（他称之为国际法和世界法）来保证各民族的权利，并向人类的永久和平接近。"②美国哈佛大学法学院的罗伯特·昂格尔教授着眼于法律与社会形态的关系，提出了三种法律概念，即"习惯法"、"官僚法"和"法律秩序"，它们分别在不同的社会土壤中产生和发展。所谓"习惯法"，就是由"一些含蓄的行为标准而不是公式化的行为规则所构成"③的行为模式和规范，它产生于具有共同伦理信念的原始共同体之中。原始社会中人们相互紧密而且亲密的生存关系，促使他们形成一套共同认可的习惯，习惯贯穿于日常生活之中，并成为一种默会知识，无需诉诸文字，也无需由政府规定和颁布，人们就会按照习惯而行动。与习惯法不同，"官僚法"是由国家颁布的成文规则，具有很重的行政色彩，是"专属于中央集权的统治者和他们的专业助手的活动领域"，"这种法律是由政府蓄意强加的，而不是社会自发形成的"。④ 因此，官僚法具备实在性（它是成文的）和公共性（它是由国家颁布的）。在昂格尔看来，前现代社会（即封建社会）的法律主要就是官

---

① 〔美〕E.博登海默：《法理学：法律哲学与法律方法》，邓正来译，中国政法大学出版社1999年版，第318页。
② 〔德〕康德：《法的形而上学原理——权利的科学》，沈叔平译，商务印书馆1991年版，"译者的话"第2页。
③ 参见〔美〕昂格尔：《现代社会中的法律》，吴玉章、周汉华译，译林出版社2001年版，第46页。
④ 同上注书，第48页。

僚法。而"法律秩序"则是这样一种社会规范,它首先仍然表现为一套成文的、由国家颁布的法律规则,因此也具有实在性和公共性的特点,但与官僚法相比,它"不仅具备实在性和公共性,而且具备普遍性和自治性"①。具体而言,法律秩序的自治性表现在内容、机构、职业和方法等四个方面:(1)内容的自治性。法律秩序所制定和提出的法律条文独立于任何非法律的信念或标准,特别是独立于宗教戒律或神学观念。(2)机构的自治性。在法律秩序中,司法机关独立于立法和行政机构,而机构的自治性意味着必然有专门的一批人在其中工作,他们不是行政机关的人员,可以独立于行政机关的指令干涉。(3)职业的自治性。这些职业人员需要专门的训练,在执法和审判的过程中,他们所运用的认知和推理的方法具有使其区别于科学解释以及伦理、政治、经济论证的方法或风格。(4)方法的自治性。正是这四种自治性,使得立法者能够把任何人都纳入到法律框架当中来,从而当作一个法律主体平等地对待。法律秩序的规则可以对每个人(集团)适用,没有谁可以超越于法律秩序之上。

可见,无论是康德所讲的"国际法和世界法"意义上的法律秩序还是昂格尔所讲的具有"普遍性和自治性"的法律秩序,其中都蕴含着促进人类社会文明和进步的价值和意义,这种文明和进步,用边沁的功利主义原则来衡量,就是"最大多数人的最大幸福"②。换言之,人类社会的进步和个人的幸福快乐都有赖于法律秩序的形成,而法律秩序的价值目标就在于增进社会的进步和人类的幸福。正因为法律秩序具有如此重要的和现实的、实际的价值,所以,它才能够成为人类不懈追求的目标,追求法律秩序也就是追求进步和幸福,反之,漠视法律秩序,也就是漠视社会的进步和人类的幸福。

在上述理论的前提下来看待纠纷解决就自然得出这样的结论:纠纷的解决必须以法律秩序作为前提和目标。纠纷的解决以法律秩序为前提,就是要树立遵法、守法的法治理念,以法律作为最高的行为标准,依照法律去衡量是非,确定责任;纠纷的解决以法律秩序为目标,就是要通过纠纷的解决创造并且维护符合法律规范的社会秩序,以法律关系去塑造

---

① 〔美〕昂格尔:《现代社会中的法律》,吴玉章、周汉华译,译林出版社 2001 年版,第 50 页。

② 参见谷春德主编:《西方法律思想史》,中国人民大学出版社 2000 年版,第 186—187 页。

人们之间的基本社会关系,从而形成科学进步、积极向善的良好社会风气。因此,在纠纷解决的过程中,无论是什么样的纠纷解决机制,都不能脱离法律规则而另立标准,或者打着传统文化、民间习惯、伦理道德的旗号,让一些落后的宗法观念或者敝风陋习大行其道。

博登海默指出:"如果在一个国家的司法中甚至连最低限度的有序常规性都没有,那么人们就可以认为这个国家没有'法律'。如果没有规则、标准或一般原则来指导私人行为和官方行为,没有程式化的程序解决争端,而且法院全然不关心其在此前所作的判决,那么就会出现上述情形。"①毋庸讳言,我们经历过"没有法律"的年代,那时的国家司法乃至于个人和政府的行为基本上处于无序化状态,结果导致强权肆意、奸佞横行,人民的幸福和安全荡然无存。随着改革开放和现代化建设的飞速发展,人们的思想意识和生活方式也在发生的显著变化,这种变化的根本特征就在于法律秩序的形成。正如学者们所指出的:法律秩序就是"法律在调整社会关系时在人们间产生的动态化、条理化、规范化、模式化和权威化的社会生活方式"②,其核心就在于"法治系统工程的实际存在状态和法律运行所要达到的目标,法律秩序是一种文化现象,是法律文化建设的目标归结点"③。

(三) 一个误区的证明

从人类历史的发展过程看,对现代法治的追求不仅是一种纯粹理性的美好愿望,更是以社会实践的沉重代价换取的价值认同。在西方国家,中世纪王权的专制统治最终严重阻碍了生产力的发展,从16世纪到18世纪的资产阶级革命席卷云涌,从而揭开了人类历史的新篇章。马克思指出:"1789年的革命只有1648年的革命来做它的原型(至少就欧州来说),而1648年的革命则只有尼德兰人反对西班牙的起义来做它的原型。这两次革命中的每一次革命都比自己的原型前进了一个世纪;不仅在时间上是如此,而且在内容上也是如此。"④资产阶级革命推翻了封建制度,

---

① 〔美〕E.博登海默:《法理学:法律哲学与法律方法》,邓正来译,中国政法大学出版社1999年版,第319页。
② 谢晖:《论法律秩序》,载《山东大学学报》2001年第4期。
③ 何勤华:《法律文化史论》,法律出版社1998年版,第203页。
④ 《马克思恩格斯全集》第6卷,人民出版社1961年版,第124页。

建立了资产阶级统治,资本主义生产方式代替了封建生产方式,社会生产力以惊人的速度向前发展,"资产阶级在它的不到一百年的阶级统治中所创造的生产力,比过去一切世代创造的全部生产力还要多,还要大"①。而在政治法律思想领域,资产阶级革命所带来的影响比之对社会生产力的空前解放则更为广泛和久远。理性主义、人文主义、天赋人权、契约自由、法治主义这些闪光的思想和理念至今仍是人类所追求的崇高理想。特别是法治主义理念,它被资产阶级思想家们反复强调,成为维系社会的文明和进步的核心标志。美国资产阶级革命家托马斯·杰斐逊认为遵守法律是国家强盛的根本原因,他说:"热爱秩序和遵守法律是美国公民的非常显著的特征,是国泰民安的可靠保证。"②资产阶级启蒙思想家托马斯·潘恩对法律在治理国家中的作用更是有精彩论断,他说:"在专制政府中国王便是法律,同样地,在自由国家中法律便应该成为国王,而不应该有其他的情况。"③

而在中国,绵延两千多年的封建专制主义统治虽然也曾经有过在当时堪称辉煌的表现,但是,它对广大民众所造成的精神桎梏和人身压迫同样也是罄竹难书的,民主和法治对于中国民众而言不止是陌生,简直就是非分之想。随着共产党领导的新民主主义革命的胜利,中国人民终于"翻身当家做主人",民主终于梦幻般地变为现实。然而,或许因为中国本来就缺乏法治的传统,在胜利的喜悦面前,人们似乎忘记了与民主密不可分的另一个孪生姐妹——法治。而为了这个意识的觉醒,中国又付出了史无前例的"十年动乱"的沉重代价。其实,毛泽东早就意识到:"夺取全国胜利,这只是万里长征走完了第一步,……革命以后的路程更长,工作更伟大,更艰苦,……我们不但善于破坏一个旧世界,我们还将善于建设一个新世界。"④"十年动乱"让我们付出了沉重的代价,它所换来的宝贵的历史教训却成为不可多得的精神财富。人们终于认识到,没有法制,社会只能处于无序的状态;没有法治,权力就会成为一头无所顾忌的猛兽。于是,从20世纪70年代开始,法治的理念逐渐深入人心,直至1999年将"依法治国"的原则写入《中华人民共和国宪法》。然而,就在全社会大力

---

① 《马克思恩格斯选集》第1卷,人民出版社1995年版,第277页。
② 〔美〕方纳编:《杰斐逊文选》,王华译,商务印书馆1963年版,第58页。
③ 〔美〕《潘恩选集》,马清怀等译,商务印书馆1981年版,第35—36页。
④ 《毛泽东选集》第4卷,人民出版社1998年版,第1438—1439页。

弘扬法治理念,努力构建法律秩序的同时,却出现了一种与社会主流意念不那么协调的声音,他们或者对"民间法"与"国家制定法""分庭抗礼"而感到困惑①,或者怀疑"中国百余年的法治发展理路"是否正确②。尤其是在纠纷解决领域,围绕着"多元化"的纠纷解决这一话语,一种回归"乡土文化"和"传统观念",淡化甚至是排斥国家法律的和现代法治的"思古之幽情"正在不知不觉中蔓延。正如季卫东教授所指出的:"有人不是适应时代需求去解构成为中国社会秩序的病灶的传统性权力关系,而是急不可耐地先去解构以限制权力关系为宗旨的现代法学沦及其制度框架;也有人不是在中国本土资源中发掘与现代自由民主相通的矿脉,而是在本土资源中寻找社会强制的合理性——虽然巧妙的修辞技巧能够在相当程度上掩饰特定的价值偏好。"③

著名文化学者朱大可先生说得好:"在历史记忆方面,我们经常能够看到国家记忆错误,也就是抹除或制造错误的记忆。这种所谓'记忆错误综合征'往往是文化退化的标记。在记忆错误的几种形态中,'完全性失忆'是具有代表性的病症。(如)日本教科书完全抹除'南京大屠杀'的历史记忆。'选择性失忆'是只记住对维护自己形象有利的东西。这是对'完全性失忆'的一种补偿。它要求民众记住那些有益的事物,而忘却那些有害的事物。但这种选择不是民众自主选择的结果,而是由文化管理体系提供的罐装食品。它们很像是那种伪劣奶粉,制造着营养不良的畸形文化婴儿。"④完全有理由认为,中国民众对于历史上的强权政治和"十年动乱"这样的历史教训决不会"完全失忆",他们渴望着社会的文明和进步,期待着一个民主的和有序的法治社会的到来,那种被称为"法盲"或者蓄意抵触法律的现象绝不代表社会前进的主流力量。令人担忧的倒是,在理论和思想领域,随着相关问题研究的逐步展开和深化,特别是面对着某些纷繁复杂的社会现象,要么会出现方向的迷失,要么生产出一些"看起来很美"的"罐装食品",从而在无意中造成社会的"选择性失忆"。

---

① 汤哲远:《现代化进程中的当代中国法治现状及其成因》,载《云南行政学院学报》2003年第4期。
② 于语和、刘志松:《天意、法意、人意——乡土社会法治化的困惑与民间法的命运与选择》,载《西南民族大学学报》(人文社科版)2007年第6期。
③ 季卫东:《法治中国的可能性——兼论对中国文化传统的解读和反思》,载《战略与管理》2001年第5期。
④ 朱大可:《个人记忆和民族反思》,载《华商报》2008年8月16日B17版。

事实上，也是特别需要强调的一点，在现实社会中，纠纷的当事者对于纠纷以及纠纷解决的态度或许并不符合某些"实证研究"者所得出的结论，当我们的关注点换取一个角度，甚至能够得出相反的结论。下面是笔者亲历的一个真实的故事。出于可以理解的原因，这里所使用的人物的姓名是虚拟的，但事情绝对真实。先看一下事情经过：

事情发生在陕西省的一个比较富裕的农村。葛志福老汉已年届80，有4子1女。妻子荆玉贤也已近70岁，她是葛老汉的续弦，与葛老汉一起生活20余年，没有婚生子女，在她到葛家之前，葛家的几个孩子都已长大成人，有的已经外出工作。荆玉贤有些先天性的智力障碍，但一般情况下生活还能自理，葛老汉对妻子的照顾也十分周到，以前日子倒也过得平静而祥和。葛志福老汉算是个能人，靠着多年辛苦经营劳作，总算有些积累，还盖起了一栋小楼。但是，天不饶人，葛老汉年事已高且已不能行动，便想为将来的家产分割和妻子的扶养事宜作个安排。于是，他自己写了一个书面遗嘱，大意是在他去世以后留一套房给妻子住，其余的房子分别给几个子女；荆玉贤由女儿葛红负责养老送终，在荆玉贤去世后，其所居住的房屋由葛红继承。葛老汉及其家人都觉得这个安排合情合理，子女们都赞成。不成想，"半路杀出个程咬金"，荆玉贤的娘家人却不干了，他们声称葛家的财产有一半是荆玉贤的，葛老汉的遗嘱侵犯了荆玉贤的利益。葛老汉一听这话大感意外：这家产是我一手挣得，怎么还有一半是荆玉贤的？我已经安排好荆玉贤的养老送终，这还不算仁至义尽？而这荆玉贤的精神状况此时愈显不佳，连话也说不清楚，无法正常表达意志。两家人剑拔弩张，气氛紧张。于是，葛老汉命子女请来律师，想要律师为他写一份能避免荆玉贤娘家人争夺财产的遗嘱。律师了解了情况以后，翻开《中华人民共和国婚姻法》、《中华人民共和国继承法》和《中华人民共和国残疾人保障法》，耐心细致地为葛老汉上了一堂"法律课"。葛老汉听完律师的话，神色凝重但又不无感慨地说道："哦！你的话我听明白了，活了这么大，没有人给我讲过法律，这下明白了，也算是个明白人了！"他郑重地对几个子女说道："法律是对的，咱都要守法，就按法律办。"子女们不再持异议，老人说完这番话不久就去世了。后来，荆家与葛家重新和好，对荆玉贤的扶养及财产事宜也作了妥善安排。一起纠纷就此化解。

这是一起再平常不过的民间纠纷,但是它给我们带来的启示却是不简单的。葛老汉虽不知法律的具体规定,但是,他并不希望自己是一个不按法律办事的人,他为自己在离世之前成为一个"明白人"而感到欣慰。他还教育他的子女们"要守法,按法律办",可以说,这是他留给子女们的最大财富。葛老汉是有代表性的,年届80的高龄使他具备了人生价值观的自然话语权,而农民的身份又使他具备了代表中国社会占主流地位人群的资格。由于对话困难,笔者未能与葛老汉作过多的交谈,但是,在他断断续续还有些微弱的话语中,笔者听出了他对家庭、子女、财富和人生价值的基本态度,那是一种符合常理化的、积极的和蕴含着美好向往的态度,而不是那种冥顽不化的古老"传统"的观念。"人之将死,其言也善!"他的话是真诚的,出自一个将要离世的中国农民之口。这就是笔者为之感动的原因。可以设想,假如按照"传统观念"、"民间习惯"、"乡规民约"等这些所谓的"民间法"来解释,那么,葛老汉原先的想法不可谓没有道理,甚至完全可以为其作出"合理性"与"合法性"的理论证明。倘若如此,那么就不禁会使人产生疑惑:究竟是葛老汉误解了法律,还是法律误解了葛老汉?如果没有一个确定的参照原则,那么,这将永远是一个解不开的谜团。

不要低估了农民,特别是不要低估了中国当代的农民。毛泽东说过:"农民问题是中国革命的根本问题。"[①]在革命年代如此,在现代化和法治建设的今天也是如此,不了解农民的真正思想状态就无法真正地了解农民,就无法正确地认识今天的"乡土文化",针对纠纷解决的理论视点也就可能会出现误差。在这里,笔者借用季卫东先生一篇文章的结尾作为本节议论的结尾:

> 总而言之,现代的民主法治在中国不仅是必要的,而且还是现实可行的。鉴于传统秩序原理的特征,法制改革的基本方向是在交涉、议论等相互作用的固有动态中,通过程序和论证来形成合理的定向化公共选择机制。在今后推动改革深入的过程中,有必要逐步把社会的关注点从立法者转到解释者。我们将迎来一个依照程序性规则重新解释中国社会、重新解释现代法治的时代![②]

[①]《毛泽东选集》第2卷,人民出版社1998年版,第692页。
[②] 季卫东:《法治中国的可能性——兼论对中国文化传统的解读和反思》,载《战略与管理》2001年第5期。

二、权威与纠纷解决

"上帝死了!"自从尼采向世人宣告了这一惊人的发现之后,整个世界便陷入了一片难以言喻的迷乱之中,其中的一种表现就是人们不再迷信权威,而是转向一种自我主宰的境界。然而,过了一段时间之后,人们又发出了怀疑的声音:"上帝真的死了吗……"

(一) 权威的界定与来源

在西文中,权威一词"源于拉丁文 auctoritas,含有尊严、权力和力量的意思,指人类社会实践过程中形成的具有威望和支配作用的力量"①。美国社会学家马尔库塞认为:"权威是一种力量,它把社会关系和政治关系团结为一个整体。整个制度通过服从、义务和默许发挥作用。"②在人们的生活体验中,权威的影子可以说无所不在,如法律权威、政府权威、领导权威、专家权威、学术权威,等等。但是,最具争议性的权威是与社会治理和人的行为方式有关的权威,也就是政治性权威和法律性权威。约瑟夫·拉兹指出:"毋庸置疑,权威概念是法律和政治哲学领域中最具争议的概念之一。它在社会组织和政治行为合法性(legitimate)讨论中的重要地位使其当然成为长期备受关注的问题。"③权威问题之所以重要,就是因为它关系到政治权力的正当性以及法律的地位及其施行效果,同时,它也关系到社会秩序的稳定和社会发展的前途。如果一个政权不具有权威性,那么,它的存在就失去了存在的根基,就必然面临着崩溃的命运;如果一种法律不具有权威性,那么,它就得不到人们的自觉维护和一体遵行。

权威一旦确立就必然意味着服从,服从权威是人们应尽的义务,同时,它也是人的本能和需要。如果没有权威或者对权威没有服从的意识,那么,人就会丧失生活的目的和方向,而整个社会只能是一盘散沙。恩格斯指出:"权威又是以服从为前提的,……联合活动就是组织起来,而没有

---

① 《辞海》(缩印本),上海辞书出版社 1989 年版,第 1411 页。
② 〔美〕马尔库塞:《理性和革命———黑格尔和社会理论的兴起》,程志民等译,重庆出版社 1993 年版,第 335 页。
③ 〔英〕约瑟夫·拉兹:《法律的权威》,朱峰译,法律出版社 2005 年版,第 1 页。

权威能够组织起来吗?"①,也就是说,对权威的服从应当是主体与客体之间的一种默契,是一种必然的趋势。拉兹则十分尖刻地指出:"通常认为,权威必然与理性对立,因为理性要求我们权衡所能意识到的各种行为理由,'三思而后行'。权威的本质要求服从,即使我们认为这种服从与行为理由相冲突。由此可见,服从于权威毫无理性可言。"②但是,拉兹并非主张所有的权威都必须绝对服从,他认为人们服从的权威只能是"合法性权威"。美国法社会学家弗里德曼也持相似的观点,他说:"现代政府的权威也显然受制于法律和法律程序,因此,与政府的旧有形式和史前民族的管理组织相比较,从字面上理解就是'理性——法律型'。为什么应该这样?使权威建立在法律基础之上并且能够适应当代生活的原因是什么?在某种意义上,答案是显而易见的。现代政府承担了错综复杂而且技术性又很强的任务,而这些任务并不适宜于有魅力的、有感召力或赤裸裸的权威来承担;它们要求更规范和更常规的方法,要求秩序和文官政治(科层制),要求遵循既定法律的处事模式。"③可见,现代社会对权威的服从并不是完全没有理性的,现代的权威也并非是依靠魅力或者赤裸裸的强制迫使人们服从的。弗里德曼对这种现象给出了进一步的解释:"实际上,现代权威是一种选择的权威;或者用更准确的话说,权威要么实际是选择的,要么看起来好像是选择的。……如果要归纳基本原则,那么就是现代国家仰赖法律的权威,而法律仰赖个人选择的权威。"④

从上面关于权威的概念和权威正当性的议论不难看出,权威以及对权威的服从都与法律存在难解难分的关系,任何权威的正当性都来源于法律,不合法的权威是不具有被服从的品质的。那么,紧跟着的一个问题就是:法律的权威又是从何而来? 这是一个问题,但又似乎不是一个典型的问题。因为,自从有法以来,人们一直在探讨这个问题,尽管到目前为止并没有一个公认的一致结论,但是,法律的现实有用性及其实践的功能似乎已经化解了人们在这个问题上的分歧。无论法律是上帝的意志在人间的表现,或者是统治者的命令,又或者是统治阶级的意志体现,它对于

---

① 《马克思恩格斯选集》第 3 卷,人民出版社 1995 年版,第 224—225 页。
② 〔英〕约瑟夫·拉兹:《法律的权威》,朱峰译,法律出版社 2005 年版,第 4 页。
③ 〔美〕劳伦斯·M.弗里德曼:《选择的共和国:法律、权威与文化》,高鸿钧等译,清华大学出版社 2005 年版,第 46 页。
④ 同上注书,第 47 页。

现实社会秩序的形成以及人们的日常生活而言已经是须臾不得离弃的东西。人们需要法律,就像需要空气和阳光,如果对这一点仍有怀疑,那么,如果没有其他的原因则只能说是一种狂想症。但是,这并不等于我们不能去探讨法律权威的来由以及这种权威得以显现和施行的样式,否则我们就难以理解法律的权威,同时也不能有效地实现法律的权威。

弗里德曼关于权威的来源的解释可以说是一种较为新颖的理论,即"权威要么实际是选择的,要么看起来好像是选择的",这是基于他的一种基本理论命题:"现代的社会理论家们总体上也与他们的前辈一样,都将人类自由奉为目标和理想。而在他们的视域中,自由就意味着个人选择。人类社会的历史是或者说应该是从无选择(choicelessness)转向有选择(choice)的历史。"①但同时他的另一种观点也应当引起注意,这就是他所说的"看起来好像是选择的"这种判断背后的意蕴,这种意蕴就是程序的功能。为了进一步回答什么是"支撑现代权威的基本权力",弗里德曼如是说:

> 部分答案定然基于这样的事实,即理性——法律型权威拒斥个人而更钟情程序。正当性(和权威)基于程序规范,这与克里斯玛型和传统型的正当性来源形成了鲜明的对照。但是程序何以如此特殊?程序自身什么都不是,但它是确定、权衡和集结个人选择的工具,就此而言,它又是一切。现代社会中程序是决策得以做出的步骤,而这些决策将以某种有序的方式反映出人们的选择结果;程序能够解决大批选择者选择范围的增减问题,也能应付不同选择之间的冲突。②

至此,事情应该十分清楚了,在弗氏那里,权威的来源遵循这样一种路径:自由——选择——程序——权威,即个人的自由是一切权威的最终根源,正因为有了个人的选择才产生了权威,而这个选择的过程(程序)使权威获得了权力的正当性。

行文至此,不由得想到了季卫东教授的著作《法治秩序的构建》,在这部著作中,季卫东教授也讨论了权威与程序、权威与选择的问题,而且,

---

① 〔美〕劳伦斯·M.弗里德曼:《选择的共和国:法律、权威与文化》,高鸿钧等译,清华大学出版社 2005 年版,第 29 页。
② 同上注书,第 46—47 页。

其基本思路与弗氏的路径亦惊人地相似。他说：

> 权威的问题涉及服从与正统性。任何社会都需要靠权威来维持，因而也需要维持权威。在国家主导的现代化过程中，权威尤其重要，否则无法有效地进行动员和实现目标，但是真正的权威并不单纯仰仗强力。法律是否被普遍遵守也不仅仅取决于国家的物理性制裁。国家和法只有当它在一定程度上反映了社会的共同意志和普遍利益，在人民内心得到认同的时候，才有充分的实效。因此，权威的问题必须转换为公平性的问题来处理。而具体的决定或措施的公平性则由正当过程原则来决定，基本上可以归结为程序的正义和程序合理性。①
>
> 程序是合理选择的适当方式，在这一意义上它有理性权威。②

不仅如此，从其他有关讨论法律权威或者法律程序的著述中，类似"雷同"的论述可以说比比皆是。原因何在？莫非在学术上也有"心灵感应"？窃以为，如此理解并非没有道理！思想是没有边界的。如果我们是以科学的态度对待某一个学术命题，并且采取了科学的思维和方法，那么，就一个相同的命题得出类似的结论其实再正常不过了。人类的思想成果正是在这种互相"感应"与互相印证当中才得到了不断的充实、提高和发展。

（二）纠纷解决中的权威依附

权威需要服从，权威必须服从。经过以上的论述，这话听起来已经不难理解，那么，接下来所遇到的一个问题就是带有必然性的：权威如何服从？

上面的论述提到，根据弗里德曼的理论，现代社会对权威的服从并不是完全没有理性的，现代的权威也并非是依靠魅力或者赤裸裸的强制迫使人们服从的。那么，对权威服从的这种理性又是何种表现呢？在这里，首先要明确的一个界限是：对权威的服从是绝对的，但是这种绝对的服从是理性的。

权威之所以是权威，首先就是因为它应当被绝对服从，否则，就是假

---

① 季卫东：《法治秩序的构建》，中国政法大学出版社1999年版，第53页。
② 同上注书，第54页。

权威,而不是真权威,或者说,这种权威就不具有正当性。当然,权威是具有相对性的,但这种相对性仅限于对权威的承认过程。这种情形有些类似于法律的制定与遵守的关系。法律在制定时是具有相对性的,立法者需要审时度势,对法律规范的适用范围和严格程度进行反复的考量、抉择,但是,法律一旦颁行,就获得了确定性和普适性,就必须全面遵守,即所谓"法律面前人人平等"。权威也是如此,它一旦被承认,就必须服从,甚至是"盲目"的服从。拉兹对这个问题有着生动的比喻,他举了红绿灯的例子。我们都清楚用红绿灯规制我们的行为远比自行其是要好得多,于是,我们接受了红绿灯的权威性。但是,我们常常忘记这种好处的最重要部分是我们应当努力放弃自己的判断,乃至于近乎盲目地遵守这一规则:红灯停,绿灯行;即使是在好像没有任何车辆和行人的时候。"如果某人承认某一权威的合法性,那么他极有可能盲目服从。……服从权威无需形成好恶感,证明权威确立具有正当性的理由也同样证明了盲目服从的正当性。……只有不考虑'好恶感'的正当性时,承认权威才是正当的,即使'上帝在发笑'。"①

其次,理性地服从权威还有另一种表现,即不是被动地服从权威,而是为着某种目的主动地趋从权威或者利用权威,从而对权威形成某种依附关系。权威依附不是"盲目地"服从权威,而是对权威的一种主动利用,而且这种主动利用权威的基础也是对权威的认可与承认,在这一点上,权威依附与对权威的服从是一致的,或者从广义上理解,权威依附也是服从权威的一种表现形式。

权威依附在纠纷的解决中有着普遍的表现,不仅具有裁决性质的诉讼解决与仲裁解决如此,而且在纠纷的调解解决中也是如此;甚至,从抽象的法律权威的角度来看,当事人之间的和解过程也体现着权威依附的情结。

纠纷的诉讼解决之所以受到重视,并且处于纠纷解决的核心地位,最主要的原因就是它具有权威性的特质,而这种权威的体现者就是法官。尽管诉讼的过程具有程序的制约,但是,程序不过是法官权威的"证明"过程,程序本身是不具有权威性的。季卫东教授在程序和权威的关系上有着精到的论述,他认为权威来源于确认和承认,但是,"对于有理性的现

---

① 〔英〕约瑟夫·拉兹:《法律的权威》,朱峰译,法律出版社2005年版,第21页。

代人而言,确信是由证明过程决定的,承认是由说服效力决定的。"在对这句话所作的注释中,他还进一步指出:"卡尔·弗里德里希从意见沟通的品质的角度来定义权威。他说:'权威取决于发布可以严密论证的信息的能力。'这一见解可以追溯到韦伯的权威三类型中 的理性权威,同时也反映了权威概念在现代的重大变化。"① 而法官之所以拥有权威,关键就在于他拥有"发布可以严密论证的信息的能力",其结果是"不满被过程吸收了"。② 所以,诉讼权威的真正象征是法官,而不是程序,在这一点上,或许笔者的理解与季卫东教授的学说略有区别,但是,无论如何,季氏的学说对笔者带来的启发是毋庸置疑的。还要说明的是,这种法官的权威在司法实践中有着显著的表现。比如,当事人在提起诉讼之前所不得不考量的一个因素就是人的因素,正如唐·布莱克所说的:"谁是法官?谁是检察官?谁是警官?谁是陪审员?……法官在此案之前是否认识当事人或律师?这是案件社会结构的另一个组成部分:尽管社会学的研究更多地关注对立的双方,而不是第三者(或支持者),但是什么人处理案件也会影响到案件的处理方式。"③ 在诉讼的进行中,法官的权威可以说无处不在,他不仅是诉讼程序的指挥者,而且他对当事人的请求以及案件事实的态度也在左右着当事人的判断,促使当事人对自己的诉讼策略和诉讼目的在必要时做出及时的调整。至于法官的裁判就更不用说,在这一方面,英美法系国家将法官看作法律的化身,法官具有"造法"的功能,是很能说明问题的。

如果说权威依附在纠纷的诉讼解决中因为诉讼程序的存在而被转向对程序的关注,那么,在纠纷的仲裁解决中,这种状况则有所不同。仲裁作为一种"准司法"方式,其根本的支撑还在于司法权威的力量,但是,决定当事人的权利能否实现的关键因素还在于仲裁员的因素。如果说法官的权力来源是其职业特性所决定的,那么,仲裁员的权力来源则不具有职业性,一方面,它是充当仲裁员的个人自身素养的显示,另一方面,它是当事人自己做主的一种权利赋予。仲裁方式中当事人对仲裁员的选择程序就很好地说明了当事人在仲裁权威上的主动性,因为他相信自己所选择

---

① 参见季卫东:《法治秩序的构建》,中国政法大学出版社1999年版,第53页及注[85]。
② 同上注书,第54页。
③ 〔美〕唐·布莱克:《社会学视野中的司法》,郭星华等译,法律出版社2002年版,第12页。

的仲裁员能够公正地行使权力,所以,他对仲裁员的权威依附是一种自觉的行为。当然,仲裁并不是无序的,它必须按照仲裁的规则进行,但是,与诉讼程序相比较,仲裁规则也更多地融入了当事人的意志。所以,当事人对仲裁的权威依附更为彻底,因为,从某种程度上说,这种权威是由当事人自己树立起来的。

那么,在调解方式中存在权威依附吗?按照一般的理解,调解者应当居于中立的立场,对当事人双方的对立关系形成一种缓冲机制,在一种平和的氛围下促使双方达成和解,而调解者从中充当着斡旋、说服和劝解的角色。如果不加深究,调解者在人们的心目中似乎是一种纯粹的"和事佬"的形象,他应当是和蔼的、平易近人的,同时也是不具有权力特性的,以至于人们戏称调解犹如"和稀泥"。"和稀泥"式的调解对于纠纷的解决有时或许可以奏效,但是,这并不能成为对调解的正当性作出理性证明的全部依据,它不是一种规律性的东西,而只是一种偶然的收获,甚至只是一种策略的运用。季卫东教授试图为调解的"正名"而作出的论证也显示了这种形式和实质的区别,他说:"(调解)具有反程序的外观,但是实际上,它在程序法的发展中发挥了相当大的作用,并且包含着自身程序化的契机"①,"调解程序存在着非形式主义的特点与形式化的发展倾向之间的紧张。正是由于这种紧张状态的持续,使得调解既可以弥补审判的不足,同时也有助于国家法的发展。"②而棚濑孝雄的表述却没有这般隐讳,他也承认调解的第三者不站在当事者任何一方,他只是"居中说和",并且,"像这种第三者(调解者)始终不过是当事者之间自由形成合意的促进者从而与能够以自己的判断来强制当事者的决定者区别开来的场面,可以视为调解过程的基本形态。……但是,如果仔细观察实际生活中的调解过程,也可以很容易地发现那里存在着决定性的契机。"棚濑教授将这种带有"决定性的契机"的调解所达成的合意称为"强制性合意",他说:"这种'强制性的合意'之所以成为可能,是因为调解者对当事者常常持有事实上的影响力。在调解者相对于当事者来说处于社会的上层,或者当事者在经济上对调解者有所依靠的情况下,调解者提出的解决方

---

① 季卫东:《法治秩序的构建》,中国政法大学出版社1999年版,第29页。
② 同上注书,第30页。

案对于当事者具有不可忽视的分量。"①事实上,调解者的权威性对于调解的效果而言具有潜在的决定性意义,从一定程度上说,调解者的权威性的大小与调解成功的可能性之间存在着正相关性。这就不难理解,在现实的纠纷解决中,为什么当事人往往会推举那些具有一定社会地位的或者德高望重的人来担当调解人。一方面,纠纷的解决需要一种"合法性权威",而当事人对调解人的选择就是树立这种合法性权威的过程;另一方面,权威一旦被树立起来便获得了一种独立的地位,乃至于在当事人和调解人之间形成了一种依附关系,而这种依附关系的存在是纠纷能够得到顺利解决的一个不可忽视的重要契机。

---

① 参见〔日〕棚濑孝雄:《纠纷的解决与审判制度》,王亚新译,中国政法大学出版社2004年版,第13页。

附录 纠纷与纠纷解决的幕后推力
——几个案例的反思

纠纷的形成原因是极其复杂的,虽然从理论说具有一定的必然性,但大量的具体纠纷却是偶然所致。而纠纷的解决是一个艰难而微妙的过程,在这个过程中,当事人几乎是全力投入,各种力量公开或隐蔽的较量在所难免。从应然性和理论表述来看,正规的程序和法律的规定当然应该被遵守,但是,在很多情况下,某些拿不到桌面上的非正规的因素却发挥着决定性的作用。而重要的是,这些非正规的因素虽然难以获得正面的价值评判,却未必是阻碍纠纷得以正当解决的负面因素。作为教科书的案例分析大都是从学理的角度作出原理性的阐述,而下文的评析则是对实际情形的理性还原。应当说明,这些案例都是笔者(为了叙述方便,下文用第一人称我)在亲身经历的基础上所作的文字加工,它们或许能够成为本书中某些观点的一种实证意义上的诠释。

案例一:离婚未成犯案进监狱

案情:

徐某是一位工科硕士,因与妻子闹离婚而诉至法院并委托我做他的代理律师。接受委托以后,我按照常规做法通知他的妻子蔡某,希望能够庭外协商,最好协议离婚。出于职业的习惯,我语气强硬地对蔡某说:"如果你不愿协商也可以,如果男方坚持,最终还是要离的,何必两败俱伤?"没想到,蔡某倒十分平静:"见面再说吧!"

次日,当我见到蔡之后,特别是听完她的一席话之后,那种预先的想象被彻底颠覆了。蔡某也是一位硕士,而且是医科硕士。她人不算特别漂亮,但绝对富有魅力,言谈举止都十分得体,配徐某是绰绰有余。她说:徐某之所以要离婚,是因为他感觉她比他强。而她在生活上对丈夫无微不至,双方还有一个可爱的女儿。

第二天,我约见了徐某,他承认妻子所言不虚。但是,他给了我一个在他看来是十分充足的理由:他不爱她,而且从一开就没感觉到爱。家里大小事都是妻子说了算,他感到在家里没有任何地位。听了这话,我几乎有些震怒:不爱她?那你为什么和她结婚?你的责任心在哪里?而且,孩子怎么办?我做了一个代理人一般不该做的事,我狠狠地教训他,并给他讲了很多我认为正确的道理。最后我对他说:"你可以不委托我,但我希望你能三思而后行。"对于我的反应他显然有些意外,但又找不到足够的理由反驳我。

后来,经过反复做工作,包括法官的反复调解,徐某终于撤诉了。我感到无比的兴奋,自从担任律师以来,办理离婚案件至少有七八件了,这是唯一一次和好的!

大约一年以后,一个意外的消息传来,徐某被抓了,原因是侵占单位财产,数额8万余元。作为他的辩护人,我会见了他,问他为什么要这么干。他幽幽地对我说:"因为我不爱她!……"原来,离婚撤诉以后,徐某与蔡某的生活平静而乏味,后来,他在外面结识了一位女子,花销顿感紧张,于是便铤而走险,将单位的货款据为己有,由此走上了犯罪道路。

最终,徐某还是和蔡某离了婚,那是在他被判刑以后。

评析:

在婚姻问题上,"宁促和,不促分"是中国人的传统观念,但是经历了这件事情之后,我不得不转而重温恩格斯的教诲:"没有感情的婚姻是不道德的"。在是否应当解除婚姻关系的标准上,感情是否破裂始终是一个决定性前提,也应该是唯一的前提。当初,徐某反复说他与蔡某没有感情,我竟然固执地认准了这是他的昏话,极力从"传统美德"的角度去开导他,法官也做了大量调解工作。结果,这起婚姻纠纷当时看起来是圆满解决了,但是,却埋下了导致后来发生更大的悲剧的祸根。当然,从理论上说,徐某的未能离婚和他的犯罪行为之间不能说存在必然联系,但是,事实上,家庭关系对一个人的影响是潜在性的,从某种程度上说甚至决定着他的思维和行动。我们往往习惯于从公共伦理的角度去判断一个人的感情生活,却忽视了当事者内心的真实感受。在强大的传统道德和公共舆论面前,有些矛盾看起来是解决了,但却是以当事人的屈服和无奈为代价的,由此引出的后果可能反而是矛盾的进一步激化。本案的"后果"或许不算是很严重的,但却足以引起我们的警觉。

案例二:上下其手公然玩法律

案情:

这是一个关系较为复杂的投资纠纷案件,涉及四方关系,标的额一千多万元。为了叙述方便,我将这四方当事人分别以 A、B、C、D 来代表,其中 D 是项目持有方,C 是投资方,A 是 C 的加盟方,B 是个人,也是本案的原告。

D 公司持有一个房地产开发项目,由于缺乏资金,邀请 C 公司投资。A 公司得知这一消息后,要求加入 C 方投资该项目,将来的利润按双方投资比例分成,如有亏损则双方按比例分担。C 同意了 A 的要求,于是向 A 出具了一份"代 C 公司出资委托书",A 持此委托书,向 D 的账户汇了 500 万元,D 将此款列入 C 的投资款。说白了也就是 A 以 C 的名义向 D 投资。后来,由于市场波动等原因,D 公司的项目不仅没有带来利润,还出现了巨额亏损,C、A 的投资打了水漂。

就在大家为如何挽回损失而绞尽脑汁时,突然有一天,C 和 D 收到了法院的传票,原告人是 B,一位从未谋面的年轻女士。起诉书称:A 公司投给 D 公司项目的 500 万元属于原告人 B 所有,由于此款是受 C 公司的委托投向 D 公司,所以将 C、D 列为共同被告,要求 C、D 承担连带偿还责任并赔偿利息和利润损失共计一千多万元。其主要证据有两个,一个是 C 公司向 A 公司出具的那份"代 C 公司出资委托书",另一个是 B 和 A 公司签订的承包经营合同。该承包合同表明,A 公司的一个部门由 B 承包经营,除承包费外,利润归 B 所有。第三个证据是 A 所出具的一份证明,该证明承认那 500 万元投资款属于 B 所有,并表示自己不参加本案的诉讼。

C、D 两家委托的律师分析了案件材料之后都觉得此案十分荒唐,认为原告人 B 和 C、D 从未有过任何经济关系,根本不具备本案当事人的主体资格,只需抓住这一点,请求法院驳回原告的起诉即可。可是,他们想错了!

法院开庭审理时,两个被告都没有就实体问题作出答辩,而只是对原告人的主体资格提出了异议,但法官审得却很仔细,核对当事人、告知诉讼权利、法庭调查、法庭辩论一个环节不少。律师感觉到法庭气氛不对,当庭也叙述了全部的事情经过,并要求将A公司追加为当事人参加诉讼。法庭很快作出了判决,大意是:确认500万元投资款属B所有;A已明确表示不参加诉讼,视为放弃权利,故不追加;该500万元是受C委托而投给D,所以,D不承担责任,由C负责偿还;由于该项目实际亏损,所以,利息、利润免除。为节省笔墨,对于这份判决书的内容此处不作分析,相信读者自有判断。这里还有一个小插曲,领取判决书时,C公司的律师忍不住质问法官:"怎么可以这样判?"法官的回答是:"我的程序有错吗?程序正义,你做律师的应该明白。"

可以想象,C公司不能不提出上诉。在二审期间,C方的代理人接到一个消息,有神秘人物打电话给C公司,表示可以提供B证据造假的有关材料,条件是100万元报酬。C公司领导经研究以后,断然拒绝了这种要求,他们决心将官司打到底。这世界上还没有公理了?令谁也没有想到的是,二审判决也是很快作出:维持一审判决!

后来,C公司提出了再审申请,本案进入再审程序。

再后来,有消息传来,本案的二审承办法官因受贿罪被查办。

评析:

古人说得好:"欲加之罪,何患无辞!"又有谚云:"玩火者必自焚!"本案的前后经过再好不过地印证了这两句话。明明是连基本的情理都讲不通的一审判决,法官竟然还能说出"程序正义"这样冠冕堂皇的词句。这究竟是对程序正义的讽刺还是郑重其事的表白呢?"程序公正能够保证实体公正","只要程序是公正的,结果如何并不重要",在解释程序公正的价值时有观点如是说。但是,这种对程序公正或者程序正义的理解恐怕是一厢情愿,一不小心,还会成为枉法者的口实。看来,对于"程序正义"的真经我们还得细细研读。显然,本案的一、二审步调是一致的,C公司的辩解根本无济于事。这种情形说明,法院的上下级关系的确应当大力改革,这对于保证司法的独立和公正具有关键意义。

案例三：破财消灾避免被起诉

案情：

我在担任一家公司（以下称 N 公司）的法律顾问时曾碰到一件堪称"憋闷"的事。有一家香港银行因 N 公司介绍贷款的事欲起诉 N 公司，其副行长亲自到 N 公司交涉。那天，N 公司老总亲自通知我参加谈判。作为律师，我当然无所顾忌，面对香港银行副行长，慷慨激昂地发表了我的意见。大意是说介绍贷款并不是一种法律行为，银行贷款收不回介绍人没有责任，我不怕你起诉。没想到，副行长都没正眼看我，而是把目光转向 N 公司老总。我正纳闷，老总发话了，他介绍了事情的经过。原来，为了打这个官司，香港银行请了一位律师，那律师已收了三十多万元律师费。N 公司明知香港银行的起诉无理，但实在不想当被告上法庭，更担心与这家银行的关系搞僵了。所以，N 公司主动和银行接触，劝其不要打这个官司。这银行经过反复考虑，大概是觉得这个官司也确实很难取胜，便和律师商量是不是不要起诉了，并要求退回律师费。但是，这律师却不干了，表示其已经做了大量的工作，当事人无故主动撤销委托，拒绝退回律师费。于是，银行找到 N 公司，要求 N 公司承担这笔律师费，否则，就要把诉状交到法院去。这不明摆着敲诈吗？我表明态度，坚决不同意承担这笔律师费。正在此时，N 公司的一位副总把我叫到外面，悄悄对我说："老总的意思是……"末了，N 公司还要求我起草一个协议，大意是银行的有关费用由 N 公司承担，银行保证不起诉 N 公司。最要命的是，这个协议上还要写上"经与 N 公司法律顾问等人友好协商"的字样。当然，我拒绝了。

评析：

在一个律师或者一个法律意识较强的人看来，N 公司的思维实在是不可理喻，这笔钱出的真叫"无厘头"。但是，"不当家不知柴米贵"，个中的滋味和玄机恐怕只有当事者才能体悟。据我所知，N 公司老板是一位很精明的人，他绝不会做亏本的生意。在实践中，纠纷的解决有时确实很难以道理来论结果，从理论上讲，"自主权"可能是一个合适的解释。但是，作为法律专业人士，在原则问题上一定要头脑清醒，绝不能与之"同流合污"。

案例四:"存钱一包"法官巧断案

案情:

陈生与吴某谈生意,二人相约各拿出 20 万元现金以表诚意。二人谈得投机,直到深夜,便就地在宾馆办了贵重物品保管手续,将合共 40 万元现金打成一个包交到宾馆前台保管。服务员察看后,给二人分别出具了写有"存钱一包"的保管单,写明必须凭此两张保管单及二人的身份证并由本人前来才能领取。陈生以为万无一失,便安心回房睡觉。次日一觉醒来已近中午,便联系吴某,但吴某早已不见踪迹。陈生急忙跑到前台询问,服务员一见大惊,声称吴某和一个与陈生极为相像的人手持陈生的身份证已经把钱全部拿走了!但陈生仍然持有那张保管单及自己的身份证,显然,这是一个高明的骗局。

陈生报了案,警察也勘查了现场及进行了调查。但是,陈生心有不甘,认为宾馆应负责赔偿。协商未果,陈生把宾馆告上了法庭。陈生的主要证据是当天从银行取款 20 万元的证明,有自己的朋友作证,还有那张写有"存钱一包"的保管单。但当时在场的两名服务员称,只是看到是钱,并没有数数,所以才写了"存钱一包"。但原告认为他已经证明是 20 万元现金。我担任本案被告方的代理人,提出原告不能证明具体钱数,应承担举证不能的责任,请求法庭判决驳回原告诉讼请求。但出乎意料的是,法官作出了这样一份裁定书:因本案需要等待关键证据,中止诉讼。后来据说本案以原告撤诉告终,其撤诉的原因不详。

评析:

平心而论,陈生提供的证据可信度是比较高的,我当时真担心法官来个"自由心证",判决宾馆承担责任。可以想象,无论判决哪一方胜诉,对方必定会提出上诉。这位法官是一位经验老到的法官,他利用中止诉讼这种程序机制,巧妙地化解了原、被告之间的尖锐对立情绪,同时也传达了法官的态度:原告的证据不足。这样,原告既获知了法官的意图,又有充分的时间去考虑或者寻找证据。最后,在无法获取充足证据的情况下,只能撤诉。因此,表面看起来,中止诉讼并不等于案件的了结,实际上,一起纠纷已经被化于无形。利用精妙的程序设计,使得纠纷具备了多种可能的解决方法,甚至不需作出实体性的判断。这就是诉讼机制的独特之处。

案例五：八年欠债八天获解决

案情：

某建材公司与某商贸公司在8年前曾经发生过一宗合作纠纷，经法院判决后，商贸公司向建材公司返还了200余万元债款，但利息一直未付。这8年当中，建材公司找过商贸公司无数次，也已申请强制执行，但是，问题一直得不到解决。后来，建材公司来了一位新领导，积极清理公司的历史积压案件，并请来律师帮忙。律师介入后，发现这家商贸公司实力雄厚，并非有意赖账，关键问题在于双方对利息的计算方法不同，而判决书关于利息计算方法的表述也是含糊其辞。另外还有一个人为的原因，这两家公司在这8年当中换了几任领导，每一任领导在任上也就一两年时间，有时本案长期无人操办，就此拖了下来。摸清情况以后，律师与建材公司领导交换了意见，经过仔细计算，将原来一直坚持的80余万元利息降为40多万元。律师紧接着又找到商贸公司，将40多万元的利息的计算依据作出详细说明。商贸公司领导心服口服，并说道："你们早这样，就不会拖这么久了。"结果，很快就付清了利息，两个公司皆大欢喜。从律师接受此案到问题完全解决仅用了8天时间。

评析：

纠纷的发生原因有时并不复杂，如果一味上纲上线，把纠纷的双方描写成势不两立的敌对关系，可能言过其实，也不利于纠纷的迅速解决。在本案中，建材公司认为商贸公司存心赖账，而商贸公司则认为建材公司诚心敲诈，双方对对方的判断实际上都属于误判。律师利用专业知识，对利息数额作出了符合法律规定的计算，消除了双方的误会，只用8天时间解决了长达8年的纠纷。这看似简单的过程，实际上蕴含着解决纠纷的一个重要操作理念，即在全面把握案情的前提下，抓住主要矛盾，寻找最佳的突破口，才有望使纠纷得到彻底、迅速的解决。

案例六：邪不压正律师救人质

案情：

刘某是一家私营企业的老板，其资产规模以数千万元计，然而却因为几十万元的债务而遭遇了一场人身危机。

一天，律师突然接到刘老板的太太打来的电话。刘太太在电话里语气惊慌地说："不好了！我老公被人绑架了！"事不宜迟，律师急忙驱车赶往刘老板的公司。原来，刘老板曾经借了郑某50多万元，长期没有还，郑某打电话叫刘老板到某酒店会面，已经过去了十几个小时，人还没有回来。郑某那边放话，如果再不给钱就要把人带走！而刘老板竟一时凑不齐这笔钱，还一再叮咛家人不要报警，说报警没用的。律师判断：郑的做法明显是违法的，但是，情况不明，如果报警的话搞不好会使事情复杂化。不如先去看看再说！

在刘太太引导下，律师到了某酒店，进了一个房间却没有见到刘某，只看到三个人，两个面容冷峻的彪形大汉，竟然还有一个穿警服的，郑某本人不愿出面。那个穿警服的倒还和气，对律师讲了一番"欠债还钱"的大道理，认为刘某的行为已经构成诈骗，并表示不见钱绝不放人。律师明知对方先声夺人，却没有正面与之交锋，而是顺水推舟，讲了一番对方办案辛苦之类的话。并旁敲侧击地对那个"警服"说："大家都是搞法律的，总不至于为这点小事坏了规矩吧？"对方一愣，反问："什么规矩？""你们这样做已经是非法限制人身自由了，有理搞了个没理。不值得！再说，人家已经凑了30万，还差20几万，也不在乎这几天嘛！"没想到，"警服"听完这话，反而口气硬起来："你别跟我讲这些，不拿钱是不可能放人的！"旁边的彪形大汉也愣愣地撂过来一句："说那么多废话干嘛！"见火候已到，律师也针锋相对，正言道："废话？我现在就报警，你信不信？""警服"冷笑一声道："你能叫来你就叫吧！"对方竟然软硬不吃！律师见状，翻开手提包，拿出一沓名片翻看，最后拿出一张写有某武警支队的名片，并有意在"警服"面前停留了一阵，然后，拿起手机就要拨号。这时，"警服"开了口："你等一下，我要跟老板商量一下。"约摸过了一刻钟的时间，"警服"回来带着律师到了另一间房，终于见到了刘老板，还有那位债主郑某，她是一位年轻的女子。大家坐定，不免还是有些语言冲撞，但郑某最后同意放人，当然，也商定了具体的还款方案。据说，那几个大汉和"警服"都是他请来帮忙讨债的"朋友"。

评析：

一起简单的欠款纠纷，却发展到双方反目，不惜采取非法手段的地步。债主郑某所采取的应该属于"自力救济"的方法，她没有起诉，也没有通过合法途径寻求第三方解决,而是依靠自己的关系,请来"朋友"帮忙,把刘某给"抓"起来了。尽管没有给刘某造成人身伤害,但是,郑某非法限制他人人身自由的行为已经是一种违法行为。律师的机智和从容固然对事态的恶化起到了一定的遏制作用,但是,发挥了关键作用的应该说是那张名片。双方的力量对比在这个时候发生了扭转,于是,一场可能导致严重后果的事件被及时制止了。可见,力量对比关系在纠纷解决中有时可以发挥关键的作用。应当说,郑某的做法以及律师的做法都是不合规范的。郑某请了"穿警服的"来帮忙,并没有履行合法的手续,而律师以武警的名义来压服对方,显然也不合常规。但是,实际当中的情形有时容不得仔细的甄别和论证,只要对解决问题有利,往往是先拿来用了再说。所以,在纠纷解决的过程中,民间习惯和自治性规范有时可能具有更为实际的功效。不过,在这些充满着变数的博弈当中,国家的法律始终是最高的权威性规范,所以,当律师指出对方的行为是非法限制他人人身自由的违法行为时,对方也不得不有所顾忌。最后,还应当指出,在律师介入之后,这起纠纷的解决实际上和第三方的作用关系密切。律师在最后实际上充当了一个调解人的角色,这也是民间调解的一种实际的表现形式。

案例七:权衡利弊干戈化玉帛

案情:

顾老先生是某大学教授,以自己的一项专有技术作为出资,加入到一家已经注册的工厂,生产一种电视机专用的原材料。为了不影响本职工作,顾教授在这家工厂的公开身份是特邀技术顾问,双方没有签订合作协议,只是在有关的会议纪要中写明顾教授以其专有技术作为出资,占有工厂全部出资的40%。顾教授不仅提供了专有技术,而且多方联系资金,寻找客户,培训技术人员,使工厂的生产逐渐走上了正轨。但除了技术性问题之外,顾教授没有直接对工厂实施管理。

两年以后,顾教授的技术被以工厂的名义申报了专利,专利所有人是这家工厂,而不是顾教授。对此,顾教授没有太在意,以为当初已经说好自己是技术出资,反正工厂的资产有40%是自己的。但是,后来发生的一件事让顾教授感到了问题的严重性。

工厂在拿到技术专利之后,担任董事长的孙某召开了一个股东会,这个股东会没有通知顾教授参加,而且,在股东名单中也没有顾教授。此后,工厂再没有跟顾教授联系。顾教授坐不住了,他多次找到孙某,要求确认自己的股东地位,但孙某对顾的要求一直不置可否。无奈之下,顾教授通过律师以孙某和该工厂为被告提起了诉讼,要求确认自己的股东地位,并按照40%的股份退出该工厂,支付顾教授八十多万元股金。法院审理之后,一审判决支持了教授的诉讼请求。但被告不服一审判决,提起了上诉,认为顾教授不是工厂的股东,不应当拥有40%的股份。二审认为事实不清,将此案发回重审。一审法院重审之后,作出了完全相反的判决:驳回了顾教授的诉讼请求。顾教授大为诧异,对重审判决提起了上诉,同时更换了律师。

律师对全案仔细研究之后,不禁犯难:顾教授与该工厂的合作关系竟然没有一份直接的书面证据。所谓的"会议纪要"只有一个日期,没有人签名;其他的证据都是些证人证言;而对方提出的证据却有顾教授领取"顾问费"的财务凭证。也就是说,对方认为顾教授的身份是技术顾问,而不是股东;至于专有技术问题,对方认为并非顾教授一人提供,而且工厂已经拥有该项技术的专利。显然,这些证据对顾教授是不利的。二审开庭时,顾教授一方加强了证人证言的力度,对方虽然承认顾教授为工厂的发展出了力,但坚持认为顾教授作为股东的证据不足。律师深知,虽然感觉上顾教授很值得同情,但如此僵持下去显然没有胜诉的把握。经过反复考虑,律师最终决定尝试"釜底抽薪"的办法,抓住对方的弱点,力求与对方和解。

经过深入的调查,律师发现,对方的所谓专利的核心技术乃是顾教授的专有技术,而且,数年过去,其主要技术方案仍然没有任何变化,甚至已经威胁到其产品的销路;而顾教授的专有技术已经有了新的发展,完全可以另起炉灶。另外,对方刚刚解聘的财务人员是顾教授当年聘用的人员,根据该财务人员所掌握的材料,对方的企业登记资料和财务报表多有不实之处。方案既定,律师直接约见了孙某。经过一番"晓之以利害"的长谈之后,孙某的态度终于发生了变化。之后,律师又对顾教授做了工作,顾同意作出一定的让步。末了,法官对此案进行了调解。在法院的调解书上,顾教授对该工厂的贡献被加以确认,但其股东身份仍然没有结论;对方同意补偿若干顾教授提供技术的报酬,并且继续聘请顾教授为其技术顾问。双方终于再次握手。

评析:

本案的最终结果是双方言和,但是,这个看起来皆大欢喜的结局却隐含着激烈的利益考量和利弊权衡。对方能够在占据案件有利形势的情况下作出妥协,显然与案外因素的作用有关。应当说,这样一种结果对于双方都是有利的,是互惠互利还是两败俱伤,双方当事人最终作出了理智的选择。如果孙某不改初衷,坚决不妥协,那么,法院极有可能判其胜诉,顾教授败诉。其结果是二人彻底反目,孙某一时的获胜却可能会带来日后更大的损失;而双方如果再次携手却可能会带来长远的收益。律师固然抓住了对方的"软肋",但是,假如孙某是一个短视的或者意气用事的人,那么,就可能不会有这样的结果。因此,除了事情本身的客观条件之外,人的主观因素也是纠纷处理结果的重要条件。另外,本案一审和重审判决天地之差,也反映了司法决定在一定程度上并非完全是客观的和唯一的,人的主观性因素也可能影响到司法决定的结果。但是,总体上来说,法官审理案件是以事实和法律的规定为依据的,对法律负责是法官的唯一宗旨,他通常不会也不应该考虑案件以外的实际情形和实际效果。所以,如果本案不是以和解告终,那么最后的结果极有可能是顾教授的败诉。这样的一个结果,对于一个案件来说固然已经了结,但是,当事人之间的纠纷并没有得到彻底的解决。所以,从解决纠纷的角度来说,本案的和解无疑是一个正确的选择。

案例八:以房抵债协商解难题

案情:

M公司将一块土地转让给F公司,总价7000多万元,F公司已经支付了5000万元,还有2000多万元没有支付。数年过去了,M公司多次催要均无结果,无奈之下,M公司将此事委托给律师处理。这种案子虽然涉案标的额较大,其实并不复杂。最简单的做法是将案子起诉到法院,为保险起见,还可以申请法院作个财产保全,待法院判决以后执行就是。但根据律师掌握的情况,F公司是一家颇有实力的房地产开发公司,在业界一向注意品牌形象,对于诉讼或许应有所顾忌。如果用直接交涉的方法,或许能够见效。主意既定,律师便发函给F公司,函中列举了基本事实,并提议协商解决,要求对方在接到律师函后三个工作日内做出答复,否则将依法提起诉讼。不出所料,F公司反应很快,接到律师函后次日便表示愿意协商。但是,F公司给出的方案是以房抵债,而不是支付现款。其实,F公司也曾给M公司提出过以房抵债的方案,但M公司不接受这一方案。部分的原因是当时房子还没有建起来。那么,这一方案现在还有没有可能呢? 律师将这一情况反馈到M公司,并了解到一个重要的情况:M公司有部分员工还没有房住,正在考虑解决这些员工的住房问题。于是,律师力促M公司领导考虑接受F公司以房抵债的方案。如若不然,虽然可以保全对方的房产,仍需经过诉讼、拍卖,程序繁琐,耗时费力,如果接受以房抵债,岂不一举两得? 终于,M公司同意考虑F公司以房抵债,但是,对房子抵债的价格提出了要求。接下来,双方围绕着房子价格如何折算的问题进行了多次协商,其中也有激烈的讨价还价,但是,最后终于达成一致。在签订协议那天,双方的领导都到场了,充满着友好与热烈的气氛。从律师接案到协议的签订,前后也就月余时间。

评析:

本案所反映的纠纷与纠纷解决方式在现实生活中其实很常见,欠债的没有现款,却有实物可以抵债;讨债的却往往眼睛盯在现款上,不愿意考虑其他可能的方式。所谓无巧不成书,本案的纠纷能够顺利解决,固然有一个巧合的原因,正值M公司需要解决员工住房问题。但是,除了巧合的因素之外,在解决纠纷的思路和方法上的开放性也是一个重要的原因。思路和方法对头了,即使没有这一个条件也可能会有另一个条件。总之,只要纠纷能够快捷、合理地得到解决,多一些尝试总不会有坏处。可以设想,假如律师循着机械的路径,向法院提起了诉讼,那么,结果就会是另一个样子。不仅增加了成本,而且可能会影响到双方当事人之间的友好合作关系。

案例九:民间调解轻松释前嫌

案情:

林先生与廖女士原来是很好的朋友,廖女士因做生意需要资金,先后向林先生借了几笔钱,作为回报,廖女士也断断续续向林先生付了一些利息。双方的借款关系前后持续达6年时间,但是,却没有一份正式的借据。随着时间的延长和数额的增加,林先生有些不放心了,向廖女士提出归还本金的要求。但双方围绕着具体的数额发生了争执。林先生认为本金总额至少50万元,而廖女士认为只有30万元。

为了解决这一问题,双方决定好好谈一谈。为此,双方约定请一位年长的朋友做中间人,并请了律师做见证人,另外还有两个证人。会谈时,长者中间坐定,两个当事人分作两边,律师和证人则坐在下方。十分有趣的是,这种座序并没有人刻意安排,而是大家自然落座的。

会谈并无固定的程式,廖女士比较健谈,不等长者发话,廖女士已经滔滔不绝地讲述开了,而林先生则要木纳一些,听着廖女士讲述,有时还会笑笑。但这林先生却是有心之人,在借钱给廖女士时,每次都作了录音。等廖女士说完,林先生不慌不忙地放开了录音,虽然录音的效果不是很好,但是,从录音的内容看,廖女士借的钱还不止50万。在林先生播放录音时,廖女士的脸色就很不好看。录音播放完毕,林先生表示:"就按50万算吧!"廖女士却气呼呼地说道:"亏你做得出,还录我的音;我给你写借据你不要,我把你当朋友,你倒使用这种小人的手段!看来以后得防着你点!"她认为录音不是真实情况,有两次说了要给,但实际上没有给,总共只有30万。林先生听着廖女士的指责,没有辩驳,但看得出他显得有些尴尬。

待两个当事人说完,作为中间人的长者这时发话了,他询问了两个证人,但两个证人所说的情况都不是很确定。接着,他要求律师谈谈意见。作为律师,出于职业习惯,当然只能谈些法律的规定,以及认定证据的某些原理,就像上课一样。并且,在这种场合,是不能表现出任何倾向性的。令律师欣慰的是,在律师发表意见的过程中,大家都十分专注,没听明白的还会问个仔细。末了,长者说的一番话却使律师大开眼界。长者首先把廖女士数落了一顿,大意是说廖女士当初做生意多么困难,林先生给了多大的支持,如果没有林先生的帮助,你小廖也没有今天,等等。接着,他又批评了林先生:你借钱给小廖是出于大家是好朋友,小廖要给你写借据你不让写,你倒好,却做了录音,这就不对了!小廖不是也给了你十几万利息了吗?一番话,说得两个人都沉默不语。看得出来,长者说的话对两个当事人确实很有触动。一阵沉默之后,林先生突然做出了一个让人意外的举动,他把录音带当场取出递给廖女士,并说道:"大哥做得不对,你别在意!其实,你想想,我几十万借给你还能不留点东西吗?""可是,给你借据你为什么不要?"这时,长者说道:"你们俩别说了,我给个意见看行不行。阿林你不要坚持50万,小廖你也不要坚持30万,就取个中间数,40万,多少就这样了!"先是林先生表态,连说"行,行!"接着,廖女士也道:"行啦! 不过我还要加上一条,今天的饭阿林请客!"在众人的哄笑声中,这场争论就算落下了帷幕。

评析:

某些民间纠纷往往是发生在亲朋好友之间的纠纷,如果当事人选择民间调解的方式解决纠纷,那么,某些风俗习惯甚至于道德规范都可能会显示出其对于纠纷解决的重要价值。在本案中,债务人承认确实借了对方的钱,但是,到底借了多少,双方的证据都不够充分。如果按照证据规则认定,应当只能认定债务人承认的30万,但是,如此一来,看起来案件了解了,双方却难免心存芥蒂。作为调解人的长者所采取的方法是民间调解中最常见的方法,这种"各打五十大板"的常规做法却往往十分见效;而且,其避实就虚,从感情上打动当事人的调解方法,往往会促使当事人心甘情愿地作出有利于纠纷解决的妥协或者让步。在这里,调解者的权威性也发挥了重要作用,当事人对调解者的信服也是促成纠纷解决的重要因素。林先生的录音本来是作为有力证据的举动,但是,在这种场合,却变成了众人指责林先生理亏的口实。这种情景在正规的法庭上是不可能见到的。特别值得一提的是大家对法律的尊重。虽然是典型的民间方式,但是,大家依然十分关注法律的规定以及法律的某些知识和原理。律师的意见在这种民间调解的场合依然受到充分的尊重。这就说明,民众对法治的渴求是发自内心的,一个有序的社会是社会公众共同追求的崇高目标。